EMDR ツールボックス

複雑性PTSDと解離の理論と治療

第1版

著
ジム・ナイプ　Ph.D.

訳
菊池　安希子
大澤　智子

星和書店

The original English language work:

EMDR Toolbox:

Theory and Treatment of Complex PTSD and Dissociation

1ˢᵗ edition

9780826171269

by

Jim Knipe, Ph.D.

Translated from English
by
Akiko Kikuchi, Ph.D.
and
Tomoko Osawa, Ph.D.

English Edition Copyright © 2015 Springer Publishing Company, LLC
All rights reserved.
Japanese Edition Copyright © 2019 by Seiwa Shoten Publishers, Tokyo, Japan

Japanese translation rights arranged with JOHN SCOTT & COMPANY
through Japan UNI Agency, Inc., Tokyo

愛と友情を私に与えてくれた，これまで48年間の伴侶
ナンシーに捧ぐ。
あなたの無条件のサポート，励まし，そして変わることのない忍耐は
この本の執筆になくてはならぬものだった。

はじめに

　この本は EMDR のトレーニングを受け，使用経験も積んでいるが，時々，より複雑な情緒的問題に対してどのように治療セッションを組み立てたらよいのか困り果ててしまうという治療者向けに書かれている。後の章で説明されている手法は，標準 EMDR 手続き（Shapiro, 1995, 2001）の代わりではなく，それを補完するものである。標準 EMDR 手続きは，トラウマ記憶に由来するか，トラウマ記憶を含む，幅広い臨床像に対して極めて有用で効果的である（Maxfield & Hyer, 2002）。しかしながら，クライエントの中には，早期の複雑で持続的な虐待やネグレクトに苦しんだ者もいる。そのようなクライエントには，追加の「ツール」——概念モデルや特定の介入法——を使うことで，EMDR 関連手法の治療パワーを高めることができる。

　私は 1992 年から EMDR を使い始めた。その時点で治療者としての経験が数十年あり，複雑な情緒的問題に焦点をあてていた。複雑な情緒的問題というのは，パーソナリティ障害，嗜癖障害，「思考障害」や現実への接触が悪いクライエント，そして児童虐待の既往のあるクライエントである。EMDR は，私がクライエントに面接しているときに繰り返し経験していたニーズに応えてくれた。何年もセラピーを受けていた人々の多くは，自分が**なぜ**，不幸せなのかについての認知的な理解には至っており，それは役に立っていたのだが，当初の主訴の感情的要素の一部が残っていたのである。「父のそばに行くと，なぜ自分が神経質になるのかはわかります。あれだけのことが子ども時代にありましたから。そういうことは全部わかっているんです。なのに父から電話があると，今でも不安になって，まるで 10 才の頃に戻ったみたいになってしまうんです！」とあるクライエントは言った。性的虐待や性的暴行を受けたクライエントの多くにとって治療プロセスはかなりつらいものであり，自分の生育歴・病歴についての

洞察を得てもなお，強烈な罪悪感や恐怖を感じている者に対しては，面接室で，あるいはそういった非合理的な感情がセッション間に湧いたときに，曝露を続けるようにとしか提案することができなかった。

EMDR は私のこの問題への解答だったのである。比較的速やかにブレイクスルーをもたらし，過去の人生経験に由来するフラッシュバックや苦痛な情動をなだめる助けとなった。私の情熱は，いくつかの研究プロジェクトや，EMDR 人道支援プログラム，臨床実践と執筆，そしてより複雑な心理的障害の治療に使える EMDR 関連手法の探索へと向けられた。

EMDR トレーニングを受け，実践を積んでいる治療者は，トレーニング受講後の 1 年間について，しばしば特定の現象を口にする。臨床でみているクライエント構成がかなり変化する可能性が高いと言うのだ。シンプルで単回性の外傷後の苦痛——そのせいでうつや不安になり，心の中で再体験しているトラウマ出来事——を抱えたクライエントたちは比較的速やかに治療を終え，「ありがとうございました！」と言って去って行く。その結果，EMDR セラピストとしてトレーニングを修了したばかりの実践では，臨床像がより複雑なクライエントの割合が増えていく傾向があるのだ。クライエントの大多数はセラピーに「複数の問題」を抱えてやってくる。問題を引き起こす記憶だけでなく，対人関係上の問題や重大問題を抱えたパーソナリティ構造でやってくる。そういうときにしばしば，追加の概念モデルや手続き——つまり追加的治療ツールが——必要になるのだ。

この本には 2 つの目標がある。1 つは EMDR 治療ツールを解説することであり，もう 1 つは，こうしたツールを取り入れて行う，適応的情報処理（AIP）モデルに基づく複雑性 PTSD 治療の概観を示すことである。隠喩的な意味を込めて，ここでは「ツール」という言葉を使っている。家を建てることを生業にしている人は，動力工具（パワーツール）を使う必要があるが，それだけでなく，一般的な家の建て方も知っている必要があるのだ！　建築請負業者や大工は，乾式壁工法や青写真の読み方，電気の配線や配管等々を知っている必要がある。読者の皆さんには，本書で説明す

るツールを，それまで心理療法家として身につけてきたそのほかのスキル
とブレンドして使って欲しいと思っている。

　多くの EMDR 治療者は，児童虐待やネグレクトなどの広汎なトラウマ
歴のあるクライエントに対応するときは特に，追加的な概念や介入が必要
なことに気付いている。新人の EMDR 治療者の中には，「心理療法をする」
のと「EMDR をする」のを交互に行っている者もいる。心理療法をした
後に，心理療法スキルをすべて棚上げして，EMDR をするのである。し
ばしば，EMDR の要素と，それまで治療者が使ってきた治療モデルを何
であれ組み合わせた「ハイブリッド」セラピーを創造しようとする者もい
る。このようなモデルの混ぜ合わせは，各モデルの最良の要素をうまく統
合できているかに治療者が注意していれば役に立つこともあるだろう。し
かし，もしもその「ハイブリッド」が EMDR の重要要素を省略してしまっ
た場合には問題になる。EMDR の重要要素としては例えば，重要な具体
的記憶をターゲットにすること：トラウマ出来事に関連した自己に対する
否定的信念を同定すること：否定的信念の代替となるかもしれない肯定的
でより現実的な自己認知を同定すること：処理に身体感覚を含めることを
重視すること，などである。EMDR が効果的であるためには，標準
EMDR の 8 段階モデルへの忠実性（フィデリティ）が極めて重要である
ことが示されている（Maxfield & Hyer, 2002）。それゆえ，より複雑なク
ライエントのために EMDR を変更したり，拡充したりするときは，（イ
ンフォームド・コンセントだけでなく）セラピスト側の慎重な判断が求め
られる。一般原則として，熟練した治療者にとって，EMDR トレーニン
グを受ける前に学んだ効果的セラピーのやり方——人間理解の仕方，読書
やワークショップや過去のクライエントから学んだすべての考え方や介入
——は今もすべて重要かつ必要であり，効果的な EMDR 治療を行うため
の文脈を与えてくれる。この先の章で解説するツールはすべて，熟練した
心理療法家のスキルや理解の仕方を補足するものであって，置き換えるも
のではない。

本書は4章に分かれている。第Ⅰ部には第1章と2章があり，複雑性PTSDやそのほかの解離性障害にAIPモデルをいかに適用するかを概観する。第Ⅱ部は第3章から6章で，心的防衛の治療（つまり解消）方法を示している。心的防衛は，苦痛な記憶と不可分に結びついているが，独立した存在として概念的に定義される。というのも，トラウマ出来事がしばしば苦痛な感情を内包しているのとは対照的に，心的防衛は非機能的な**肯定的**感情を伴っているからである。第Ⅲ部は第7章から13章で，解離状況に対してEMDRを行うときに重要ないくつかの問題に焦点をあてた。そして第Ⅳ部の第14章と15章では，実際の治療セッションにおいてどのようにAIP「ツール」を使うことができるかを詳細な事例報告のかたちで報告した。

謝辞

　最初にまず，治療を受けていた当時の大変な取り組みについて本書に書くことを認めてくれたクライエント一人ひとりに深く感謝したい。どのクライエントも，ほかの人たちを助けることになるならばということで掲載の許可を与えてくれた。

　本書の草稿を見るのに寛大にも時間を費やしてくれた数人の仕事仲間にも恩義を感じている。彼らの思慮深い提案や励ましは，執筆中のいくつかの時点で，なくてはならないものだった。Susan Brown，Esta Porter，Christine Wilson，Vivian Dent，David House，Karen Wray，Ellen Rossier に感謝する。本書の中で役立つ部分があるなら，それは彼らからのコメントに負うところが大きい。もちろん，文中に誤りがあれば，それはすべて私の責任である。

　Francine Shapiro 博士には，EMDR という贈り物をくださったことに感謝している。彼女のたゆまぬ貢献は，世界中の何百人，何千人の人々を助けた。そして，より個人的レベルで言えば，彼女の洞察や仕事の仕方は，私の心理療法家としての在り方を変容させた。彼女の考えの明晰さは，しばしば，導きの灯火だった。そして，EMDR Institute や EMDR 人道支援プログラム（HAP）における仕事で何度もサポートしてくれた Robbie Dutton にもお礼を伝えたい。1998 年に *Extending EMDR* の中の 1 章を書くことに誘ってくれた Phil Manfield にも感謝したい。彼とは何年もの間，EMDR について幾度となく興味深い会話を交わしてきた。あまりにも早いお別れをすることになってしまった Liz Snyker のことを思うと，温かく感謝に満ちた気持ちになる。彼女と Phil は，1998 年に EMDRIA で発表したときの共同演者であり，最初の EMDR トルコ・プロジェクトの時の同僚だった。それから，Carol Forgash に特別な感謝を伝えたい。HAP の仕事，EMDRIA や日本での共同発表，そして彼女の 2007 年の素

晴らしい著作 *Healing the Heart of Trauma With EMDR and Ego State Therapy* における共同執筆など，一緒に取り組んできた数々のプロジェクトで多くの英知を分かち合ってくれた。Carol のポジティブなエネルギーには感染性があるため，友人として私は多くの恩恵を受けたように思う。Bob Gelbach の EMDR HAP における忍耐強く知的なマネジメントと展開をありがたく思っている。彼はこの組織の創設期にも頻繁に，多くのよいアドバイスをくれたものである。Lene Jacobsen と Emre Konuk がこの本のアイデアを国際的な読者に届けるよう励ましてくれたことにもお礼を言いたい。なぜ私がこの本を書かねばならないかについての非常に説得力のある長い理由のリストをくれた Arne Hofmann に感謝する。Robin Shapiro は多くの場面で刺激をくれたし，彼女の画期的な著作 *EMDR Solutions* の執筆に貢献させてくれたことにも感謝している。Berlek Altayli, Katie O'Shea, Paul Miller, Roger Solomon, Onno van der Hart, Anabel Gonzales, Dolores Mosquera, Andrew Leeds, A. J. Popky, Gus Murray, Sally Standart との会話から得られた多くの洞察に感謝している。そして，Springer 出版社の担当編集者である Sheri W. Sussmann が，このプロジェクトの間中，強力なサポートをしてくれたことに感謝する。

Jim Knipe
コロラド州，ロングモント

目次

はじめに　v

謝辞　ix

第I部
複雑性PTSD治療のための
適応的情報処理フレームワーク　1

第1章　複雑性PTSD患者にEMDRを使用する際に必要となる
　　　　理論的枠組みと追加の「ツール」　3

第2章　外傷性記憶とEMDR，二重注意が可能なとき　29

第II部
心的防衛を解消するための適応的情報処理手法　51

第3章　心的防衛を治療するための適応的情報処理モデル　53

第4章　回避に対するEMDR　81

第5章　理想化防衛をターゲットにするとき　111

第6章　適応的情報処理手法を用いた嗜癖障害の治療　147

第III部
解離性パーソナリティ構造を治療するための
適応的情報処理モデル　189

第7章　適応的情報処理モデルにおける解離の治療　191

第8章　準備段階の基本的枠組み　207

第9章　準備：楕円を使った言語　217

第10章　準備：描画　231

第11章　愛情のこもったまなざし：1つのパートが別のパートを
　　　　「見つめる」こと　251

第12章　恥による防衛を治療する　269

第13章　CIPOS手続き　283

第IV部

事例 297

第14章　ヴェロニカ 299
第15章　ダグ 329
第16章　終わりの言葉 349

文献　350
索引　361
訳者あとがき　363
著者と訳者　366

第Ⅰ部

複雑性 PTSD 治療のための
適応的情報処理フレームワーク

第1章

複雑性PTSD患者に
EMDRを使用する際に必要となる
理論的枠組みと追加の「ツール」

　眼球運動による脱感作と再処理法（Eye Movement Desensitization and Processing：EMDR）の最初のトレーニングを受講すると多くの経験豊かな治療者は感銘を受け，驚きさえ抱く。このアプローチが非機能的に保存されてきた外傷性記憶内の苦痛に満ちた感情をすごい速さで変容させるからだ。しかし，そのような実感をもったとしても，急性ストレス障害（Acute Stress Disorder：ASD）や心的外傷後ストレス障害（Posttraumatic Stress Disorder：PTSD）の診断基準から微妙にずれる主訴のクライエントの治療に，EMDR の総力をもち込むことは簡単ではない。この困難を乗り越えるためには，つまり，重篤な愛着障害，解離性パーソナリティ構造，根深い心的防衛（Forgash and Knipe, 2007, 2012）——複雑性 PTSD と呼ばれる——クライエントの治療を成功させるには，標準 EMDR を学ぶ基本トレーニングプログラムで身につけた治療手続きや理解を補完する知識が必要だ。このようなタイプのクライエント像は，**極度のストレス障害**とも呼ばれている（van der Kolk, Roth, Pelcovitz, Sunday, & Spinazzola, 2005）。子どもや青年に見られる同様のパターンは，**発達性トラウマ障害**（van der Kolk, 2005）と呼ばれている。Judith Herman（1992）は自著の「心的外傷と回復（*Trauma and Recovery*）」の中で，**複雑性 PTSD** という表現を初めて使い，長期にわたる虐待やネグレクトを背景にもつ多くのク

4　第 I 部　複雑性 PTSD 治療のための適応的情報処理フレームワーク

```
●解離性パーソナリティ構造
 ・パーソナリティが別々のパートやアイデンティティに分かれている
 ・パートにはほかのパートに対する意識がある場合，限定的な場合，
  まったくない場合がある
●非機能的に保存された外傷性の記憶
●心的防衛
 ・回避防衛（嗜癖的行動パターンを含む）
 ・理想化防衛
 ・恥の防衛
●混乱したアタッチメントの問題
 ・他者との関係における不安定，無秩序型パターン
 ・情動調整の問題
```

図 1.1　複雑性外傷性ストレス障害（複雑性 PTSD）をもつクライエントの主たる特徴

ライエントが示す複雑な症状を説明した。その描写は，100 年以上前にパリで Pierre Janet が描写した症状と類似している。この問題を抱えるクライエントによく見られる特徴を**図 1.1** に示した。

　精神障害の診断と統計マニュアル（*Diagnostic and Statistical Manual*）の第 4 版（*DSM-IV*：American Psychiatric Association ［APA］，1994），あるいは第 5 版（*DSM-5*：American Psychiatric Association ［APA］，2012）にも複雑性 PTSD という診断名は存在しない。1990 年初頭に *DSM-IV* が作成されていた頃，アメリカ精神医学会の PTSD 委員会と解離性障害委員会の両方が，PTSD と解離性障害の診断名を新たな単一診断カテゴリーにするよう，全会一致で推奨した。しかし，その推奨は当時，受理されず，*DSM-5* でも PTSD と解離性障害は別々の診断として存在している。*DSM-5* では，PTSD は不安障害としてではなく，心的外傷およびストレス因関連障害群の中に位置づけられた。この動きは肯定的なものと思われる。外傷体験は，不安という傷を残すだけではなく，絶望，怒り，無力，引きこもりももたらす。最新の PTSD 診断は，*DSM-IV* で定義されていた症状も残している：（a）実際にまたは危うく死ぬ，重症を負う，性的暴力を受ける出来事への，以下のいずれか 1 つ（またはそれ以上）の

第1章　複雑性 PTSD 患者に EMDR を使用する際に必要となる理論的枠組みと
　　　　追加の「ツール」

形による曝露；（b）フラッシュバック，悪夢などの侵入的症状と，トラ
ウマを思い出させるもの（リマインダー）が引き金となって情動的に動揺
すること；（c）思考や行動の回避；（d）心的外傷的出来事に関連する過
覚醒と情緒的反応性の症状。新しい診断マニュアルには，別の基準も記載
された：認知と気分の陰性の変化；想起不能；自分自身に関する否定的で，
非合理で，自己非難の思考；持続的な陰性の感情状態；他者からの孤立；
陽性の情動を体験できない。また，PTSD の診断基準には解離の亜類型も
含んでおり，PTSD の診断基準を満たしつつ離人症（自己が本物でない，
ひとつでない，つながっていない），そして／あるいは現実感消失（世界
や周囲の環境が本物でない）の症状を訴える場合がある。しかし，
DSM-5 の解離性障害は独立した診断として存在し，解離性パーソナリティ
構造の源についての言及はない。解離性障害の原因が子ども時代の外傷的
出来事であることは治療者の間では当然視されている。ただ，第7章でも
記すが，人生早期に親が関わりをもたなかったことも同じくらい大きな寄
与因かもしれない。

　PTSD のきっかけとなる外傷化現象は，DSM-IV や DSM-5 に記載され
ている基準には収まらない。非常に衝撃的ではあるが命を脅かすほどでは
ない出来事——「小さな t」トラウマと呼ぶ（Shapiro, 1995）——は子ど
もと成人両者が抱える重篤な情緒問題の根源であることが多々ある。小さ
な t は，その出来事の深刻度や規模が小さいことを意味するわけではない。
Teicher, Samson, Polcari, そして McGreenery（2006）は，子ども時代
の親からの言葉による攻撃は家族内で起こる身体的虐待よりも，成人後の
精神科症状（うつ，解離症状，「大脳辺縁系の過敏性」，不安，怒り——敵
意）に寄与すると報告している。Teicher（2000）は，親による言葉の攻
撃とドメスティックバイオレンスの組み合わせは，家族内の性的虐待と同
等あるいはそれ以上に成人後の精神科症状に寄与するとしている。Mol ら
（2005）は，子ども時代の出来事で PTSD の A 基準を満たさないものの苦
痛をもたらすものは，PTSD と診断されるケースよりも多くの問題を生じ

させる，と報告している。子ども時代の逆境体験（ACEs；Felitti, 2013；Felitti et al., 1998）による悪影響は，蓄積するようだ。以下の事柄に曝されるほど——ドメスティックバイオレンス，親の離婚，厳しすぎる罰，養育者の嗜癖障害・うつ・自殺の危険の目撃，投獄——その家族で育った子どもの心身の健康状態に悪影響（例えば，物質乱用，うつ，循環器疾患，糖尿病，癌，若年死）が生じる可能性が高まる。そのほかの先行研究も子ども時代の過酷な身体的虐待と，多様な精神健康問題（Afifi, Mota, Dasiewicz, MacMillan, & Sareen, 2012）や重度の精神障害にかかるリスク（Varese ら，2012）との間に相関関係を認めている。

　つまり，主訴としてもち込まれる情緒的動揺や行動問題の多くは，命を脅かすほどではないが大きな悪影響をもたらす過去の出来事に起因している。このことは，逆境体験（「作為のトラウマ（trauma of commission）」）に積極的に曝露された子どものみならず，「不作為のトラウマ（trauma of omission）」により適切な育み，ミラーリング，関与，導きを得られなかった子どもたちにも見られる（Lyons-Ruth, Dutra, Schuder, & Bianchi, 2006）。PTSD も小さな t トラウマも非常に似た症状像を示すことは知られており，EMDR 治療では同様の治療過程を経て解決を見る（Wilson, Becker, & Tinker, 1995, 1997）。

　子ども時代に発症する複雑性 PTSD を治療する専門家には，単回性の出来事によって成人後に発現する PTSD で必要とされる治療理解や手続き以上のものが必要になる。この結論は，Bessel van der Kolk と同僚ら（2007）が実施した調査結果からも見て取れる。この調査の被験者は 90 分の EMDR セッションを 8 回受ける群，8 週間にわたるフルオキセチン（プロザック）の処方群，およびプラセボ群に，無作為に割り当てられた。後者 2 群に対して処方を行う精神科医は自分が出す薬が抗うつ剤なのか，不活性物質なのかを知らされなかった。EMDR 治療はマニュアル化された形式で提供されるよう，標準プロトコルに忠実であるかどうかが継続的に監視された。また，3 群すべての被験者はさらに，成人後に PTSD を発症

したグループと 18 歳までに PTSD を発症したグループの 2 つに分けられた。子ども時代に発症し，EMDR 群に割り当てられた被験者は全員，持続的に，繰り返し，身体的・性的虐待の両方あるいはどちらかを，原家族内で受けていた。治療結果を複数の数値で比較した結果，成人後発症した群と子ども時代に発症した群には統計的に有意な違いが見られた。例えば，治療直後と 6 カ月後のフォローアップ時の各グループにおける「寛解」（PTSD 臨床診断面接尺度；CAPS による無症状結果）の割合である。8 週間の治療直後，子ども時代に発症した PTSD 群の 9.1％は寛解状態で，そのうちの 72.2％は PTSD の診断基準を満たさなかった。成人後に発症した PTSD 群の場合，46.2％が寛解状態で，その全員が PTSD 診断基準を満たさなかった。6 カ月後のフォローアップ時点においては，子ども時代に発症した群で寛解状態だったのは 33.3％で，成人後の発症群は 75％だった。「寛解」はかなりよい結果であり，各グループ共にこの状態を高い割合で保っている。しかし，この結果を前にして浮かんでくる疑問がある。「なぜ，PTSD の発症時期の違いが EMDR 治療への反応性に違いを生じさせるのか？」。

　Van der Kolk の調査結果は，臨床経験で見られるものと同じで，子ども時代に発症した人は，適切で包括的な治療が 8 セッション以上必要であることを示唆している。なぜか？　まず，子ども時代に発症したクライエントはそもそも数多くの外傷的出来事を経験しており，機能不全な家族環境で逆境体験に曝されることで発達上の乱れが生じているからだ。つまり，複雑性 PTSD のパターンが見て取れる。愛着障害，特定の発達課題を達成することや対人関係の学びにおける困難，発達上のパーソナリティ構造内に心的防衛が埋め込まれ，そして，ある程度の確率で，自己の解離した部分がパーソナリティ・パーツとなる。

　子ども時代に発症した PTSD 群の治療には，ほぼ確実に，より個別化したアプローチが不可欠で，各クライエントの状況に応じた治療計画とそのクライエントに内在する固有のパーソナリティ構造の概観が必須なの

だ。概観することは目の前のクライエントに固有の，非機能的記憶だけではなく，困難な子ども時代の環境への病理的な適応——防衛的処理や解離した自己状態——について，臨床家が広い視野から事例を見極めるのを可能にし，どこに両側性刺激（Bilateral Stimulation：BLS）を加えるべきかを示してくれる。このようなクライエントたちに強いられた適応方法は，いわゆる「非機能的に保存された記憶」のカテゴリーに当てはまらないことが多い。むしろ，「非機能的に保存された要素（dysfunctionally stored elements：DSEs）」（Gonzales and Mosquera, 2012, Gonzales, et al, 2012）と捉えるべきだろう。DSE とは，特定の人生経験に根ざしてはいるが，異なるタイプの治療を必要とし，想起できる個々の出来事に焦点を当てるだけでは不十分なのだ。DSE には，病理的防衛，解離した自己のパーツ，自己や他者についてのブロックする信念，妨げられた愛着パターンが含まれる。この考え方は van der Kolk らが実施した調査研究によっても裏付けられている。子ども時代に起因する複雑性 PTSD の治療を，適応的情報処理モデル内で行うには，非機能的に保存された記憶だけでなく，特定の心的外傷後ストレス要素を扱うために，EMDR 治療の追加ツールが必要になる。

　図 1.2 は，パーソナリティ形態を表している。このような視覚的な図はクライエントが自分のパーソナリティ構造を理解する方法として非常に有益である。図の楕円はそれぞれが特定の心の状態を象徴しており，この心の状態——現象学的な意識体験——は個人の神経系統に内在する脳内記憶ネットワークにあると仮定されている。本書では，治療前後のさまざまなパーソナリティ形態を表すために楕円を用いる。

　図 1.2 に見られる楕円の 3 グループ（グループ 1, 2, 3）は，困難な人生経験がパーソナリティ発達にどのような否定的影響を及ぼすかの主要なタイプを示している。適応的情報処理（AIP）モデルの基本的な考え方によれば，情緒的問題は非機能的に保存されている記憶に根ざしている。ここで言う「記憶」とは，特定の出来事の想起であると限定的に定義するこ

第 1 章 複雑性 PTSD 患者に EMDR を使用する際に必要となる理論的枠組みと追加の「ツール」

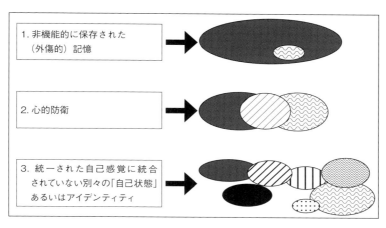

図 1.2 人格構造の発達に困難な人生早期の経験が否定的な影響をもたらす 3 つの方法

とができる。逆に，記憶をより大きな文脈で捉え，個人のこれまでの人生経験が現在の機能に影響を与えると考えることもできる。つまり，想起だけではなく，知覚，予測，強い感情から自分を守る方法，そして，自己を定義する仕方にさえも影響を与える。この考え方に沿えば，単一の出来事による外傷性記憶は DSE の下位カテゴリーなのだ。

　グループ 1 は，熟練の EMDR 治療者には見慣れた状況だろう。大きな楕円は，**トラウマ以前の十分統合されている**パーソナリティ構造を示している。大きな楕円の中にある波線模様の小さな楕円は，ある外傷性の出来事が非機能的に保存されている状態を示す。トラウマ記憶では，元々の出来事の部分的あるいはすべての感覚要素が，さまざまな望まないやり方で引き金を引かれ，想起される。出来事があまりにもひどく，脅威だったために，人生のナラティブに取り込み，統合することができなかったからだ。突然，頭にパッと浮かび「再体験」するのは，極めて侵入的で，苦しい。「再体験」はトラウマ記憶の顕著な特徴である。外傷的出来事を想起させられると，意識に当時の出来事が視覚的映像，自身についての否定的思考，情動，身体感覚を伴っていきなり侵入してくる。実際の出来事当時その人が

経験していたことを再生する行動が出現することもある。

　それはあたかもその出来事が再び起こっているように，または今起こっているかのように感じさせる。実際には，たとえ50年前のことであったとしても！　当時，その出来事が十分に処理されなかった，または解決に至らなかったからだ。出来事があまりにも強烈で，あまりにも恐ろしく，あまりにも脅威で，あまりにもありえない経験だったために，その人の世界観や自己概念に統合することができなかったからだ。「再体験」と一緒によく見られるのが，自分が実際に存在するという「現実感」の減少だ。それは以下のような形で表現される。「私の半分はここにいるけれど，残りの半分はあっちにいるのです！」。トラウマを負った半分は同じ形で体験を再体験し続ける。

　EMDR研修を受けた経験豊かな治療者が，成人後に生じ，はっきり思い出せる単一トラウマ出来事を治療する際に何をすればいいのかは明確である。治療はEMDRの8段階に則り，3分岐（過去の出来事，現在の非機能的な引き金，未来に予想される不具合と肯定的な計画）に注意を向けて行われる。この方法で，はっきりと思い出せるトラウマ出来事は解消に向かう。

　しかし，クライエントの多くが治療にもち込む「問題」は，このような単一のトラウマ出来事よりもう少し複雑である。例えば，不安，うつ，低い自尊心，恥，嗜癖障害，対人関係困難，そして，治療効果に対する期待の低さも頻繁に観察される。これらの「問題」には，通常，多くの不幸な記憶が関連している。

　こうした困難の根底には，矛盾を抱えたパーソナリティ構造が存在し，異なる状況下で活性化される心的状態が互いに矛盾する働きをしている。場合によっては，互いの面識がないこともある。例えば，ひとつのパーソナリティ・パートは満足できる人生，他者とのつながり，肯定的経験，健康的適応を望むが，残りのパーツは過去の最悪の瞬間にまつわる情動や自己不信を再体験し続けているかもしれない。困難な人生経験，特に子ども

第 1 章　複雑性 PTSD 患者に EMDR を使用する際に必要となる理論的枠組みと
　　　　追加の「ツール」 11

時代のそれは，健康的なパーソナリティ統合を阻む。そして，逆境経験で
暮らした子どもたちはパーソナリティの中に，分離したパーツ——異なる
自己状態——を育み，場合によってはそれぞれのパーツが互いについて知
らず，それぞれが異なる目的や機能，価値観，意図，歴史，知覚，未来へ
の期待を抱き，結果的に混沌とした，無力で不幸せなクライエントの状況
を作り出すのだ。このような混沌や不幸が治療者のもとに足を運ぶ理由と
なる。分離した自己状態が困難な子ども時代の環境に適応するために育ち，
成人後も継続する理由は第 7 章から第 9 章に記す。

　分離した心の状態は，人生状況や環境ごとに，異なる方法で，引き金を
引かれる（つまり，発現し，機能する）。重篤な情緒問題を抱えるほとん
どのクライエントは，表面的には「普通」で，「普通」の感情を抱き，「普
通になりたい」とさえ願っているパーソナリティ・パーツをもっている。
このパーツは，解離理論ごとに異なる描写がされている。例えば，パーソ
ナリティの構造的解離理論（Theory of Structural Dissociation of the
Personality：TSDP：van der Hart, et al, 2006）においては「一見すると
普通のパート（Apparently Normal Part）」と呼ばれている。内的家族シ
ステム（Internal Family System：IFS）モデル（Schwartz, 1995）では，「管
理パート（Manager Part）」あるいは「管理パーツ群（collection of the
Manager Parts）」と呼ばれている。理論モデルごとに定義に違いはある
ものの，共通しているのは，世界に対応するためにパーソナリティのパー
トが指定される，という点だ。つまり，指定されたパートが現在の外界の
現実の中で，日々の人間関係や課題を「普通」にこなすのだ。

　図 1.3 は，真っ黒な楕円がこの現在志向のパートを表している。これが
「普通」に見せながら（周囲から受け入れられる振る舞いができる）他者
や世界とつながりを保つ。普通に見えなければ，周囲の人とのつながりは
台無しになる。よって，このパートの役目は，周囲が「普通」だと思う範
囲内で立ち振る舞えるように管理することなのだ。クライエントは，「普通」
の自己表現を逸脱することで生じる拒絶の危険性に敏感だ。例えば，治療

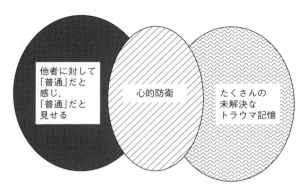

図 1.3 心的防衛：「普通」に見せるあるいは「普通」になろうとしているパートの中に外傷後の苦痛な記憶要素が侵入するのを防ぐことを目的とした精神活動や行動

者にとても個人的な情報を開示した後，「先生，私は変だと思いますか？」と心配そうに尋ねる。周囲から「変な奴」とレッテルを貼られた者は拒絶されることをとても恐れる。他者から愛され，受け入れられ，つながることは，人間がもつ非常に基本的な動機づけで，生き残るために不可欠だからだ。進化の観点からも他者とつながっていることには強みと安心感があり，孤立することは危険を意味する。成人の愛着スタイルは，幼児期の交流に源がある。ほとんどの人は，生後すぐに学習したこのスタイルで残りの人生を歩む。治療を受けなければなおさらである。

　図 1.3 の波線模様の楕円は，その個人にとって未解決の情緒的苦痛の源となっている，**多くの**出来事を示している。それらは圧倒的で脅威となる出来事であり，非機能的なかたちのまま記憶の中に保存されているのである。波線の楕円は外傷記憶の映像，思考，感情，身体感覚といった，不幸な出来事の残留物を抱えている。このような未解決の材料は，普通に見せたい，普通でありたいパートの機能を邪魔するかもしれない。例えば，子ども時代に父親から情緒的に見捨てられ，不当な批判や度重なる身体虐待を受けた男性の場合，18 歳でこの機能不全な家庭環境を離れ，良い仕事や友達，愛する配偶者がいる安定したまとまりのある人生を築くために努

第1章 複雑性 PTSD 患者に EMDR を使用する際に必要となる理論的枠組みと 13
追加の「ツール」

力した。しかし，現在，選択肢があり，危険は存在しないにもかかわらず，男性上司，同僚，配偶者から批判されると，それが建設的な批判であっても，父親の激怒や無力感，恐怖の記憶に圧倒されてしまう。

　このような状況は自我状態あるいはパートを作り出す。つまり，心的防衛である。先の例の場合，男性は不適切に怒るかもしれない――子ども時代，示すことができなかった父親に対する怒りとして。あるいは，同じ男性が不適切に服従的になったり，否認したり，嗜癖障害を患ったり，または，抱えてきた不十分であるという気持ちを考えないようにするかもしれない。このような防衛が活性化すると，この男性は外部から「受け入れられない，普通じゃない」と見られるかもしれない。しかし，それでもこの防衛はなくならない。なぜならば，過去の未解決な出来事から生じている苦痛が表面化するのを防ぐという重要な機能を果たしているからだ。

　過去からの情緒的な侵入が繰り返し起こると――このような侵入はありとあらゆるパターンで生じる――防衛はそのパーソナリティ構造の中でより強固になる（**図 1.3** の斜線の楕円）。本書では，心理療法の AIP モデルで治療を行う専門家にとって有益なやり方で，防衛を定義する。防衛という用語は，精神力動の理論文献（例. Freud,1937；Kernberg, 1967；Plutchik, Kellerman, & Conte, 1979；Vaillant, 1992）から拝借している。AIP 治療モデルでは，防衛を以下のように定義するのが有益だろう。トラウマ化されたパーツから，「普通」に見せるあるいは「普通」になろうとしているパートへの**侵入を防ぐことを目的**としたあらゆる精神活動や行動。例えば，嗜癖障害は防衛的目的をもつことが多い。多くの嗜癖障害は，苦痛な感情や記憶の想起を抑制したり予防したりするからこそ，生じ，維持されるのである。このモデルを用いた嗜癖の治療は第 6 章に記す。

　防衛は，精神的な壁を作ることで「普通」な自己に外傷後の苦痛が侵入することを防ぐため，結果として未解決記憶に十分なアクセスができなくなり，標準 EMDR プロトコルの利用も阻んでしまう。クライエントは，多くの場合，治療当初は一見すると普通のパート（van der Hart, et al,

14 第Ⅰ部 複雑性 PTSD 治療のための適応的情報処理フレームワーク

2006）としてやってくる。回復し，包括的な治療結果を得るためには，ク
ライエントが外傷的な過去の最もつらい部分のすべてにアクセスし，記憶
を解消することが不可欠である。しかし，防衛（例．回避防衛）がその邪
魔をする。治療中のクライエントはこんなことを言うかもしれない。「継
父との間にあったことを考えたくありません」あるいは「ええ，母の死は
大打撃でした。でも，そのことについては話したくありません」。場合によっ
ては，防衛を使っているかもしれないし，そのことに気付いてすらいない
こともある――「母の死にそれほど大きな影響を受けたとは思っていませ
ん。人生を先に進んでいかなければならなかったので，そのことに囚われ，
考える時間はありませんでした（と声を震わせながら語る）」。強い防衛が
あり，過去の苦痛に意識的に直接アクセスできない場合，治療者は標準的
EMDR を直ちに使うことはできない。クライエントがはっきりと考える
のを回避したいと言っているのに，それを無視して「そうかもしれないけ
れど，最悪な部分の映像を思い浮かべられますか？」と言うことはできな
い。

　回避行動は PTSD のまさに定義の一部（APA, 2012）であり，回避防衛
は治療に頻繁に登場する。いくつもの例を示すことが可能だ。ある女性が
交通事故の後，治療にやって来た。事故後に生じた運転不安に EMDR が
役に立つ，と聞いたためだ。初回面接の最後の方で，彼女はこんなことを
言った。「実はもうひとつお願いがあるんですが……母について話さない
と約束することは可能ですか？　母については 3 年間，治療で話してきま
したが，何の解決にもなりませんでしたので」。その時点でのアセスメン
トでは，運転に対する不安を解消するのに母親との問題は無関係と判断し
たため，母親についてはもち出さない，と約束し，実際，自動車事故に関
連する主訴は解決した。その後，面接の中で，ほかの課題を検討したとこ
ろ，彼女は強い自己効力感をもてるようになっていたので，ほかの課題に
自分の両親がどう関わっているかを前向きに探索できると思えるように
なっていた。

第 1 章　複雑性 PTSD 患者に EMDR を使用する際に必要となる理論的枠組みと
　　　　追加の「ツール」　　　　　　　　　　　　　　　　　　　　　　15

　回避防衛の強さが中程度の場合，トラウマ題材を解消したいという動機
づけが回避衝動を上回る。その場合は，標準 EMDR 処理を行い，効果的
ならば，回避衝動は消滅するだろう。しかし，中には長い年月，回避が強
力な保護として作用しているため，治療の焦点を回避自体に向ける方が得
策な場合もあるだろう。結局，ほとんどのクライエントは回避衝動をもち
つつも，治療から効果を得たいとの強い願いもあり，十分な安全策が講じ
られ，不可能なことをさせられていると感じなければ，不幸な記憶に立ち
向かってもいいと思うだろう。

　以下の逐語はビデオ録画から作成されたもので，クライエントの寛大な
許可を得て掲載している。ここでは，恐怖と回避衝動の相互作用と，クラ
イエントにとって「普通」に見られることの必要性が見て取れる。このク
ライエントは 40 代の男性で，自分の子どもたちに水泳を教えようとした
時に強い恐怖を覚えたため，治療にやって来た。彼はその恐怖が何なのか
を知っていた。13 年前，海に流れ込む流れの速い川の河口で泳いでいた
際におぼれそうになった経験があった。川の流れにのみ込まれ，水中で回
転し，上下もわからず，短時間ではあったが，自分は死ぬと確信したそう
だ。何とか水面に顔を出すことができて，岸にたどりついたが，その後，
一度も泳ぐことはなかった。この出来事の前，彼は泳ぐのが上手だった。
恐怖と苦痛を伴う記憶の治療として，EMDR について知り，子どもに水
泳を教えられるようになるために，水に入っても十分リラックスできるよ
うになるか知りたがった。

　治療開始当初は，お互いを知ることから始めた。彼の背景について語っ
てもらい，治療の目標を定めた。心地よさを感じられる「安全な場所」の
イメージは簡単に見つけることができた。当初からおぼれそうになった出
来事について適切なレベルの情緒的苦痛を伴いつつも，詳しく語ることが
できた。その後，EMDR 第 3 段階の手続きを用いて，このおぼれそうになっ
た出来事をターゲットとした。彼にとっての「最悪な部分」の映像は砂だ
らけの水の中で，上下もわからず回転しているところだった。否定的認知

は，「私は危険に曝されている」。否定的認知に対応する肯定的認知の候補は２つあったが，どちらもあまり強く本当だと感じることができていなかった：「私は生き延びた」「気楽に，苦もなく泳ぎに行くことができ，子どもたちにも泳ぎ方を教えることができる」。以下の逐語はEMDRの第４段階開始からの記録で，記憶の処理のために最初の眼球運動を加えたところから始まっている。

　　治療者：胸とお腹，そして頭の天辺にある感覚に気付いてください。そして，水の中で方向もわからなくなっている場面を思い浮かべて。ただ，それについて考えて，私の指を追ってください。ただ，それと一緒にいてください。ただ，それについて考えて。[**EM**] いいですよ。その通りです。はい，そのままで。

　最初の眼球運動のセットの間，彼の表情から恐怖が見て取れた。両目尻には涙の跡があった。私が指の動きを止めると彼は目を閉じたまま身体を後ろにそらした。明らかに高いレベルの苦痛を体験していることがわかった。そこで，私の面接室が安全であることを思い出してもらえるような言葉を掛けた。

　　治療者：ここに戻ってきてください。いいですよ。そうです。部屋を見渡してください。自分がどこにいるのか確認してください。ここにちゃんといますね。

　このような対応をしたにもかかわらず，彼は自分がどこにいるのかよくわかっていないようだった。私の言葉に耳を傾けることすら困難に感じているように見えた。そこで，彼の「安全な場所」である自宅について考えるように伝えた。

第1章　複雑性 PTSD 患者に EMDR を使用する際に必要となる理論的枠組みと
　　　追加の「ツール」

治療者：では，今から，あなたの安全な場所である「自宅」に行くことをご自身に許してください。しばらくは，これまでの作業を脇において。後で戻ってきますから。でも，今は，その記憶がどこかへ行くに任せ，放っておきましょう。

この対応が少しは役に立ったようだが，十分ではなかった。今でも「遠く」を見ているような目をしていて，私の面接室の安全に十分気付けていないようだった。

治療者：今から別の質問をします。外を走っている車の音が聞こえますか？　（**クライエント：**はい）

私の面接室を見渡すことができますか？　壁にかけてあるものが見えますか？　今から，あなたの注意をここに戻すために，いくつかのことをやってもらいます。なぜならば，ここは安全な場所だからです。見回して。そうです。

この介入でずいぶん落ち着きを取り戻したように見えた。そこで，処理を続けることにした。

治療者：準備が整ったら，あそこに戻ってみましょう。いいですか？あそこに戻ることができたら，思い浮かぶことが何か，教えてください。（**クライエント：**戻りたいとは思えません。あそこにもう一度戻りたくありません。戻ろうと思えません）　きつすぎますか？　（**クライエント：**ただただ不快な感じです）

彼は戻りたくない，おぼれそうになった出来事について考えたくない，と言っていた。理解できることだ。たった今，例の出来事の，とても恐ろ

しい「再体験」をしたわけであるから。彼は，その出来事について考えることを回避することで恐怖に対処し，抑制，コントロールしようとしていたのだ。もし彼が，明確に，もう一度，**あの出来事について考えるのは嫌だ**，と語っていたならば，その考えを尊重しただろう。しかし，同時に，彼が自分自身と子どもたちのために，このおぼれそうになった出来事を解消したいと強く願っていることも知っていた。そこで，私は別のことを提案した。選択肢を検討しよう，と。

> **治療者：**わかりました。あなたの横にあるソファーのクッションを私に向けて投げてください。（クライエントはクッションを治療者に手渡す）　バカみたいに思うかもしれませんが，でも，やりましょう。どうぞ。（治療者はクッションを投げる。5秒ほど，クッションを使ったキャッチボールが行われる。クライエントに笑みが見られる）（**クライエント：私の心を引き離すためですか？**）　ええ，その通りです。いいですね。

クッションのキャッチボールを止めた。

> **治療者：**今，何が起こっていますか？　もう一度，確かめましょう。（**クライエント：ええ，前よりずっといい感じです**）

　短時間ではあるが「キャッチボール」は彼が現在の安全にもう一度意識を向ける効果をもたらしてくれたようだ。つまり，クッションを投げ合うことでおぼれそうになった出来事の再体験（単に思い出していたわけではない）をしていた自我状態から，自分がどこにいるのか，自分が安全であるのかを知っている別の自我状態へ移行するのを助けたのだ。外傷記憶にどっぷり浸かった状態では投げられたクッションの軌道を追うのは難しい。状態の移行が明確ではあったが，おぼれそうになった出来事をターゲッ

第1章　複雑性PTSD患者にEMDRを使用する際に必要となる理論的枠組みと
追加の「ツール」　　　　19

トとして処理を続けるには彼の許可を得なければならなかった。

　　治療者：戻ってくることができるとわかるのは素敵なことですね？
（**クライエント**：はい）　戻ってくることができるとわかることは，実
際，とっても有益です。これをするのはどうでしょう？　あの記憶に
完全に戻るのが恐ろしすぎるということならば……今，確かめてみま
しょう。できれば戻りたくないですか？　それでも構わないです。で
きれば戻りたくないというならば，それを扱うこともできるからです。
（**クライエント**：まだ，戻ることができます。できます）　できる？（**ク
ライエント**：はい）　わかりました。では，今からあそこへ戻ってく
ださい。今，そこへ戻ると頭に浮かんでくるのは何ですか？　（**クラ
イエント**：ほかの映像が少し邪魔するみたいに出てきました。私は浮
けた。最も恐ろしい感じと喜びが混ざったようなのがまだ少しありま
す。両方が一緒に混ざっているのが見えます。また息ができた，とい
う喜び。その両方が一緒にチラッと浮かびます）

　　治療者：それについてただ考えて，そして，私の指を目で追ってくだ
さい。［**EM**］

　再び戻ることを決め，例の出来事について考えた時，既に変化が起こり
始めていることを彼は発見した。あの記憶は既に治療的な処理を開始して
いたのである。もし，元の出来事に戻ることを選んでいなければクライエ
ントもこのことには気付けなかっただろう。彼が経験したことは，EMDR
の第4段階で苦痛を伴う記憶が処理される際に見られることと一致してい
る。Francine Shapiroがよく使う電車の比喩で言うとEMDRの処理はこ
んな風に起こる。電車が線路を下っていき，駅で止まると，乗客が乗った
り降りたりする（Shapiro, 1995, 2001）。眼球運動のセットあるいは別のタ
イプのBLSセットが加えられると，トラウマ出来事の否定的な情報がク

ライエントの意識を離れ，肯定的で適応的，そして現実的な情報が現れる。まさに，同じことがこの男性クライエントにも起こったのだ。ただし，それが可能になったのは彼がおぼれそうになった出来事に戻ることを選んだからこそだった。

　　治療者：では，準備が整ったら，もう一度，例の出来事に戻ってください。今，何がありますか？　（**クライエント**：まだ当時の感情は残っていますが，最初に話した時に感じた強さではありません）　わかりました。では，その違いに気付いて。私の指をただ見て，そして，そのことについて考えて。[**EM**]

　こうしてセッションは続き，標準 EMDR 第 4 段階を 40 分ほど行った後，この出来事に関する全体的な苦痛度を自覚的障害単位（Subjective Units of Disturbance Scale：SUDS）で測定したところ，0（苦痛なし）だと報告された。さらに，数回の眼球運動セットを加えると，「私は生き延びた，私は大丈夫。今なら水泳を気軽に楽しむことができ，子どもたちがうまく泳げるように教えることができる」という言葉を本当だと感じられると答えた。そして，彼は笑い，以下のように言った，

　　クライエント：いったいなんであんなにオロオロしていたんだ？！水中にいたけれど，岸はすぐそこで，たどりつけるし。お天気じゃないか！　すべて順調さ！　そういう感じです。ただ，笑っちゃいます。

　この面接直後，彼は自宅に戻り，水着に着替え，泳ぎに行った。その翌週以降，子どもたちに泳ぎを教えることを満喫した。
　この事例は最初には予期していなかった強い情緒的除反応が表出されたケースだった。一時的にせよ，記憶に圧倒されるがあまり，回避防衛が活性化された。しかし，クッション投げを行うことで，外傷性再体験の状態

から現在の安全に気付ける精神状態へ移行することができた。

　次の面接では，予想外のことが起こった理由について探った。最初の
BLS セットが開始されたときに，彼はおぼれそうになったことについて
考えていたという。すると涙目になり，それがターゲット記憶とはまった
く関係のない過去の複数の未解決なトラウマ記憶を引っ張り出すきっかけ
となったことに彼は気付いた。4 歳の頃，泣いていると「もし，また泣い
ているのを見つけたら，殺すぞ！」と父親に言われたことがある，と語っ
た。その後，子ども時代を通して，彼は二度と泣かないために大変な努力
をした。父親の言葉がずっと残っていたのだ。つまり，おぼれそうになっ
た出来事を扱い始めたものの，実際は，クライエントも治療者も予期せぬ，
まったく異なる過去の未解決な人生経験へたどりついていた，ということ
だ。そして，父親に関連するこれらの出来事を扱い，子ども時代の出来事
を広い視点から見られるようになり，当時も今も，自分の感情が普通で当
然のことだと気付くに至った。

　この事例は回避防衛の治療時に生じるかもしれない以下のようないくつ
かの課題を示してくれる。

・**未解決のトラウマ記憶が突然出現するとクライエントはとても不快に
感じ，混乱することがある。**これは解離性除反応で，トラウマを再体
験することで，治療者の部屋が安全であることがわからなくなってし
まう。この事例ではクライエントはその感覚を取り戻すことができた
が，今の安全に簡単に戻れないことも少なくない。現在，自分が安全
なところにいる，という感覚を取り戻すことができたとしても，その
ような経験はクライエントが考えるよい治療にはほど遠い。後の章で，
解離性除反応の可能性を最小限にする戦略を紹介する。予期せず頻繁
に起こることではないが，このような状況に見舞われた際に臨床場面
をコントロールできるようにして欲しい。
・**回避防衛は恐怖症的不安を効果的に抑制できる。**この事例のクライエ

ントは回避反応を用いることで耐えられない感情から逃げる道を得ていた。このようなやり方で自分を助けることができると，つらい感情を抱えることができたという肯定的感情を覚える。最初の面接で，「この何年もの間，あなたは水泳に対して恐怖を抱いていたようですね。違いますか？」と治療者が尋ねたところ，クライエントは笑いながら「いいえ！　まったくそんなことはありません！　ただ，一度も泳ぎに行かなかっただけです」と答えた。まさに，回避はこうやって恐怖を上手に避けるのだ。強い回避防衛をもつ多くの人は，苦痛を伴う何か，例えば，記憶，情動，気付きなどを上手に避ける自身の能力に驚く。そして，その回避を，とても肯定的に感じているのだ。なぜならば，回避は安堵感をもたらすからである。第3章から第6章で説明するように，AIP モデルを用いて防衛をターゲットとする際にこのことが密接に関わってくる。

・回避防衛は，圧倒的な情動への即時で迅速な対応であり，情動を瞬時にシャットダウンさせる目的をもつ。つまり，**回避はほとんどの場合，認知に影響されない「膝反射」的な衝動なのだ。**

・回避防衛の強度は，クライエントが治療者の面接室の安全に意識を向けることができたなら，目に見えてすぐに弱まる。このような**見当識は，比較的迅速に生じる。**クッションを投げる，水を飲む，部屋を歩く，部屋の中の時計／ティッシュ箱／本棚の赤い本を数える，など。

・この事例は，治療者側の最善の努力や意図をもってしても，解離性除反応を常に防ぐことはできないことを示している。**治療者はクライエントが簡単に圧倒されないよう適切に準備したい。だからこそ，トラウマ処理をする前の準備手続きが非常に重要なのだ。**また，その過程において，自分が抱えるトラウマよりも，過去由来の恐怖情動よりも，自分は大きいと感じられる自信を抱けるようにクライエントを準備する。治療開始時，事例のクライエントは同定したトラウマ——おぼれそうになった出来事——に対して力強い態度をもっているように見受

第 1 章　複雑性 PTSD 患者に EMDR を使用する際に必要となる理論的枠組みと
　　　　追加の「ツール」　　　　　　　　　　　　　　　　　　　　23

けられた。しかし，連想の連鎖は治療者とクライエント両者にとって
驚くようなやり方で，当初は隠されていたもっとつらく，苦痛を伴う
別の記憶へ導いていった。幸いにも，このような稀な現象が起こった
としても，EMDR 治療者はクライエントが現在の安全へ戻ってくる
ことを可能にする「ツール」を備えておくことができる。クッション
投げはそんなツールの一つで非常に効果的であるが，それ以外にも
ツールは揃っている。

　回避とともに，さまざまなタイプの理想化防衛も通常，心理療法におい
て，そして，特に EMDR においては大きな妨害となる。例えば，30 歳の
女性が治療にやって来た。お互いについて知るために私は彼女の背景につ
いて質問を重ねていた。家族について尋ねると，「父はただ，ただ完璧で
した！　誰もがうらやむ最高の父親でした！」と彼女は答えた。しかし，
後にこの父親が非常に不適切なことをやっていたことがわかる。彼女に
とって，父親との非常に否定的な体験は，気付くのも語るのも難しかった。
なぜならば，父親を善人で賞賛に値する人物であるとイメージし，それを
とても大事にしてきたからだ。肯定的なイメージ——彼女の中にある肯定
的な記憶——を守るために，彼女は悪い時の記憶に目をつぶる術を学んで
いた。このように，理想化防衛は，EMDR がもつ癒しの力を十分に活用
するクライエントの能力を妨害できるのだ。クライエントがトラウマにた
どりつけなければ——未解決のひどい出来事に関連するショック，脅威，
怒り，無力を完全に思い出せなければ——それらの記憶を完全に解消し，
自分史についての現実的な理解を得て，その物語に関わった人々に対する
明確な見識をもつようになることもできない。非機能的で肯定的な情動を
伴う防衛的自己状態の同定方法と，BLS セットを用いてこれらをターゲッ
トにする方法は，第 3 章から第 6 章に記す。
　自己についての非合理的な恥も防衛として機能する。初めて聞くと，奇
妙な考えに聴こえるかもしれない。しかし，恥はいつも論理的とは限らな

い情動だ。恥は，生得的な神経学的活性化パターンをもち，受け容れられないそのほかの情動——特に，興味，かつ／あるいは，興奮——をシャットダウンする機能を備えている（Nathanson, 1992）。もちろん，何か悪いことをしたり，道徳規範を破ったりしたことに気付いたときに恥は生まれ，**自分は実際に悪い人間であると感じる**。浮気がばれた夫は恥を感じるかも知れない（そして，場合によっては罪悪感や恐怖も）。そんなときには，恥は部分的，あるいは完全に性的な興味も喪失させる。しかし，ほかの状況下でも恥の情動は生じる。常にではないが，しばしば道徳上の違反の影響として。性的な暴行を受けた子どもや大人は，非常に高い確率で強い非合理的な恥の感覚を抱き，「私はどんな間違いを犯してしまったのか？」「私はどこかおかしいに違いない」と自問する。加害者が恥じるべきなのに，皮肉にも加害者はほとんど，あるいはまったく恥を抱かない。恥の情動は虐待被害者にとっては防衛として機能すると言えるのかもしれない。出来事に対して個人的な責任を感じるという幻想は，そのトラウマ出来事の渦中で感じた自身の無力という現実を否定することを可能にしてくれるのかもしれない。

　このタイプの防衛的恥は理想化防衛との関連で生じていることが多い。子どもの論理では，いい親の元にいる悪い子である方が，悪い親の元にいるいい子より良いのだ。養育者から虐待やネグレクトを受けている子どもは，こう考えざるを得ない。「私は悪い子，悪い子で**なければならない**。そして，親はいい親——少なくとも十分良い親に**違いない**。完璧になれるようすごく，すごく自分が頑張れば，両親は自分を愛してくれる。私が必要とするやり方で」。現実を完全に把握するのは子どもにとって恐ろしすぎるかもしれない。つまり子どもが「私は善良で，無垢な子どもだけど，虐待的でネグレクトをする無関心で興味を持ってくれない親をもつ」と考えることは期待できないのである。そのような気付きは，無力や絶望につながるだろうから。虐待やネグレクトを受けている間に，自分の無垢さを正確に認識できる子どもは稀だろう。そのような状況下にいる子どもに，

第 1 章　複雑性 PTSD 患者に EMDR を使用する際に必要となる理論的枠組みと
追加の「ツール」

選択肢はない。近所に住む別の家族を選ぶことはできないのだから。しか
し，この状況にいる子どもが強い自己批判を行い，自分の言動の過ちを探
したならば，必ず何らかの否定的な要素を見つけることができるだろう。
そして，それはコントロールできている，という幻想を提供してくれる。「私
のせいだった。私は無力ではない！」。Ross（2012）はこの現象をローカス・
オブ・コントロールのシフトと呼ぶ。コントロール不能な状況下で得るコ
ントロールできているという幻想である。これには高い代償が伴う。広範
囲に及ぶ否定的な自己認知を持ち，子ども時代の環境がどれほど劣悪で
あったのかと言う現実を直視できなくなる……その子どもは自己定義とし
て，私は悪い，私は恥ずべき存在，という認知を背負い込む。そして，恥
は，このような不幸な状況では，ただの認知に留まらず，心の底からのあ
きらめや体からエネルギーが失われるという体感となる。これは副交感神
経の背側迷走神経の活性化で（Porges, 2007），対応不可能な無力感や差
し迫った死の予見時に生じる無条件反射なのだ。このタイプの身体感覚と
して見られる恥情動の概念化や治療にまつわる課題は，第 12 章で扱う。

　図1.4 はパーツ間に部分的あるいは完全な健忘性の分離が見られる解離
性の自己状態（あるいはパーツ）の悲しい状況を表している。このタイプ
のパーソナリティ構造は早期の，頻繁で重篤な，親からの不関与，トラウ
マ，ネグレクトによってもたらされる（Lyons-Ruth et al., 2006）。心理
療法の内的家族システム（IFS）モデル（1995）を提唱した Richard
Schwartz はすべての人はそのパーソナリティ内にパーツを抱えている，
と言っている。解離している人とそれ以外の人との主たる違いは，前者は
パーツ間のアクセスに重大な不具合がある，ということだ。私たちは日々
の生活のなかでさまざまな課題をこなす。例えば，知らない人に会う，葛
藤状況に対応する，対人関係の葛藤に対処する，他人との関係において愛
情を求める，不快な記憶に対処する，など多くの課題をこなしながら日常
生活を過ごしている。このような課題をこなす際，私たちの心は自動操縦
モードになる。一貫性があって支援的な環境で育った子どもの場合，内的

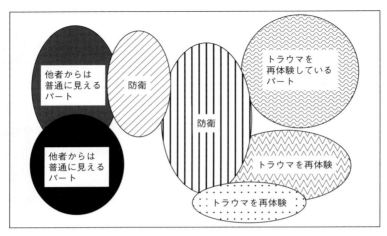

図 1.4 自己感覚が統合されていない，完全に意識化されていない別々のパーソナリティ・パーツ（「自己状態」，アイデンティティ）── パーツ間には部分的，あるいは完全な解離的健忘性分離が存在する

なパーツは互いにアクセスしあうことができ，自己という単一感覚がパーツ全体の実行調節を行っている。

　これとは対照的に，極度の，早期で，頻繁な，親からの不関与，虐待，ネグレクト下で育った個人は，不幸にも異なった状態に陥る。彼らのパーソナリティ・パーツは互いに対して，制約なしに自由にアクセスすることができない。自己という単一の感覚は正常に機能せず，その代わり，「自己の感覚」は移ろい，状況によってあるパートから別のパートへと交代する。非常に混沌とし，(本人や彼らと関わりをもとうとする周囲の人にとっても) 混乱を招く。パーソナリティの分裂は，特定の「断層線」に沿って生じる傾向がある (van der Hart, Nijenhuis, & Steele, 2006)。いくつかのパーツは表面的に普通に見せ，養育者とのつながりを（その代償がどれほど大きくても）維持することに力を注ぎ，ほかのパーツ──隠れていることが多い──は「再体験」の体験や感情，養育者がまったく関心を向けてくれなかったり，存在を耐えられないと思っていたりしたこと，を抱えているかもしれない。さらに追加されたパーツは，苦痛を伴う感情や記憶

第1章　複雑性 PTSD 患者に EMDR を使用する際に必要となる理論的枠組みと
　　　　追加の「ツール」　27

が意識に侵入することを防ぐために発達したのかもしれない。

　複雑性 PTSD の臨床像は，程度の差はあれ，愛着の困難さだけでなく，解離性パーソナリティ構造，非機能的に保存されたトラウマ記憶，心的防衛——特に回避，理想化，嗜癖行動パターンと恥——を含む。

　では，複雑性 PTSD の治療に有益な AIP 関連の「ツール」には何があるのだろうか？　詳細は後続の章で紹介するが，以下にざっと羅列する。

・標準 EMDR トレーニングで学ぶ内容：はっきりと想起でき，苦痛を伴うトラウマ出来事をターゲットにして解消させる手続き。そして，資源の植え付け手続き。これは，クライエントを力づけ，同時に，以下をクライエントの意識の前面に位置づけるために使われる：安心感，自己効力感，愛される力，自己価値感，適切な自己主張と「イヤだ」と言える能力，そして，トラウマ記憶にアクセスをしつつも治療者の面接室の安全性に気付き続けるという，複雑性 PTSD のクライエントの治療に特に重要な能力である。
・解離性パーソナリティ構造と解離性症状の概念／認知／現象学的モデル
・クライエントが自身のパーソナリティ構造を視覚的に理解するために役立つ具体的な方法。トラウマ記憶の処理への準備につながり，同時に，痛みを伴う記憶題材を抑制し，情緒的な距離を取る能力を育む。これらの方法には，「楕円」を用いた手法や，解離のテーブル・テクニック（Fraser, 1991, 2003）のバリエーション，内的体験を示す描画を用いたクライエントによる「地図」作りなどが含まれる。
・心的防衛をターゲットとし，解消する。ターゲットにする主たる防衛には，回避，嗜癖行動，理想化（非機能的な肯定的感情），そして，恥がある。
・愛情のこもったまなざし手法——クライエントの心的防衛が**強すぎて**トラウマ記憶へのアクセスができない，あるいは，心的防衛が**弱すぎ**

てトラウマ記憶へアクセスした途端，苦痛を伴う情動が非治療的な解離性のフラッディング状態を起こしてしまう場合に有効な手続きである。

・後頭部尺度（Back of the Head Scale：BHS）は，クライエントの解離度合いや治療者の面接室の安全に気付けているかどうかの程度を，その時々で，査定するための手法。

・現在見当識と安全性の持続的植え付け（The method of Constant Installation of Present Orientation and Safety：CIPOS）は，自身のトラウマ記憶に極度の恐怖をもつ，または解離性除反応に対する脆弱性が高いクライエントに対しても，EMDR の治療効果を活用できるようにするための手続き。

　次章以降で示す具体例からもおわかりいただけるように，これらの EMDR 関連のツールは個別でバラバラな手続きではなく，目の前のクライエントのニーズに沿って併用することで，最大の効果が得られる。

第2章

外傷性記憶とEMDR,
二重注意が可能なとき

　EMDR 心理療法アプローチは，適応的情報処理（AIP）モデルを基盤とする（Shapiro, 1995, 2001）。ある苦痛をもたらす記憶の処理に標準的EMDR 手続きを用いるのは，数ある AIP の応用のひとつである。特に，クライエントが厄介な記憶に関して二重の注意（現在の安全と過去のトラウマの両方に対して同時に意識を向けること）を維持できる場合，とても高い効果を示す。また，以降の章に示すとおり，二重の意識を維持するのが難しい防衛やパーソナリティ内のパーツ間に見られる解離の治療をもAIP は導いてくれる（Knipe, 2005, 2007a, 2009b）。

　AIP モデルの中核的前提，つまり EMDR の理論的ベースは，苦痛を伴う体験やこれまでの経験と相容れない人生経験を，処理したり，解決に導いたりするメカニズムが，人間には生まれながらに，身体的に備わっている，ということだ。このモデルによれば，トラウマ的で圧倒的とまでは行かないが苦痛を伴う体験は，ほかの人生経験と同様の処理をされて，記憶になる（**図 2.1**）。出来事の後，人はそれについて考え，語り，もしかしたら夢を見るかもしれない。その過程を通じ，その出来事の記憶はそのほかの人生経験の記憶と一緒になって個人の人生全般のナラティブ内の適切な場所に居場所を見つける（Shapiro, 1995, 2001）。AIP のこうした前提は，Carl Rogers, Abraham Maslow, Richard Schwartz といった理論家や治療者たちが提唱してきたことと非常に似ている。これらの人物が主張して

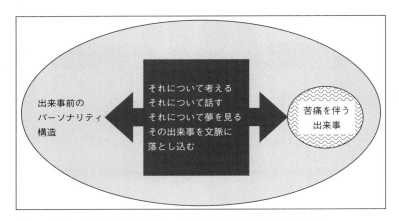

図 2.1 苦痛を伴う出来事は通常，治療を受けなくても処理される

きたのは，私たちは体験から生じた苦痛を現実的で客観的な視点に移行させることができ，「あれはあの時のこと。今は今。過去は終わり，私は現在に生きている。あのことに囚われることなく，怯えさせられることもなく，あの経験から学ぶことができる」と思えるようになる，ということだ。EMDR コミュニティでは，このような過去と現在の捉え方を「適応的解決」と呼んでいる（Shapiro, 1995, 2001）。

　例えば，仕事帰りに運転をしていたところ，高速道路で起きたひどい事故現場を通り過ぎたとする。警察車両や救急車が止まっている。進むように指示されるが，進むにつれ，ひどい場面を目撃する。すると，事故現場を通過してから 10 分が経過しても，目撃した映像が鮮明に思い浮かぶかもしれない。当然のことだ。自宅に到着したら，誰かに目撃したことを話すかもしれない。その日の夜，事故の夢を見るかもしれない。翌朝になっても事故について考えるかもしれない。しかし，それから数日かけて，少しずつ，（その事故が過去の未解決な記憶のネットワークを活性化させない限り）動揺は治まり，記憶の映像はぼやけ，1 週間後には事故現場を通過しても，まったく別の見方ができるようになり，当初のような強い情緒的衝撃はなくなる。そして，記憶が処理されるにつれ，「高速道路のこの

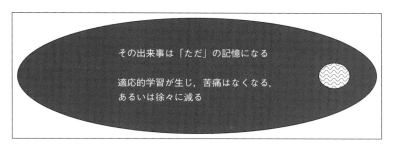

図 2.2 時間が経過すると……

エリアで運転する時には今までより気をつけなければ」と教訓を得るかもしれない（**図 2.2**）。

このようなことは治療を受けなくても起こる。苦痛を伴う出来事を心が処理する通常の方法である。比喩的に言うならば，手を切った時に起こることと似ている。出血を止め，傷を清潔にし，傷口をしっかりとふさいだら，治癒のプロセスが勝手に始まる。翌朝，「指の傷口が治るための言葉を唱えなきゃ！　指の傷を治すことを覚えておかなきゃ！」と自分に言い聞かせる必要はない。なぜなら，あなたの指が「どうすればいいのか知っている」からだ。同様に，私たちの心も苦痛を伴う体験を自動的に処理する能力を備えている。これはすべての人に備わっているもので，すべてのクライエントがもっており，EMDR療法はその能力を活用して過去の嫌な経験を癒すのだ。このプロセスは認知的なレベルが主体で起こるのではなく，自然に，「人知れず」，起こるのである。

しかし，知ってのとおり，精神的なトラウマと言われるものが存在し，さまざまに定義される。最も簡単，明確で，わかりやすい定義は，「自然な情報処理システムが機能せず，その結果，苦痛を伴う出来事の記憶がその人の記憶ネットワーク内で，非機能的な形で保存されること」である。情報処理システムが機能しなかったのは，その出来事があまりにもひどく，これまでの人生経験をはるかに超えたため，情報を取り込むことも理解することも不可能だったからかもしれない。あるいは，AIPが機能しなかっ

たのは，そのつらい記憶に関する情報を知覚し，処理するのを妨げる防衛が存在していたからということもある。

　今から示す事例は後者のタイプである。50代の男性がひどい暴力を振るった罪で逮捕された後，治療を求めてやってきた。その出来事について話し合うと同時に，成人後に同様の出来事がなかったかどうか，家族背景についても確認をした。すると，この男性は自分の父親に対する深い畏敬の念を伴う尊敬について語った。治療が進む中で，彼は父親からベルトで頻繁に殴られたことを話した。まったく理由がないようなときでも，唐突にひどく殴られたこともあったと言うのだ。「いつ何時も身構えていなければならん！」というのが，父親が言うところの殴る理由だった。当初，このクライエントはこれらの出来事がひどいことだと認識しておらず「父の教えに感謝しています」と言っていた。しかし，治療が進むにつれ，彼が周囲の人に対して行っていた違法で不適切な身体的暴力が，未解決の外傷性ストレスによる行動に表れた結果であり，他者を無力な被害者にしていたことに気付いた。父親を理想化することが心的防衛として働き，父親の暴力がもたらした痛みを全身で感じることを阻んでいたのだ。この気付きにより，少年時代の自分に対する思いやりをもつとともにこれらの出来事を処理することができた。この事例はトラウマ記憶が，視覚的フラッシュバックや非合理的な否定的認知（NC），感情や身体感覚ではなく，時には行動の再演として表現されることを示している。トラウマが未解決で，想起されていなければ，「記憶ではなく行動で，気付くことなく，繰り返す。我々は結局，この繰り返す行為が彼にとっての想起であることを理解するのだ」（Freud, 1914／1962）。

　AIPモデルでは，非機能的に保存されているトラウマ記憶はすべて，人生の出来事にまつわる記憶が不完全に統合された結果だと解釈する。この現象を言葉で示すとややこしいのは「体験」という言葉には名詞と動詞の両方があるからだ。つまり，トラウマ記憶とは，完全なかたちで体験されなかった体験の保存，と言えるだろう。トラウマ出来事の不完全にしか体

第 2 章 外傷性記憶と EMDR，二重注意が可能なとき　33

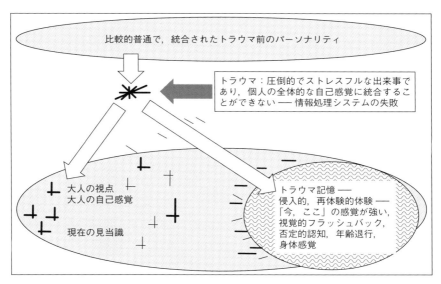

図 2.3　トラウマ記憶は脳の自然な情報処理システムの失敗によってもたらされる

験されなかった部分が，未解決な記憶の断片を意識上に押し出す衝動となっていると考えることもできる。記憶を完了させ解決に向かわせようとするこの衝動は神経学的な基盤をもっていると思われるが，現時点で詳細は不明である。しかし，ゲシュタルト学習の理論家らは 80 年前に詳細を説明している（Koffka, 1935）。この衝動の目的は，苦痛を伴う出来事の記憶を完了させ，終結させることだ。未解決の苦痛を意識の表面上に押し出すことは，個人がもつ別の強いニーズとぶつかる。個人が欲する心地よさ，安心感，現在や現実に対する明確な見当識は，記憶の侵入によって乱されてしまう。これがまさに外傷性ストレスを抱える個人が直面するジレンマなのだ。

　図 2.3 はそのジレンマを示す。圧倒的でストレス負荷の高い出来事が起こり，情報処理システムが機能しなくなる。その結果，その人の意識的体験ははっきりとした 2 つの心的状態に分裂する。自己が 2 つに分裂する，と言ってもいいかもしれない。例えば，火災に巻き込まれ，逃げ遅れた人

を想像して欲しい。逃げられる前，火災に巻き込まれた人は強い恐怖とともに「もうダメだ，死ぬ」と考える。その後，幸いにもビルから逃げ出すことに成功する。翌日，その人の人生は火災前とほとんど変わらない。事故に遭う前に通っていた職場で働き，事故の前に乗っていた車に乗り，火事に巻きこまれていない同じ仲間や友人と過ごす。自分の周りを見回すと，現実感は若干薄れているかもしれないが火災に遭う前と同じものが目に映る。しかし，火災を思い出させる何かに触れると，フラッシュバック——「再体験（reliving）」が心に侵入してくるかもしれない。このフラッシュバックは，視覚的な場合もあれば，「危険が迫っている！」という考えとして現れることもある。あるいは，出来事が起こった当時の情緒的，身体感覚が，その人の身体に「よみがえる」かもしれない。この反応は，たまたま煙のにおいを嗅ぐだけで，出来事から1年，5年，10年が経過していたとしても，薄れることがないかもしれない。引き金が引かれると，火災現場になす術もなく閉じ込められた瞬間の一部，あるいは全部が活性化する。「再体験（reliving）」映像や感情が心に一挙に流れ込み，非常に不快な気持ちにさせ，「頭がおかしくなったに違いない！　ちゃんと逃げたのに！　なぜ今でも思い出すのか！」と思わせるかもしれない。

　William Faulkner（1950）は，「過去は過ぎ去っていない。過去にすらなっていない」と書いた。トラウマ記憶は，まさに彼の言葉通りである。学者らは記憶を異なるタイプにカテゴリー分けしている：潜在と顕在，ナラティブと手続き，長期と短期。クライエントに説明する際，このような専門用語は不要で，トラウマによる心の動揺は時空旅行のようなもの，と示すに留めることを勧める。それは過去の出来事の一部あるいは全部を奇妙な形で**再体験**することであると説明する。セラピーの目的は，トラウマ記憶を「ただの普通の記憶」に変えることだ。心的外傷後ストレス障害（PTSD）は，過去が現在のように思える非論理的で，奇妙な心的現象なのだ。治療の初期段階では，クライエントの主訴とはかけ離れたPTSDの例を用いた心理教育を導入するといいだろう。例えば，子ども時代の虐待のサバイバー

には，母国に戻った帰還兵が，安全な日々を送っているのに車のバックファイアーやヘリコプターの音によってフラッシュバックを経験していることを伝えてもいいだろう。トラウマ記憶には，半世紀が経過した出来事であっても，「今ここ」あるいは「ついさっき」起こったように感じられるという特性があるのだ。

2003 年に 80 代の男性を治療したことがある。この男性は 3 名の親しい仲間が亡くなった場面を繰り返し悪夢で見ていた。第二次世界大戦中，1943 年に南太平洋の浜辺に着陸した時に目撃した場面だった。この事例は，トラウマ記憶がもつ時間を超越する特性と EMDR の類まれな効果の両方を示してくれる。このクライエントも EMDR の標準的な段階を，多くのクライエントと同じように進んでいった。2 回のセッションで苦痛を伴う記憶の映像を解消することができ，繰り返し見ていた悪夢もなくなり，クライエント自身もこの結果に大層驚いていた。多くの EMDR 治療者は同様の経験をしていることだろう。残念ながら，こうしたとても古い「再体験」をいつも時間が解決してくれるわけではない。だからこそ，クライエントが AIP システムを復活させるのを助ける術を治療者はもたなければならないのだ。

図 2.4 は PTSD 診断を受けた別のクライエントの事例である。この女性は 18 年前，学生時代に性的暴行を受けた。その出来事以降，友人，家族，愛するパートナーからサポートされてきた。クライエントは治療者の面接室では自分が安全であることを理解している。性的暴行後も自分が何とかやってきたこともわかっている。自分が良い人間で価値がある存在であることも理解している。これらのことはすべてわかっている。しかし，とても温かく，支えになり，自分に危害を与えるようなことがないパートナーが，ある特定のやり方で自分に触れると，未解決のトラウマ記憶が活性化され，あの性的暴行を部分的あるいはすべて「再体験」してしまうのだ。

安全等の先述の考えすべては同じ脳内に存在するにもかかわらず，この外傷性の題材は彼女が体験している安全感と結びつくことができない。気

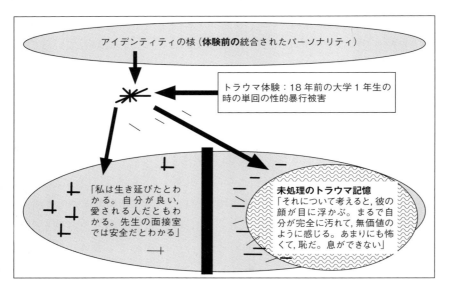

図 2.4 例：肯定的な情報が苦痛を伴う記憶と結びつかない

付きに障壁があるかのようだ。安全感と自己価値感と，暴行事件を「再体験」する状態の間に，障壁が存在しているのだ。EMDR療法はこの障壁を取り除き，クライエントが過去の痛みを現在の安全と結び付け始める手助けを華麗にやってのける。記憶情報へのアクセスと統合を促すことは標準EMDR手続きの利点である。

　しかし，標準EMDRにも課題はある。もし，クライエントが**膨大な**未解決のトラウマ題材（繰り返しの，重篤で，人生早期のひどい出来事）を抱えていたとしたら，EMDRの第3段階で両側性刺激（BLS）を用いた際に，それらの題材を不用意に意識上にもたらしてしまい，当人を圧倒する危険がある。未解決で未統合の苦痛な記憶情報がその人になだれ込み，当人が望まない見当識を失ったトラウマに引きずりこまれ，安全な治療者の面接室にいられなくするかもしれない。このようなことがありえるため，EMDRを他の治療アプローチに追加して使える単なる技法として見なすことができないのである。よいEMDR治療者であるには，クライエント

の心的構造内の機能不全に対して，適量を慎重に判断しながら，BLS の力を必要な部分に焦点化できるスキルをもち合わせることだ。複雑性 PTSD に EMDR を用いる際は，治療のすべての段階において，解離性障害の典型的な特徴に気付く高い能力と解離するクライエントに十分な安全感を覚えさせる力が必要だ。未解決トラウマを大量に抱えるクライエントの場合，拡張した心的防衛，解離性パーソナリティ構造などを扱うために，治療の全過程で，適切なレベルで情動を抱え込めるような追加手段が必須なのだ。解離性のクライエントがトラウマ関連情報を処理する間，安全感を維持できるようにする方略は次章以降を参照していただきたい。

　トラウマ記憶が活性化すると，出来事の再体験に付随する視覚的イメージ，自己や他者についての認知，情動，身体感覚を生じさせる。これらはすべて体験的要素として，EMDR 第 3 段階（第 4 段階で眼球運動やそのほかの BLS を加える前に）で測定される。

　EMDR 治療でターゲットとされるのは狭い意味での単体の記憶ではない。トラウマの記憶が非機能的に保存されると，過去の**想起**にゆがみが生じるだけではなく，**現在の知覚と未来の予測**にもゆがみが生まれる。現在の知覚におけるゆがみこそが，まさに，クライエントが治療者に予約を入れる最大の理由なのだ。EMDR は単に苦痛を伴う記憶を治療するだけではない。

　例えば，客観的には安全な場所にいるにもかかわらず，過去のトラウマ経験を想起し，強い不安や危険を感じる人がいるとする。その人は過去の対人関係で不幸せだったり，裏切られたりしたことがあるのかもしれない。もしかすると，相手は家族かもしれないし，恋人かもしれない。そして，今，（客観的には）情緒的にとても安全な人と出会い，付き合い始めた。ところが，相手に対して不適切な脅威を抱き，前と同じことがこの人との間にも起こるのではないかと心配になる。その可能性は低いと頭ではわかっているし，そんなことを示す証拠がないにもかかわらずである。多くの流行歌がこの手のテーマを歌っている（例．Hank Williams「コールド・コー

38　第Ⅰ部　複雑性 PTSD 治療のための適応的情報処理フレームワーク

ルド・ハート」）ことを考えると，時に恋人関係に不幸をもたらすこのような考えは深刻で，まん延しているのかもしれない。

　別の例を用いてトラウマ記憶が現在の知覚と未来の予測にゆがみがもたらすことを示そう。運転中に追突された人が，後に運転関連の PTSD を発症した。事故後，危険がないかを確認するため，必要以上にバックミラーを見るようになった。このような人を治療したことがある。その女性は銀行のドライブスルー窓口に乗り上げ，2 度目の事故に遭った。自分の後続車に注意を向けすぎていたからだ。または，「実存的」うつに陥っている人は，現実の比較的肯定的な生活状況をありのままに受け入れることが難しいかもしれない。歪んだ知覚のせいで，空虚感，対人関係に意味が見出せない日々が続くかもしれない。これは，人生早期の無力感，喪失，見捨てられの記憶が未解決のまま，今でも影響力をもっているからなのだ。

　影響力が別の形で現れることもある。例えば，過去に性的暴行を受けた人の中には，現在の対人関係において，同じ目に遭わないために，とても注意深く，用心深い反面，それ以外のトラウマをもたらす出来事に対しては無頓着なことがある。あたかも，未解決のトラウマが個人の警戒システムを狂わせたかのようでさえある。**過去に起こった**ひどい出来事を防ぐことに今でも全神経が向けられ，その結果，これから生じるかもしれない予期せぬ危機から身を守るために必要な注意がおろそかになる。トラウマ被害を受けた人の中には，常に「警戒態勢」にいるように感じ，脅威の可能性に対して不快なほど用心深くなる人がいる。このような過覚醒状態はコントロール不能という感情を抱かせるために，楽しい時間を台無しにしかねず，その上，緊張感を強い，睡眠を邪魔し，自己効力感を損ねる。

　さらに，未解決のトラウマ記憶は未来予測にもゆがみをもたらす。そのような証拠は殆どないか，まったく見当たらないにもかかわらず，希望は失われ，未来は過去の苦痛の繰り返しになるのではという恐怖に彩られる。

　EMDR はこれらのゆがみを修正し，解決をもたらし，別々に保存されていた記憶を統合し，苦痛を伴う記憶が適応的な解決に向かうよう，クラ

イエントを助けることができる。EMDR療法の有効性の鍵は**二重の注意**にある。二重の注意とは，現在の安全，自身の肯定的な特性や強さに気付きながら，苦痛を伴うトラウマ記憶にアクセスできるクライエントの力をさす。

クライエントが二重の注意を維持できるときのEMDR

EMDRを使うためのスキルは認定トレーナーによる正式なEMDRトレーニング受講のみならず，受講中および受講後に十分なコンサルテーションを受けることで習得される。この本は正式なトレーニング修了者を読者に想定しているため，ターゲット選定やトラウマ記憶の処理に関する詳細は割愛する。EMDRは，PTSDのみならず，苦痛を伴う記憶が臨床像の寄与因子として介在するさまざまな精神疾患（Mol, et al, 2005）に対する治療として，幅広く使用されてきた。EMDRは以下の疾患の苦痛な記憶を治療する際に成功を収めている：パニック障害（De Jongh, Ten Broeke, & Renssen, 1999；De Jongh, van den Oord, & Ten Broeke, 2002；Goldstein, et al, 2000；Feske and Goldstein, 1997；Maxfield & Melnyk 2000；Muris, Merkelbach, Holdrinet, & Sijenaar, 1998；Shapiro, 1999），身体醜形障害（Brown, et al, 1997），うつ（Hofmann, 2011；Knipe, 2009b；Manfield, 1998；Thomas & Gafner, 1993, Lobenstine and Courtney, 2013），幻肢痛（Amano, et al, 2013），精神病患者の外傷性トラウマ症状（de Bont, et al, 2013；van den Berg, et al, 2013），嗜癖障害の治療を成功させるための補助として（Bae & Kim, 2012；Cox & Howard, 2007；Hase, Schallmayer, and Sack 2008；Knipe, 2005；Marich, 2009；Miller, 2010；Popky 1994, 2005；Zweben & Yeary, 2006）。上記のどの場合も利用されたのは8段階アプローチである。一般的な標準EMDRアプローチは以下の通りだ。各段階の詳細はShapiro（1995, 2001）の「眼球

40　第Ⅰ部　複雑性 PTSD 治療のための適応的情報処理フレームワーク

運動による脱感作と再処理法」あるいは Leeds（2009）の書籍に記述され
ている。

第 1 段階：クライエントの成育歴・病歴聴取。特に主訴に関連する情
報を収集；治療契約；クライエントの精神状態を査定；EMDR 使用
を複雑にするかもしれない，臨床像に含まれる特性の評価（例．解離
性パーソナリティ構造，重要な心的防衛，嗜癖行動，自殺念慮）。第
1 段階では，現在の機能不全につながる特定の記憶と，クライエント
の人生経験におけるその記憶の文脈を同定する。

第 2 段階：準備／安定化。治療関係内における信頼とラポールの形成；
治療を妨害する行動の抑制；トラウマ記憶にアクセスする前にクライ
エントを強化する肯定的資源（例．安心感，エンパワメント，自己価
値感，人から好かれるという感覚，ストレス下で自己をなだめる力）
の植え付けと強化。第 2 段階の主たる目的は，苦痛を伴う記憶に対し
て自分は負けない，乗り越えることができる，という感覚をクライエ
ントがもてるようにすることである。

第 3 段階：非機能的に保存されている外傷性記憶の体験的要素を具体
的に同定する。そのトラウマ出来事を代表する，あるいは「最悪な部
分」を表す，視覚的な場面を描写してもらう。次に，その場面を念頭
に，その映像に関連する自己言及的な否定的認知（NC）を同定する。
そして，否定的認知と対になる肯定的でより現実的な認知（PC）を
同定し，トラウマ出来事を想起しながら，その認知の妥当性（VOC：
1 から 7 の尺度で，肯定的認知がどれくらい本当の感じがするかを測
定する）を評価する。さらに，その外傷的な出来事に対する否定的な
情動を同定し，その苦痛度を 0 から 10 の自覚的障害単位尺度（SUDS）
で測定する。最後に，この情緒的苦痛を身体のどこに感じているかを

見極める。

第4段階：クライアントは，苦痛を伴う映像，自分に関する否定的認知，そして身体感覚に意識を向けながら眼球運動かそのほかの様式（例．タッピング，聴覚刺激，機材による触覚刺激）による両側性刺激（BLS）を与えられる。BLSセットごとに，クライアントの直近経験を尋ねる。クライアントの報告を受け，治療者は「それに気付いて」「それと一緒に」「それとともに続けて」などの言葉を掛け，再処理を続ける。場合によっては，再処理を妨害するものを取り除くために追加の手続きが必要になることもある。第4段階が終了するのは，クライアントのSUDSが1か0になったときであり，通常は0を目指す。しかし，生態学的な理由（例．愛する人の喪失）などからある程度の苦痛が残り，1のままになることもある。

第5段階：元々のトラウマ出来事に関するPC（肯定的認知）の妥当性，「本当の感じ」が再評価される。第4段階での再処理の結果，新しく，最初よりもよいPCが出てくることが頻繁にある。元々の，あるいは新しく出てきたPCとトラウマ出来事を一緒に思い浮かべながらBLSのセットを加え，VOC（認知の妥当性）が7（あるいは生態学的に妥当な数字）になるまでこの作業を繰り返す。

第6段階：外傷性記憶に関連する運動感覚的体験の残余物を同定し，解消する。トラウマ出来事とPCを思い浮かべ，頭の天辺からつま先までをスキャンし，違和感や嫌な身体感覚があれば，その部位に意識を向けてもらいながらBLSのセットを加え，脱感作時と同様，感覚が薄れるに任せる。時には，この作業を通して処理を必要とする別の記憶が見つかることがある。時間と安全性を考慮し，適切なタイミングで処理を行う。

第7段階：次回の面接予約までに，治療されたトラウマにまつわる追加要素が表面化した場合，記録しておくように教示される。もし，セッションが不完全で，何らかの苦痛が残っている場合は，クライエントの情緒面がほどほどに安定し，安全に面接室を出て行けるよう，必要な手続きを用いて支援する。

第8段階：再評価の段階では，前回，あるいは最近数回の面接で扱ってきた記憶の処理が完了しているかどうかを確認する。一般的に再評価は，トラウマ記憶を扱った次の面接，そして治療が終わる前の計2回行う。

　包括的な EMDR 治療は苦痛を伴う古い記憶の治療をするだけではない。主訴をもたらした過去の出来事に加え，問題を持続させている現在の引き金と今後も繰り返し起こるかもしれない未来の出来事も治療の対象とする。

　図 2.5 は，標準 EMDR 治療の過程と結果を示している。標準的な EMDR は，重大な心的防衛や解離性パーソナリティ構造を持たないクライエントを対象にした場合はなおさら，心的外傷後の苦痛を解消する着実で頼りになる効果的な手法である（Maxfield & Hyer, 2002）。クライエントが現在の安全と過去のトラウマへの気付きを同時に維持でき，EMDR 療法の8段階を利用し，トラウマ記憶が影響を及ぼす過去，現在，未来にターゲットを当てることができるなら以下の結果を確実にもたらす（Shapiro, 1995, 2001）：

1. トラウマ記憶の解消
2. その出来事を自分の人生の物語や自分に起こったこととして取り込むことができ，結果「あの出来事は起こりました。私の身に起こりました。でも，あれは過去のことです」と捉えられるようになる

第 2 章 外傷性記憶と EMDR，二重注意が可能なとき　43

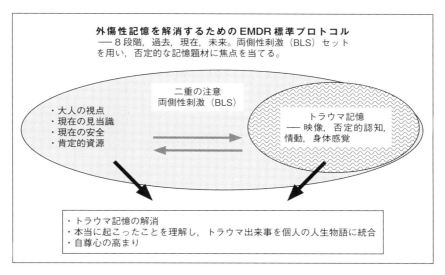

図 2.5　両側性刺激（BLS）セットが二重注意と結びつくことでトラウマ記憶の解消が生じる

3. VOC によって測定される自尊心の高まり

極めて重要な二重の注意

　これらの結果を達成するためには，二重の注意，あるいは現在の安全に気付いているパーソナリティ・パーツと心的外傷後の苦痛を含む記憶を内在するパーソナリティ・パーツの間の共意識が不可欠である（実際のところ，二重の注意は EMDR 療法のみに必要とされるわけはなく，トラウマや解離を扱うそのほかの治療モデルにとっても必要だ）。二重の注意とは，治療者の面接室にいるクライエントが，現在への見当識，必要としている自己特性，治療者に好かれ尊重されている感覚，治療者の能力についての気付き，を維持できることを意味する。現在の見当識と安全感を維持することにより，その感覚を失うことなく，「生々しい」苦痛な情動を伴うト

ラウマ記憶題材へのアクセスが可能になる。この能力があれば，EMDR
手続きに進むことができる。そして，8段階プロトコルの第3から7段階
で過去，現在，未来の映像をターゲットにし，解決へ導くのだ。**図 2.5** は，
二重の注意刺激，つまりクライエントがこの状態を維持している状況で
BLS セットを開始することの重要性を示している。EMDR 治療者はクラ
イエントが二重の注意を保てるような状態にしたい。そうすれば，トラウ
マ体験が高い確率で処理されるからだ。

　しかし，多くの解離性クライエントにとって二重の注意を維持するのは
大きな困難を伴う。解離を示すクライエントの中には，いくつかの苦痛を
伴う状況に対して，現在の安全と過去のトラウマの両方に気付きながら，
標準的な EMDR 手続きを効果的に利用することができる**者もいる**。しか
し，解離構造を内部に抱えるクライエントの多くは，少なくとも治療の初
期段階では，二重の注意を維持することができない。よって，治療関係の
初期には，他者から普通に見える自己パーツのままでいることに多くのエ
ネルギーを費やし，そうすることで現在への見当識を保とうとする。その
結果，トラウマ記憶の全容を明らかにすることに消極的になる。クライエ
ントが普通に見えるパートであるときは，トラウマ記憶に安全にアクセス
することが難しいかもしれない。反面，その外傷記憶を「再体験」してい
るパーソナリティ・パートであるときには安全感へのアクセスが難しいか
もしれない。別の言い方をするなら，治療初期段階では多くの解離性クラ
イエントには，二重注意のスキルは備わっていないということだ。

EMDRで生じる治療的変化は認知面に限らない

　標準的 EMDR の治療効果は，認知的に引き起こされるのではなく，す
べての人に備わっている生得的な情報処理システムの作用を通して生じ
る。多くの EMDR 治療者はクライエントが以下のような流れを経て回復

するのを経験している。SUDS が 8 から 10 の苦痛を伴うトラウマ記憶を抱えたクライエントに対し，EMDR の第 1 から 3 段階を完了後，第 4 段階の記憶処理を 15 分から 20 分行うと，「あの感情は以前ほど強くありません」，あるいは「あの場面がぼやけて見えます」，または「自分についての否定的信念は，前ほど本当の感じがしません」などと突然，驚きながら報告するのだ。苦痛の処理は「知らぬ間に」起こる。意識は気付くことはできても，このような変化を起こすわけではない。これは，処理がもたらす意識上の認知の変化であり，情動やそのほかの記憶の側面に起こる肯定的な変化とともに生じるが，認知的変化は情報処理の副産物なのである。心が兼ね備えている自然に起こる情報処理能力へアクセスし利用することが，EMDR の最も重要な貢献である。

両側性刺激の特異的効果

EMDR は 8 段階の強力な治療アプローチで，AIP を土台にした，過去，現在，未来の特定の状況にターゲットを絞り，BLS を利用する。BLS は EMDR アプローチの特徴のひとつだ。

図 2.6 には最近の研究結果をまとめた（Christman, Garvey, Propper, & Phaneuf, 2003；Elofsson, vonScheele, Theorell, & Sondergaard, 2008；Hornsveld et al., 2010；Lee, 2008；Lee & Cuijpers, 2014；MacCulloch & Feldman, 1996；Propper, Pierce, Geisler, Christman, & Bellorado, 2007；Sack, Hofmann, Wizelman, & Lempa, 2008；Wilson, Silver, Covi, & Foster, 1996）。BLS が，特に記憶情報の想起や，意識体験に及ぼす多様なや変化について教示してくれる。BLS は何をするのか？　これらの調査研究はいくつかの具体的な効果を示唆している。ひとつは，BLS が交感神経の興奮を和らげること。もうひとつは，（関係はあるのに）結びついていなかった記憶要素への意識上のアクセスが増えるということだ。

46 第Ⅰ部 複雑性 PTSD 治療のための適応的情報処理フレームワーク

両側性刺激セット（BLS）の使用は；
・意識の中心にある記憶題材の鮮明度を高める —— 連想ネットワークを広げる（Christman et al., 2003）
・交感神経の興奮を鎮める（Elofsson et al., 2008；Sack, et al., 2007, Wilson, et al, 1996）
・「作業記憶」に重い負荷をかけて苦痛を回避する精神活動を減らしつつ，記憶の「情動性」を減らす（De Jongh et al., 2013；Hornsveld et al., 2010）
・定位反応の副交感神経要素が活性化される（MacCulloch & Feldman（1996）；Sack, et al, 2007）
・前頭野の大脳半球間の干渉性が下がり，PTSD 記憶の侵入を抑える効果がある（Propper et al., 2007）
・「距離を取る／気付く」能力が向上する（Lee, 2008；Lee and Cuijpers, 2013, 2014）
・直感と潜在記憶に頼らない「スロー思考」を促し，より客観的な評価を生じさせる（Kahneman, 2011）
これらのことが適応的情報処理を強化し，適応的な解決を促す。

図 2.6 二重注意刺激が適応的情報処理（AIP）システムを活性化する

ノーベル経済学賞を受賞した Daniel Kahneman は，情緒的苦痛とかけ離れた精神活動——消費者が意思決定をする際の思考プロセス——を研究した。2011 年に出版された「*Thinking Fast and Slow*（邦題『ファースト＆スロー』」で彼は 2 つの思考様式（あるいは情報処理）を説明している。より速く，直感的で，なぜそうなのか意識的に理解できない，努力を必要としない自動的な思考（システム 1）と，ゆっくりで，努力を要し，関連する考慮事項を幅広く参照し，思考の対象をより正確に評価できる思考（システム 2）である。BLS セットの最中に，クライエントは 5 から 20 秒の間，当初は苦痛だった記憶に関連する非機能的で断片的に保存された情報の中に留まるが，連想的プロセスのスピードが落ちるとより思慮深く，正確な「スロー思考」が起動し，より自動的だが間違いが多い「ファースト思考」の連想に取って替わる，と推測するのもあながち間違っていないのではないか。BLS セット中，トラウマ出来事についての連想が，一つひとつ，ゆっくりと検討される。これが生じることで，各情報は解決——客観的に正確な知覚——に移行しやすくなる。

連想の多くは，トラウマ記憶の映像に苦痛の感覚を供給するかもしれな

い。これらのバラバラな情報の連想やチャンネルが BLS セットにより検討され，処理されると，その出来事の「認識」が広がる。つまり，それは過去のことだ，ということを含む，何が行ったのかについての正確な理解が生まれる。その記憶についての「現在感（van der Hart et al., 2006）」——想起した情報と「今ここ」で起こっていることへの知覚を弁別する能力——が高まる。ターゲット記憶に関連した連想ネットワークが拡張するため，過去の出来事について考えている個人は，BLS を体験している最中に，最初は苦痛が高まる（「彼の顔に浮かんだ表情がはっきりと見えます。今，当時の恐怖がより強く感じられます」）ことがあるが，肯定的要素への気付きが増えることもある（「乗り越えたんだ！」「今なら言える，当時できる最大限のことをしたと。あれは私のせいではない」）。そして，このように気付きが増えることで，最終的には苦痛が減る。BLS は想起された何らかの体験とともに，想起された記憶をその人の意識の前面や中心にもたらすようだ。これが起これば，以前は見えていなかった関連性がより顕著になり，経験内の不一致が同定されて一致につながり，結果，明瞭さと終結の感覚が生まれる。過去の恐怖や危険と，現在の安全の間にある不一致が共存できるようになる。物質使用の渇望と嗜癖がもたらす自己破壊的結果の間にある不一致が共存する。そして，長時間にわたるセラピープロセスを通して，内面に存在する別々の自己状態の体験と，自分にはひとつの心，脳，核となる自己があるという気付きの間の不一致が解消する。つまり，適切に使用された BLS セットは意識体験を過去と現在の現実の両方——「合意に基づいた現実」つまりほとんどの人が普通で正確だと考える現在と過去の知覚——へと近づけるようだ。この現象は，その後，治療で生じる多くの肯定的な結果を促すきっかけとなる。

　EMDR トレーニングを受講し，臨床場面においてこの技法を効果的に利用した経験がある読者は，この説明と自身のクライエントとの臨床観察が合致することがわかるだろう。交感神経の興奮が下がり，連想ネットワークが広がり，これまで外傷的出来事だと思っていたことが客観的に想起さ

48 　第Ⅰ部　複雑性 PTSD 治療のための適応的情報処理フレームワーク

れ，クライエントの人生経験のひとコマとして落ち着き，「腹を殴られる
ような」あるいは「胸をえぐられるような」体験ではなくなる。安全な現
在では恐怖を抱かなくなり，防衛（つまり，逃げる，あるいは外傷後の恐
怖の軽減を求める衝動）のための投資も不要になる。これが BLS の治療
的効果であり，私たちの心が生まれながらに兼ね備えている情報処理シス
テム——過去と現在の現実についての人の気付きや知覚を正確な知覚と
「適応的解決」へ導く——なのだ。15 年前，EMDR に関する批判の多く（例
えば，Herbert et al., 2000）は記憶に残る言い回しだった。「EMDR が主
張する効果は新しいものではなく，新しいと主張しているものには効果が
ない」。この短い言い回しとはまったく対照的なものを多くの EMDR 臨
床家は観察していた。今では，BLS の特異的効果が治療プロセスのある
特定の場面において，非常に有益であることがわかってきている。

　シンプルな PTSD に見られる，過去，現在，未来における歪曲は，多
くのトラウマ体験がきっかけとなり生まれた解離性のパーソナリティ・
パーツにもより強い度合いで見られる。例えば，未解決のトラウマ記憶の
引き金が引かれると，年齢退行を引き起こすかも知れないが，同様の現象
は特に解離的でないクライエントにも認められる。4 歳でトラウマ体験を
し，そのことを誰にも話したことがなく，それについて考えないよう努力
し続け，44 歳になって初めて治療者のところへやって来た人を想像して
欲しい。もしかすると，子ども時代のその出来事を「再体験」し，4 歳児
の問題解決能力しかもっていない状態に陥るかもしれない。あるいは，4
歳児のニーズ——例えば，言語化されていないことも治療者に理解しても
らいたいと願う——を抱いているかもしれない。治療者に育ててもらいた
いという強い願いが活性化されるかもしれず，逆に，治療者のことを批判
的だ，と誤解するかもしれない。もしかすると，「今は，4 歳児のように
感じる」と言語化できるかもしれない。このようなタイプの年齢退行は，
治療プロセスにおいてさまざまな意味合いをもつ。ほとんどの転移は，過
去のトラウマ的世界から治療者との関係性への外傷的な侵入と捉え直すこ

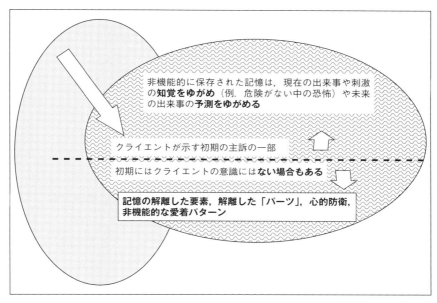

図 2.7 トラウマ記憶は想起時のみならず，知覚や予測に置いても歪曲を引き起こし，心的防衛，解離的パーソナリティ構造，非機能的対人関係パターンを生じさせる

とができる。

　通常，クライエントが心理療法を求めるのは，日々の情緒的な問題をひとりで解決することに繰り返し失敗しているからである。最初のうちは，現在の問題が過去の出来事に影響を受けていることに気付いていないことがある。成育歴聴取，あるいは主訴の掘り下げの過程で，現在の困難のもととなる過去の未解決で不幸な出来事が明らかになる。**図 2.7**（これは**図 2.3**のトラウマ記憶にある楕円のクローズアップ）の点線は，トラウマの側面とそれ以外の非機能的に保存されている要素（DSEs）が治療の初期段階ではクライエントの意識や気付きの外に位置しているかもしれないことを示している。EMDR はこの DSEs を「取り除き」，その結果，適応的な解決へと導くことができるのだ。重篤な心的防衛や解離性パーソナリティ構造がなければ，EMDR はかなり確実に功を奏する。クライエントが，過

去の情緒的な苦痛にアクセスしながら，現在の安全を十分に維持できるなら，外傷記憶によってもたらされたゆがみを癒すために EMDR は大きな効果をもたらすことができるのだ。

　後の章では，より複雑な解離を抱えるクライエントへの対応に焦点を当てる。例えば，自己破壊的な心的防衛要素をもっていたり，または「クライエント本人」としてのアイデンティティをもつパーソナリティ・パーツの間に解離的な分断が見られたりするケースである。これらのパーツには，パーソナリティ内におけるそれぞれ異なる役割が割り当てられていることが多く，その意味では互いの存在を知りつつ，相容れない目的をもっていることもある。BLS は，このような付随要因の治療にもとても有益である。なぜなら，BLS は心的防衛がもつ強度を和らげることができるからだ。また，独立した解離パーツ間に内在する恐怖を減らし，パーツ間に癒しの対話をもたらすことを可能にしてくれるからである。

第Ⅱ部

心的防衛を解消するための
適応的情報処理手法

第3章
心的防衛を治療するための
適応的情報処理モデル

　この章に，あるいはこれまで記述した手法（Knipe, 1998b, 2005, 2007a, 2010）は，強固な心的防衛をもつクライエントに対して，EMDR の適応的情報処理（AIP）モデルの応用を可能にするために開発された。第1章に記したとおり「心的防衛」には，心的外傷後の苦痛が意識にはっきりと浮かび上がるのを阻むための機能と目的をもった精神活動や行動であれば，どのようなものも含まれる。防衛は，自己が過去によって圧倒されるのから守る。しかし，防衛は未解決のトラウマ記憶情報へのアクセスを阻み，苦痛を伴う記憶の処理に EMDR 手続きを十分に適用することを邪魔することにもなる。この章で紹介する心的防衛をターゲットにして解消する手法は，複雑性の心的外傷後ストレス障害（複雑性 PTSD）を患う多くの人の治療をより楽に，速く，効果的に進めるのを助けてくれる。これらの手法は，Milton Erickson が提唱する利用の原理原則（Erickson & Rossi, 1979）と一致している。クライエントの行動や態度はどんなものも**利用できる**のである。クライエントの「抵抗」または「行動化」は治療の妨げではなく，治療に取り込むべき主訴の一側面なのだ。もちろん，「治療を妨害する行為」（Linehan, 1993）は多数存在する。例えば，薬物摂取，脅し，そのほかの違法行為などは，治療プロセスを停止させる。このような場合には，治療者による思いやりのある直面化が必要だ。しかし，一般的には，クライエントが面接場面あるいは面接以外で示すすべての行動は，

クライエントのパーソナリティ構造の異なる側面が直接表現されているのであり，これらには内在する何らかの機能があるのだ。例えば，クライエントが面接場面で回避防衛を示したとする。もしかすると，この回避は治療者が計画していたこと——いくつかの課題を話し合い，解決する——から外れることにつながるかもしれない。しかし，クライエントの回避は「その課題に取り組むのは早過ぎます。まず，そのことを扱いたくない理由に対処するべきです」と治療者に伝えているとも言える。クライエントの言動によって示される治療の障害物は，通常，クライエントのパーソナリティ構造と不釣合いな形で現れ，これらの不一致を扱うために特定のターゲットに対して両側性刺激を用いるさまざまなやり方がある。

　解離領域の著者ら（Kluff & Fine, 1993；Putnam, 1989；Schwartz, 1995：van der Hart et al., 2006）はそれぞれ強い論理的根拠をもって，パーソナリティ・パーツの異なる分類方法を提案している。ここで紹介する分類システムは，EMDR モデルに則り治療を行うことを念頭に組み立てたものである。**パーソナリティ・パーツのタイプが異なれば，両側性刺激に対する反応も異なる**。そこで，解離したパーツを捉える際に有益な 3 タイプを示す（**図 3.1**）：

1. 現実に適応した効果的な「普通に見える」パーツ
2. 「トラウマ－再体験」パーツ
3. 見当識を持った「普通」パーツを邪魔する「トラウマ－再体験」パーツを抑える，心的防衛として機能するパーツ

異なるタイプのパーソナリティ・パーツに対する両側性刺激の効果

　3 つの異なるパーツ——見当識をもつ効果的なパーツ，「トラウマ－再体験」パーツ，そして心的防衛パーツ——に対して，両側性刺激は異なる効果をもたらす。治療者がクライエントに対して，現在の安全や自分の価

第 3 章 心的防衛を治療するための適応的情報処理モデル 55

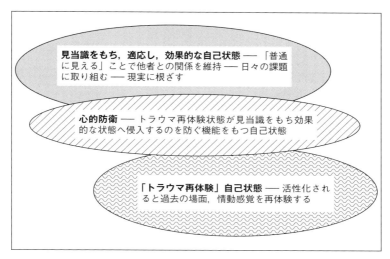

図 3.1 パーソナリティ・パーツの適応的情報処理（AIP）モデル。ネグレクトや虐待を経験すると**特定の**分離した自己状態あるいはパーツが発達する傾向がある。

値，あるいは自分は愛されるという感覚，強み，そのほかの自分の肯定的な特性に関する映像とそれらの記憶に関連する肯定的な感情の両方を思い浮かべながら BLS セットを加えることを，EMDR コミュニティでは「資源の植え付け」と呼ぶ。特定の自分の強みがクライエントの意識の前面に浮かび，トラウマを扱う準備中のクライエントを強くしてくれる。例えば，「ベティおばさんはあんなに愛してくれた！ 遊びに行くとクッキーを焼いてくれた。いい思い出です！」とクライエントは言うかもしれない。すると，治療者は「ベティおばさんと一緒にいることを想像すると，どんな気持ちがしますか？ そのいい感じを身体のどこに感じますか？ それについて考えながら私の指を追ってください」と言うことができる。愛されるという資源は，それを代表する映像と関連する感情とともに BLS を加えることで強化される。資源の植え付けは，複雑性 PTSD をもつ人には必須だ。なぜならば，困難で不安定になる可能性を秘めているトラウマを扱う作業の前に，これらの肯定的な特性を彼らの意識内で強化することが

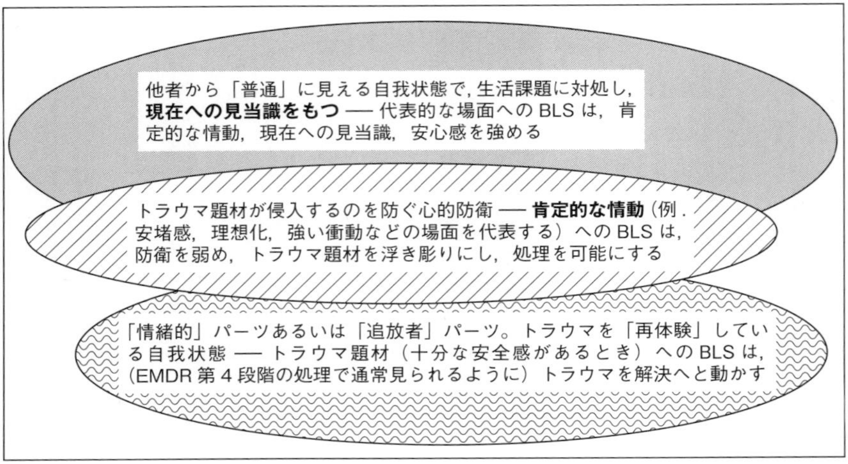

56 第Ⅱ部 心的防衛を解消するための適応的情報処理手法

他者から「普通」に見える自我状態で, 生活課題に対処し, **現在への見当識をもつ** ── 代表的な場面へのBLSは, 肯定的な情動, 現在への見当識, 安心感を強める

トラウマ題材が侵入するのを防ぐ心的防衛 ── **肯定的な情動**（例. 安堵感, 理想化, 強い衝動などの場面を代表する）へのBLSは, 防衛を弱め, トラウマ題材を浮き彫りにし, 処理を可能にする

「情緒的」パーツあるいは「追放者」パーツ。トラウマを「再体験」している自我状態 ── トラウマ題材（十分な安全感があるとき）へのBLSは, （EMDR第4段階の処理で通常見られるように）トラウマを解決へと動かす

図 3.2 自我状態あるいは解離したパーツの異なるタイプに対する両側性刺激 （BLS）セットの効果

必要だからだ。

　また, 経験豊かなEMDR治療者は困難を伴う記憶やパーソナリティ内に存在する個々の「トラウマ−再体験」パーツから派生している記憶要素にBLSを加えることで, トラウマが解消することを数々の事例で経験している。クライエントが現在見当識（特に現在の安全）をほどほどに維持できたなら, 肯定的なことへの気付きと苦痛を伴う記憶の代表的な場面の両方を想起してもらえば, その記憶のゆがみや苦痛は標準的EMDR手続きを通して解消するだろう。

　とても役に立つ追加のEMDR「ツール」がある。防衛の情動に対して両側性刺激セットが加えると, 防衛の強さが和らぎ, 力がそがれ, その防衛によって守られてきた外傷性の題材が表面化し, 標準EMDR処理が行えるようになるのだ（**図 3.2**）。

　しかし, 残り時間が20分しかない時に, この手法を使うことがないように治療者には警告しておきたい。防衛の後ろに隠れている苦痛を伴う題材を扱うのに十分な時間があることが大前提である。この警告を忘れずに

いれば，この手法はトラウマ題材全体へのアクセスが防衛により阻まれている クライアントには非常に有効である。ほどほどの情緒的安全感とともに使用されたならば，二重の意味で有益だ。防衛は弱まり，苦痛を伴う記憶へのアクセス度が上がる。経験者はこんなことを考えるかもしれない。「それはいい考えなのだろうか？」。もし，クライアントが防衛を手放せば，彼らはつらい情動に圧倒され，脆弱性が高まるのではないか？　当然の疑問である。しかし，現実にはそのようなことが起こる確率は低い。それよりは，防衛が処理されるに従い，後ろに隠れていたトラウマ題材に伴う情動の強さも同時に和らぐからだ。

　防衛に伴う情動は肯定的である。先述の手続きが使用されると，この肯定的な情動が処理され，解消され，手放される。防衛は，否定的な情動を抑制する機能をもっている。つまり，否定的な情動が巧妙に抑制されると肯定的な体験になるのである。ある人が苦痛を伴う考えや記憶をもっていたとする。しかし，その存在を否定したり，ほかの人を責めたり，そのことについて考えないようにしたりすることで苦痛の原因からは目を逸らすことができる。すると，安堵感という肯定的な情動が結果として伴うのだ。例えば，自己愛的な防衛をもつ人がいたとする。自己愛が示す通り，自己についての非現実的な肯定的思考と情動が付きまとう。あるいは，機能不全家族出身のクライアントの場合，現実とは異なる肯定的家族イメージを抱き，そのイメージから派生するよい感情を堪能するのだ。そこに生じるイメージとは，実際にあったいい体験が元になっているかもしれないが，子ども時代の虐待やネグレクトを覆い，その当時の記憶へのアクセスを不可能にしているかもしれない。この防衛をターゲットとするアプローチ——防衛によって生じる肯定的な情動に焦点を当てる——は，否定的なトラウマ記憶をターゲットとしたEMDRとは正反対の利用法になる。治療の焦点が防衛の場合，ターゲットとなるのは，肯定的な場面，肯定的な自己陳述，肯定的な感情なのだ。肯定的な仮面をかぶる精神活動が，防衛によって苦痛を伴う記憶へのアクセスを妨げる。しかし，クライアントが望

むより大きな治療目標を包括的に達成するには，その一見，肯定的な記憶へのアクセスが必須なのだ。

　事例を用いて説明したい。私がこの手法を初めて使ったのは1994年だった。自動車事故を経験した30代の女性が，EMDRを求めてやってきた。標準手続きを用い，衝撃の瞬間，病院での場面をターゲットとし，順調に治療は進み，事故現場となった交差点を通り過ぎる場面や高速道路などの一般的な運転に関するより現在の事柄をターゲットにした。その後，「未来の鋳型」として，さまざまな状況下で心地よく運転できている場面を扱った。治療は順調に推移し，終結に向かっていた。そんなある日，彼女はこんなことを言った。「素晴らしい効果を実感しています。そこで，ひとつお尋ねしたいことがあるのです。8歳の時，誰にも口外したことがないことを体験しました。EMDRは役に立つでしょうか……近所の人がひどいことを私にしたのですが，誰にもこのことは言っていません」。そして，その性虐待について涙を流しながら語った。私は「交通事故を扱った時と同じように，EMDRがお役に立てるかもしれません」，と伝えた。彼女によると，それは一度だけのことだったと確信しているが，その一度のことが口にできないという。それから数週間かけて，彼女は思い出せる限りのことを語ってくれた。この時点でEMDR処理は行わなかった。私が出来事の全体像をつかむために，クライエントは何が起こったのかを語った。出来事の基本的な詳細を語るだけでも彼女の恐怖が大きいことは明白だった。しかし，この未完了の記憶を扱うために勇気をもって扉を開けた彼女は前進するしかなかった。

　そこで，私たちは90分の面接予約を取り，この記憶のアセスメントをする第3段階，そして，記憶の脱感作と再処理である第4段階を行うことを計画した。その予約当日，彼女は息を切らして私の事務所へやって来た。「今日，何をする予定だったのかはわかっています。でも，その前に，職場で起こった出来事について5分だけでいいので，話せますか？」と言った。それから40分が経過したが，まだ，職場での出来事についての話は

続き，その時点で 8 歳の彼女に降りかかった出来事について開始するのは賢明ではないと判断した。翌週，90 分の予約を入れたが，その日，彼女は 25 分遅刻したのだ！　その翌週も 90 分の予約を入れたが，別の案件が発生した。それほど深刻なことではなかったが，面接時間の大半が費やされた。例の記憶を治癒するためのアクセスを邪魔立てする回避防衛があることに，とうとう，クライエントと私は気付いたのだった。

　そこで，翌週も 90 分の面接を予定し，彼女は時間通りにやって来た。ソファーに腰掛けた彼女に私はこう言った。「今，8 歳の時に起こった出来事を扱うことができる時間が 90 分あります。そこで，質問です。今，0 から 10 で，10 が最大級だとすると，例の記憶についてどれくらい**考えたくない**ですか？　ほかのことについて考えたいという気持ちはどれくらいですか？」「10 ！」と彼女は答えた。「その 10 は身体のどこにありますか？」と尋ねると「お腹の辺り……身体全体！」と答えた。ちなみにこの介入では，数字は自覚的障害単位（SUD）ではなく，回避衝動レベル（Level of Urge to Avoid：LOUA）を示す。この手続きは，A. J. Popky の衝動レベル尺度に由来し，嗜癖障害に見られる非機能的な衝動を減少させるプロトコル（Popky, 1994, 2005）に含まれている。尺度は，物質によって引き起こされる非機能的衝動のみならず，内的に生成された回避衝動にも利用できる。

　このクライエントは自動車事故の記憶処理が EMDR で成功していたため，この手法を使っても大丈夫だろうと予測していた。ただ，確認のため，彼女の許可を得て，手続きを説明し，この記憶を扱うにはこの方法の方が通常の EMDR よりも優しく，楽だろうというコメントも付け加えた。

　「今，このことについてどれくらい**話したくない**のかを思い浮かべながら，身体の感覚に気付いてください。それについて話したくないって気持ちを思い浮かべながら，ただ，私の指を追ってください」と言った。すると彼女は「それならできるわ」と答えた。1 セットの眼球運動後，彼女は「母にも言ったことがありません」と言った。「それとともに」。もう 1 セット

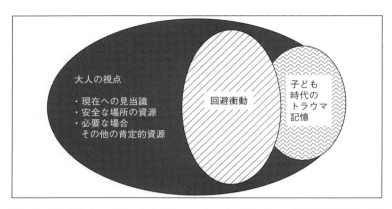

図3.3 例：トラウマを負った「インナーチャイルド」をもつ自我状態障害と「成人」の自我状態と共意識をもつ強い回避防衛。適応的情報処理（AIP）治療戦略では，安全で支持的な治療関係の中，回避衝動をターゲットとし，回避衝動が減少したら，苦痛を伴う記憶をターゲットとする

後，「もし，母に言ったとしたら，彼女は耐えられなかったと思います」。次のセット後，「もし，あのことを**自分に**考えさせたとしたら，**私も**耐えられなかったと思います」「それとともに」。このやりとりを続ける中，記憶の回避と記憶についての情報が彼女の中に浮かび続けた。まさに，EMDR第4段階で起こるのと同様のことが起こっていたのだ。開始から10分くらいが経過した時点で，**今**という言葉を強調しつつ（彼女の中の回避衝動に変化があるかどうかを見極めてもらうために）最初と同じ質問をした。「**今**，0から10でこのことについてどれくらい話したくないですか？」「今は7です。今でもそれについては考えたくありませんが，前ほど強くありません」。この作業を続けると彼女のLOUAは5に下がり，その後4になり，その時点で「今ならそれについて考えられます」と答えた。そこで，「では，それについて考えると何がありますか？」。この時点で**自覚的障害単位**（SUDS）は尋ねていないが，明らかに苦悩しているのが見て取れたので9か10に上がったであろうことが推察できた。しかし，彼女は既にこの出来事に対する情緒的なコントロール感を得ていたので，標準的なEMDR第4段階を適用し，処理を継続することができた。このセッ

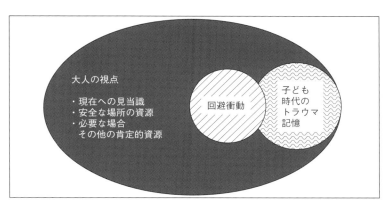

図 3.4　両側性刺激（BLS）を用いて，回避衝動をターゲットとしたら，衝動の強さが弱まり，元々の記憶の苦痛レベルも下がる傾向にある

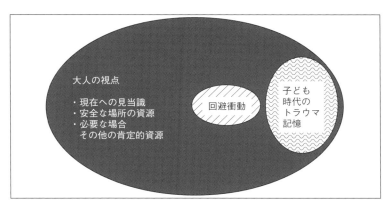

図 3.5　回避衝動をターゲットとし続けることで，衝動の強さが弱まる。標準EMDR 第3〜第7段階を用いて残りの心的外傷後の動揺をターゲットとする

ションで，彼女が感じていたこの出来事に関する苦痛のレベルは大幅に軽減し，彼女自身もこの出来事に効果的に直面でき，部分的な解消に至ったことをとても喜んだ。**図 3.3** から **3.5** には，このセッションでクライエントが体験した変化を表した。

　その後の4週間は，性虐待の記憶を扱い，彼女は自分の身に起こったことを意図的に考えたときに生じる苦痛を著しく減らす（SUDS1〜2）こ

とができた。その後，この記憶に関連する不安だけでなく，その出来事以降，彼女が頻繁に感じていた自己についての恥の感覚についても扱った（第12章でも扱うが，原因が見当たらない恥の感情は子ども時代の虐待から生じていることが多い）。クライエントはその後の数カ月をかけ，性虐待とそれについて考えないようにしてきたことの余波として生じた数多くの付随的問題——家族との関係や成人後の友人関係——を扱った。5カ月後に治療を終えたとき，性虐待の記憶とそれに関連する多くの課題は解消していた。

　この事例は回避防衛をターゲットとする方法のひとつを示している。時間の経過の中，このクライエントの回避——虐待について考えること・語ることの回避——は防衛として機能してきた。回避が継続してきたのはある程度の安堵と抑制を与えていたからだ。この防衛が動揺の幾ばくかを追い払ってきた。しかし，不安を感じ，自分を恥に感じ，性的興味や性行為に対して複雑な感情を抱いていたのも事実である。交通事故の治療中，子ども時代の出来事に対する回避防衛によってもたらされていたわずかな安堵では十分ではない，と気付いたのだ。ただ，この気付き，認知的洞察は，出来事について考えないという強烈な反応を乗り越えるには不十分だった。**なぜならば，この衝動は，主に感情であり，潜在記憶に根ざし，認知的洞察や意識的な決断の影響外に存在するからだ。**だから，回避する衝動——意識外へ押し出すことで安堵感を得ようとする衝動に関連する肯定的な感情——をターゲットにしたところ，その衝動は消滅し，根底にあったトラウマへのアクセスが簡単になったのだ。また，回避衝動が下がることで，トラウマ出来事から生じている実際の苦痛も間接的にターゲットとなっていたため，苦痛の強さも和らいだ。例えば，クライエントが「もし，そのことを自分に考えさせたとしたら，私も耐えられなかったと思います」と言った時，実は，彼女は既にそれについて考えることを始めていたのだ！実際のトラウマ体験ではなく，回避に焦点を当てることでクライエントは障壁や防衛——肯定的な資源と言うことさえできるかもしれない——を得

第 3 章 心的防衛を治療するための適応的情報処理モデル 63

た。その結果，このトラウマ記憶を EMDR で扱うことが格段にたやすく
なった。彼女の LOUA が 4 に下がった時には，「二重注意」状態——現在
の安全と過去のトラウマの両方同時に意識を向ける——を維持できるよう
になっていた。それゆえ，この時点から標準 EMDR の第 4 段階を用い，
この記憶を効果的に処理することができるようになったのだ。回避防衛
——標準的な EMDR 使用を阻む（Knipe, 1995）——に対してこの手法を
初めて使ったのがこのクライエントだった。それ以来，この手続きを週に
複数回，多くのクライエントに対して使っている。同僚たちからも
LOUA は手もちの中で最もよく利用する EMDR の「ツール」であると聞
いている。

　時には，クライエントの防衛構造がより複雑なこともある。回避がさま
ざまな方向に向いている場合がそうだ。ある人は回避を内的な討論のよう
だと描写する。「何が起こったのかわかっている。**本当に起こったことだ
とわかっている。でも，起こったかもしれないなんて考えたくないんだ！**」
あるいは，別のクライエントはこんな風に言うかもしれない。「この治療
をさっさと終わらせたいんです！」。こうしてトラウマ記憶の全側面の十
分な処理と気付きを回避できるかもしれないからだ。また，強い回避防衛
を抱えながら，何を回避しているのか意識できていないこともある。治療
者がクライエントにこんな風に言うとする。「ご家族について教えてくだ
さい」。すると，クライエントは「家族については話したくありません」
と答える。しかし，クライエントにはその理由がわからないかもしれない。
特定の苦痛をもたらす出来事の明確な記憶がないかもしれない。もしくは，
治療者と会話をしている自己のパートと家族内で経験した困難な体験の記
憶を所持するパートとの間に解離的な分断があり，パート同士がお互いを恐
れ，回避し合っているのかもしれない。これ以上ないほど複雑になること
もあるのだ！　クライエントの中には，複数の別個の回避防衛と，複数の
理想化防衛が存在し，それら全部が困難な出来事の記憶にアクセスするの
を邪魔している者もいるかもしれない。Albert Einstein（1933）はこんな

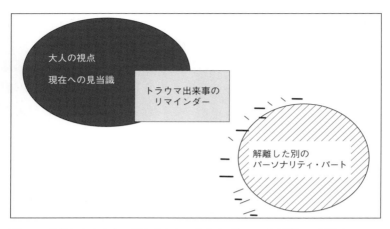

図 3.6 解離した出来事の引き金となる出来事が起こると解離した記憶あるいはパーソナリティのパートが意識に侵入する

風に言っていた。「科学では，物事の説明はできる限りシンプルにするべきだ，ただし，シンプルすぎてはいけない！」。複雑なパーソナリティ構造をもつクライエントの治療を行う際に，心に留めておくといいだろう。

そのほかの防衛例

既に防衛の定義のところで書いたとおり，心的外傷後の苦痛が意識にはっきりと浮かび上がるのを阻む機能と目的をもったどのような精神活動や行動も，防衛と見なす。完璧に解離した未解決なトラウマ体験をもつ人がいる（**図 3.6**）。その体験に関連したある種の引き金が引かれると，突発的な感情が意識に流れ込んでくる（**図 3.7**）。そんな目に遭った人は，どんな手段を使っても，それらのトラウマ関連題材を意識の外に押し出したいという強い欲求に駆られる。これが防衛だ（**図 3.8 と 3.9**）。

典型的な防衛は「そんなことは起こらなかった」という発言である。クライエントは虐待の詳細を報告する。加害者の顔，部屋の壁紙，床のデザ

第 3 章　心的防衛を治療するための適応的情報処理モデル　65

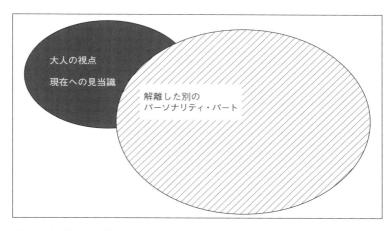

図 3.7　解離した記憶題材が非常に不快で混乱をもたらす形で意識に流れ込んでくる

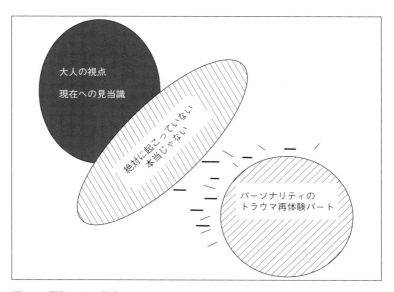

図 3.8　否認による防衛

インなど多種多様な詳細が描写されるかもしれない。しかし，クライエントは治療者に対して「先生，本当にそんなことが起こったと思いますか？」

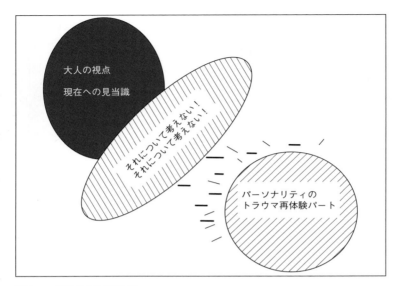

図 3.9 意識的な回避防衛

と言うのである。20年前なら，世間知らずの治療者は「虐待は事実だよ」，と答えただろう。しかし，最近では，クライエント以上に彼らの人生について知っているかのように治療者が振舞うのは臨床的な誤りであることがわかっている。実際，加害者は被害者である子どもに対して「起こらなかった」と言っていたのかもしれない。臨床的な誤りであると言われるようになったのは，そのような発言が「あなたの記憶を信じてはいけない。私の言うことだけ信じなさい」というメッセージになりかねないからだ。治療者はクライエントに自身の記憶を信頼してほしいのだ。現実的なアプローチとしては，彼らが覚えていることとして語る内容を信じ，疑うに足る理由がない限り，彼らの言葉を信頼することだろう。ただし，たとえ記憶が不確かであっても，クライエントの記憶の隙間を埋めようと試みることには十分な注意が必要だ。なぜならば，そのような推測は，それが証拠に基づいたものであったとしても，正確ではないかもしれないからだ。クライエントの中には，トラウマ出来事の詳細を報告しながらも，本当に起こっ

第 3 章　心的防衛を治療するための適応的情報処理モデル　67

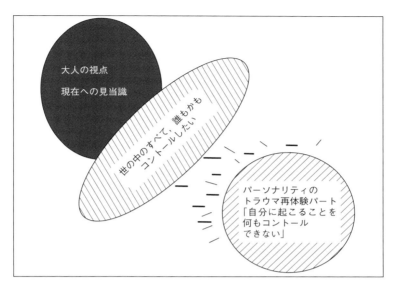

図 3.10　過度のコントロール防衛

たかどうかについて完全には**自覚**できていない，という人がかなりの確率で存在する。クライエントが想起できる感覚情報の大部分にアクセスしたものの，外傷体験の全体を完全に自覚できていない場合，理想化防衛——おそらくは加害者に対するそれ——が邪魔をしているのかもしれない。ここで言う「自覚する」と言う言葉は，非常に具体的な意味をもつ。当時起こったことの真実と，現在の真実が何かを完全にわかっていることである（van der Hart, et al, 2006）。

　もし，トラウマが完全なコントロール喪失感を伴うならば，その個人はコントロール喪失感を再体験することから自分を防御するために，今では身の回りのものや人をすべてコントロールしようとし，その結果，「コントロール魔」であることをきまり悪く，恥ずかしく思うかもしれない（**図3.10**）。

　圧倒するトラウマを体験し，当時は激怒を解離し，否認せざるを得なかった場合，出来事から数年後に治療者のところへやって来た際には「私は怒

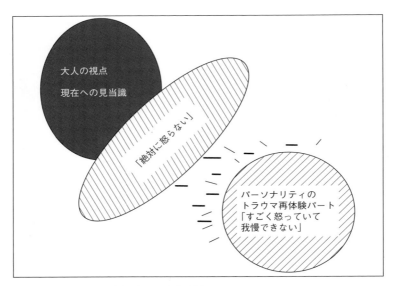

図 3.11 怒りの否認防衛（反動形成防衛）

ることがありません。治療では自分の怒りに触れなければいけないとわかっているのですが……前の治療者には継父がやったことに怒るべきだと言われたんですが，怒っている振りはできません。これまで怒りを感じたことがないのです」と言うかもしれない。どのようなタイプのものであれ，怒りは罪である，という教えを説く教会のメンバーだというクライエントの治療をしたことがある。彼女は複数の（私も共感できる）政治的な平和主義団体に加盟もしていた。しかし，彼女の平和主義は自身の成育歴への適応だったのだ。つまり「私は怒っていない」防衛だったのだ。治療が進むうちに，子ども時代の性的虐待で自分の身に何が起こったのかを完全に自覚できるようになり，当時抱いていた父親からの虐待に対する激しい怒りが出てきた。その怒りはとてもリアルで，肯定的で，エンパワーしてくれるように感じられたのであった（**図 3.11**）。

　もしも，クライエントが不十分な養育環境で育ったなら，十分な情動調律やミラーリングが養育者から与えられないため，結果として不安定で，

第 3 章 心的防衛を治療するための適応的情報処理モデル　69

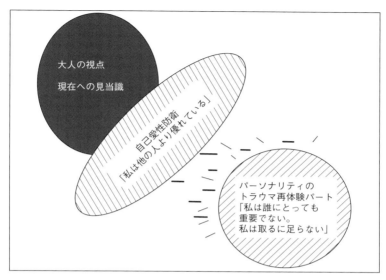

図 3.12　自己愛防衛

無秩序な行動や態度を他者に向けてしまい，多くの対人関係の問題を抱えることもある。養育者から十分な情動調律をしてもらえなかったタイプは，他者に対する価値を見出せず，同時に「私は重要ではない。私は何ものでもない」という否定的な自己定義を抱く。補償のための未発達な努力として行われる自己をなだめる方法——自分のニーズにのみ目を向ける——は時間の経過とともに自己中心的な自己愛スタイルをもつ防衛的自己状態を作り出す（**図 3.12**）。この自己状態はパーソナリティ内で支配的な立場にいるかもしれないし，特定の状況下でのみ出現するかもしれない。しかし，この自己状態は他者のニーズへの気付きに乏しく，人を自分のニーズを満たすツールとして捉える傾向がある。当然，このような対人関係のもち方では，相手からの敵意を引き出しやすいが，尊大な態度は防衛であるために維持される。つまり，事実や論理，不快経験を通して変わるということがない。防衛は人生早期の愛着形成の失敗と寂しく見捨てられた記憶が意識に上るのを防ぐためにパーソナリティ内で機能しているからだ。自己愛

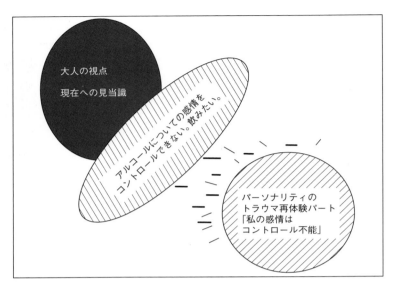

図 3.13 嗜癖防衛

は，自身の欠点を自動的に他者のせいにする特定の防衛であると同時に，他者に関して情緒的な距離を取り共感しないための防衛と関係している。これは幼い頃，情緒的な距離があった養育者との間で生じた痛みを完全に理解するのを防ぐためなのだ。人間のありようのひとつでもある自己愛は，非常に複雑で個人差がある。よって，ここでの描写は包括的でもなければ，完全でもない。しかし，パーソナリティの中に隠れている非常に抑うつ的なパートは，表面上は尊大なペルソナの下に潜んでいる。本書の第5章では，自己愛のような理想化防衛がどのように発達するのか，EMDR関連の手続きがどのように治療に重要なのかを，詳細に議論する。

嗜癖行動もパーソナリティ構造内で心的外傷後の情動を抑制し，減らす機能をもっている。嗜癖には回避防衛と理想化防衛の両方の特性が備わっている。本書第6章を参照していただきたい（**図3.13**）。

パーソナリティ・パーツは，それぞれ，複雑な記憶ネットワークに起源をもち，複雑な記憶ネットワークで構成される。そして，共通のテーマを

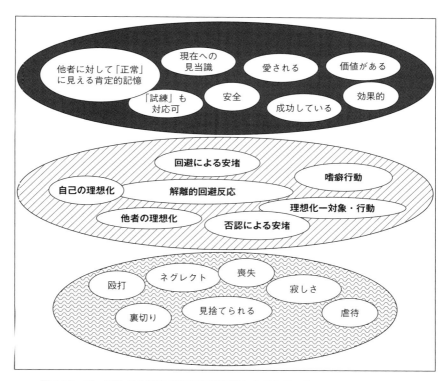

図 3.14 パーツはある特定の出来事の記憶からできている

抱える多くの出来事によって彩られた各パート固有の成育歴をもっている。解離的な個人は，現在志向的な心の状態でトラウマ出来事について考えている時と，その出来事のフラッシュバックを経験している時とでは異なる特徴の皮質活性化パターンを示す（Reinders, et al., 2006）。このことは，物理的に分離した神経学的ネットワークが異なるパーソナリティ・パートの体験に対応していることを示している。パートは記憶からできていて，それゆえに自身のパーツをもつことができる（**図 3.14**）。各パート，あるいはパート内に存在するパーツは，クライエントの人生経験の中で育ち，機能をもつ。加えて，解離している人のパーソナリティ内に存在するパーツは，お互いとの関係性にパターンがある。これらのパターンは時間が経

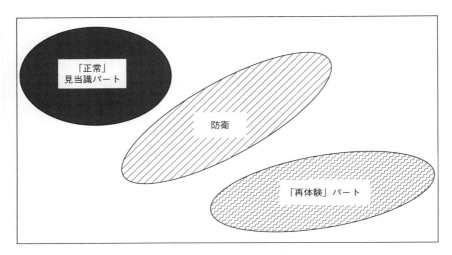

図 3.15 パーソナリティ・パートはほかのパートと完全に解離し，存在を知らないかもしれない

過をしても変わることがない。パーツは，互いを怖がったり，回避したり，嫌ったり，否定したり，無視したりするかもしれない。パートの中には，ほかのパートを守る機能をもつものもある。

　パーツの3分類：普通で見当識があるパート；トラウマを再体験するパート；心的防衛パート——は，共意識をもち，お互いから部分的あるいは完全に解離しているかもしれない（**図 3.15**）。治療を求めてやって来た人は，他者から普通に見える自己パートしか知らないかもしれず，自分が抱えるトラウマには，少なくとも最初は，まったく気付いていないかもしれない。その上，苦痛の表出を防いでいる防衛の存在——「普通」機能状態にトラウマ再体験パートが侵入するのを防ぐ——にも気付いていないかもしれない。あるいは，その人は強い「再体験」の渦中にいて，「普通」パート——普通に感じたり機能したりする状態——に戻れなくなっているのかもしれない。クライエントが解離性除反応——トラウマ再体験パートから抜け出せず，現在の見当識や安全へアクセスできなくなっている——状態のまま，面接室を出て行かないように治療者は気をつけなければならない。

クライエントは，ある防衛状態に留まったままで，パーソナリティの「普通」パートや自身のトラウマ記憶への気付きがなくなっているかもしれない。例えば，嗜癖パートは心的防衛として機能し，アルコール中毒者は「今夜はただ酔っ払いたいだけ！　どうにでもなれ！　飲みたいだけなんだ！」と自分に言い聞かせるかもしれない。その時点で，当人は防衛パートに留まっている。そんな状態にいる人に対して「（飲んでしまうことで）明日，家庭や職場で普通に過ごそうとするときに，自分のことをどう思うか心配じゃないの？」と尋ねても「いいや，今はそんなこと考えない！」と返答するだろう。当人は，離婚について，あるいは先週，母親に言われたことについて，または子どもの頃，父親にされたことについて考えると自分があまりにつらい気持ちになってしまうので，それを回避するためにアルコールを使っていることなど，気にとめてもいない。それについて尋ねられても，防衛的な口調で「セラピーのごたくを並べるな！」と言うかもしれない。これらが，パーソナリティ内に存在する別々のパート——各パーツは心的防衛によって特徴付けられる——は非常に自律的に機能し，他のパートとは独立，解離しているという例である。このすべての例において，当人の自己同一性感覚——「これが本当の私。私自身なのだ」という感覚——は，ひとつのパートから別のパートへ移行する。もし，パート間に共意識があれば，ひとつのパートは「自己」として経験され，残りは「非自己」として経験される。

　EMDR の AIP モデルが提案する心的防衛は，ほかの理論モデル，特にパーソナリティの構造的解離理論（Theory of Structural Dissociation of the Personality：TSDP；van der Hart et al., 2006）や内的家族システム（Internal Family System：IFS）理論（Schwartz, 1995）が提唱することと重なる部分が多い。これらのモデル間の類似性や差異を検討するのは，クライエントの主訴に見られる防衛要素をどう治療するかの理解に有益となるだろう。TSDP はパーソナリティ・パーツを 3 つではなく，2 つに大別している。「一見すると普通のパーツ（ANPs）」は現在志向である。周

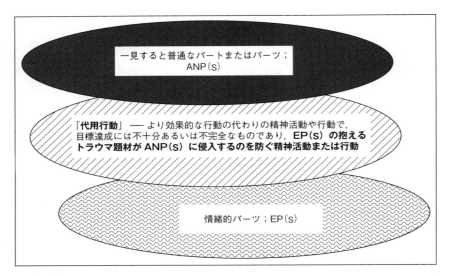

図 3.16 パーソナリティの構造的解離理論（TSDP）（van der Hart et al., 2006）ではパーツを同等なものとして描写している

囲の人に対して「普通」に見えることを重要視し，日々の課題をこなしてくれる。情緒的パーツ（emotional parts：EPs）は，未解決のトラウマ出来事のすべて，あるいは一部を再体験する心の状態で，今まさにその出来事が起こっているかのように感じ，時間の感覚が失われている。EPの体験は元々の出来事が正確に再創造されているわけではない。例えば，EPの体験は「おぼれている」，あるいは「ひどい怪我を負った」というものかもしれないが，実際にはそのようなことは起こらず，当時，そうなったらどうしようと恐れていた結果ということもある。

また，TSDP内には，「代用行動」という概念が存在し，特定の目標に向かっている際に取られた到底効果的とは言えない精神活動や行動を指す（**図 3.16**）。代用行動はさまざまな形で生じる。例えば，健康的で栄養があるお昼を食べる時間がないので，チョコバーを食べる。これは代用行動である。昼食を取る，という目的を達成する際に，非機能的で，非効果的なことをする。8歳の男の子が父親に殴られているが，父親は巨大なため，

殴り返さず，自室へ行き，あらん限りの力で壁を殴る。「壁を殴る」のは代用行動である。父親を殴ることができないため，ほかのものを殴る（自分の手にケガを負うかもしれないが）。ある人は親密な関係性を築くのが難しい，距離がある家庭で育ったとする。その人は親密な人間関係において，注意深さと不安を抱くようになるかもしれない。子どもがこのような環境下で育ち，13か14歳になり，思春期を迎え，強い性的な欲求を抱いたとする。すると，その子は性的な嗜癖に陥りやすいかもしれない。性的な嗜癖障害は，その定義が示すとおり，深い関係性や関わりを必要としないところに性的な捌け口を見つけることである。一夜限りの関係，関係がすぐに切れる性的な征服，インターネットポルノなどで，これらは代用行動と言える。近しく，親密な関係性への恐怖症を直視せず，性的な満足をある程度達成する方法だからだ。自分の落ち度を他人のせいにする。これも代用行動である。誰が責めを負うべきかの説明がなされるが，その説明は正確ではない。嫌な感情を回避するために，あるいは，よい感情を得るために，アルコールを使う。これも代用行動の例だ。先延ばしも多くの場合，代用行動である。困難な課題に付きまとう不安から一時的に安堵を得るための手段だが，その課題自体がなくなるわけではない。代用行動は，防衛として働く。心的外傷性の侵入がEPからANPへ，あるいはEPから別のEPへ生じるのを防ぐために，作り出され，維持されている（O. van der Hartとの私的な会話，April 2010）。

　解離のAIPモデルは，Schwartzが提唱する内的家族システムモデル（IFS；Schwartz, 1995；Twombly, 2005）との共通点も多い。このモデルではパーツを「管理者」「追放者」「火消し」に分ける（**図3.17**）。IFS内では，「管理者」はその人の日々の生活を積極的に担い，目の前の現実に注意を向け，その人のコントロール感に脅威をもたらすかもしれない未来の問題を未然に防ぐ。「火消し」は現在の情緒的危機に対応するパーソナリティ・パーツで，「追放者」から発せられる差し迫った破壊的で侵入的情緒や情報を（「消す」あるいは）抑制する。「追放者」は，過去の苦痛が

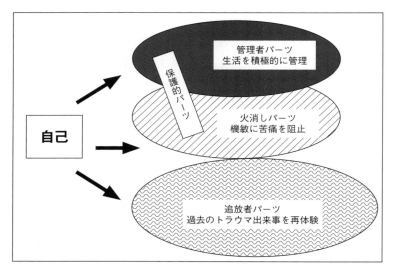

図 3.17 Schwarz の内的家族システム（1995）モデルが提唱する「パーツ」は同様の分類をしており，**自己**概念という単一状態に価値を見ている

非常に大きい記憶を再体験し続けるため，管理者パーツへの破壊的影響を考慮して，追い出されたパーツだ。「火消し」パーツという概念は，AIPモデルで心的防衛と言われているものと重なる部分が多いと思う。

　AIP と IFS モデルが提唱している防衛の比較は，Schwartz が言う「自己（self）」という重要で有益な概念について触れなくては意味がない。IFS 内では，「火消し」と「管理者」の両者が「保護パーツ」として定義されている。これらのパーツは，自己を守る。Schwartz の自己という概念は，クライエントがトラウマを処理し，トラウマ解消後にパーソナリティの統合を促す，重要な概念なのだ。このモデルでは，解離したパーソナリティ・パーツは自身をほかのパーツとは分離し，人生の困難な体験から生じたゆがみと情緒的な残留物の「重荷」だと誤解している，と捉えている。よって，治療的介入は，クライエントがこれらの各パーツに対して思いやりをもって，自己から全体を概観できるように計画し，各パーツがこれらの重荷から解放されることを目的とする。自己は心の治癒力――パーソナ

リティを統合する力として存在するが，治療の初期には解離した個人の中で休止状態（で心的外傷後の「重荷」に「融合」）している——と考えられている。Schwartz が提唱する「自己」という用語は，Shore（2001）が描写する幼少期からの正常発達の段階および，親からの不十分な関わりや虐待を幼少期の早い段階で経験すると自己が歪んだり分裂したりする可能性があるとの説明をふまえた意味で使われている。

　成人後に発現した単回性トラウマによる PTSD の場合，クライエントの問題を自己の障害として概念化する必要性は少ない。心的外傷前のパーソナリティ構造が十分統合されている成人が単独のトラウマ記憶に苦しんでいても，大抵，自己感覚をもっているだろう。「これが本当の私」という感覚が現在志向的な心の状態内に存在している。そのような場合は，トラウマ出来事の断片が頭をよぎっても「非自己」として体験され，異質で排除したいものとして認識される。クライエントが示す臨床像に強度に病的な防衛や重篤な解離性パーソナリティ構造が含まれていなければ，通常の EMDR 手続きを用いることで，この種の記憶はかなりの確率で解消される。このような理由から，「自己」は EMDR と解離性障害に焦点が当てられるときを除いて，EMDR トレーニングにおいて十分に議論されてこなかったと思われる。

　しかし，両極化し，互いに葛藤状態にある，明確に分化分離したパーツをもつクライエントの場合，IFS の自己概念が事例概念化や治療計画の策定，そして，クライエントが自身の治療を指揮し，積極的にかかわるためにもとても有益だ。IFS では，自己は「本当の自己」あるいは「魂」（ここでは特定の宗教的な意味合いは含まない）さえも同じ意味で捉えている。治療がうまく進むと，パーソナリティ・パーツの両極化は解消し，（特定の IFS 介入をもって）それぞれが抱える心的外傷後の「重荷」を手放し，自己の大きな気付き——「超越」——が表出する。そして，この自己のために，見当違いの努力の下，何かいいことをしたいと別々の自己状態やパーツそれぞれがどれほど極端になったのかを思いやりを持った目で見ること

ができるのだ。Schwartz のモデルでは，自己は人の人生で起こった本当の出来事を認める生来の能力と，これらの出来事に適応するために作られた内的パーソナリティ・パーツをいう。この自己の定義は，Demassio（2010）の自己概念——内的な精神過程で一人称の主体性と態度をもって，ほかの精神過程を「知り」「観察」する——とも非常に似通っている。

　この文脈の中での自己は，パーソナリティ・パートではなく，別々のパーソナリティ・パーツがどうやって存在するようになるのかを目撃する体験的な場所なのだ。この思いやりを持った目撃は，「トラウマ再体験」（追放者パーツ）と防衛目的を持った精神活動（管理者パーツと火消しパーツ）を癒す重要な鍵を握ると見られている。トラウマが基盤にある記憶の題材が少しずつ解消されるにつれ，クライエントはだんだんと統合され，知っているという感覚をもつようになる。「子ども時代がどれだけ大変だったのかを，考えずにいることで何年も自分を守ってきたことを，依存し，こうあって欲しいという幻想を維持したことを，全部理解しているのが私。今は，ひとつになった見晴らしのいい場所から，時にはある心の状態にいたり，別の時は別の心の状態だったりする自分を眺めながら，でも，そんな風に変化しても，私は私のまま。これらすべてを，少し離れたところからある程度の距離を保ち，自分に対する思いやりをもちつつ，眺めることができる。**本当の私**とは，これらすべてを見渡すことができる人なのだ」。治療の初期には非常に激しい解離状態にある多くの私のクライエントたちは，虐待やネグレクトの記憶を解消した後，完全なパーソナリティ統合が起こる際に，この自己概念が非常に有益だったと言う。複雑性 PTSD を抱える人の治療が進むに従い，後続のトラウマ題材をターゲットとして扱う際に，自己は次第に資源となってくれる。治療の成果が続くと，クライエントは過去の自分である子どもに対して思いやりをもてるようになり，その気持ちが，それまで別々に存在していたパーソナリティ・パーツの統合を継続するのを助けてくれる。自己が治療過程において「リーダーシップ役割」を取るのだ。また，この自己の考え方は，Shapiro（1995, 2001）

が提唱している非機能的に保存された記憶情報を適応的な解決と健康へ動かす，生まれながらに備わる生理学的な基盤をもつ情報処理システム，という考え方とも重なる。この考えは，成長や癒しに向かう人がもつ潜在力について書かれていること（例. Carl Rogers and Abraham Maslow）とも重複する。

　次の章では，TSDP モデルと IFS モデルの特徴を，各モデルの特徴や特性に忠実でありつつ，EMDR 関連の治療「ツール」と統合しようとする試みを紹介する。

第4章

回避に対するEMDR

　どのような心的防衛にも，回避の要素が含まれる。というのも，防衛の目的は，「トラウマを再体験している」自己が，パーツを認識したり，苦痛な記憶を思い出したり，気付きを得たりする可能性を小さくし，意識から排除することにあるからである。回避は直接的で意識的なこともある。例えば，何かを考えないようにしようと決めたり，意図的に何かをしないでおこうとしたりするときだ。あるいは，かなり微妙な回避であるため，特に意識化されないこともある。第2章で触れたように，Daniel Kahneman は，彼が言うところの「速い思考」と「ゆっくりした思考」の間には，明確な質的違いがあることを記述した。前者のタイプの思考は，自動的，即座であり，急速でその場しのぎの反応が求められるような状況で利用される。後者のタイプの思考は，努力を要するが，複雑な情報を慎重に評価しなくてはならないような状況において役に立つ。直感的に考えると，回避は一般的に，速い思考のカテゴリーに入るように見える。というのも，直近の脅威に対しては，急速な回避が必要になることが多いからである。Richard Solomon と Lyman Wynne による動物の回避学習についての研究（1954）がこれを証明した。短い柵で区切られた電気が通る床があり，小さな照明がついた装置に犬たちは入れられた。照明がついて10秒後に，犬が乗っている側の床に通電され，苦痛なショックが与えられる。彼の研究では，すべての犬は，照明がついたらすぐに柵を跳び越え

て隣の区画に行き，電気ショックを避けることを学んだ。次に，何回かランダムな間隔で電気ショックを与えた後，今度は柵の向こう側で照明がつくと，10秒後に向こう側に通電されるようになった。こうなると，すべての犬が，もはや通電されていない最初にいた側に飛び移れば，ショックを避けられることを学んだ。ジャンプすることで回避する逃避行動を犬たちはすぐに学習し，電気ショックが与えられなくなってもその後長きにわたって，照明がつくたびにそのとおりに行動した。これは単なる例え話ではなく，多くの人々でいかに回避反応が内的・精神的に生じるかを示している。脅威となる状況，思考，感情または刺激に対する反射的な反応なのである。例えば，会話をしていて居心地が悪くなったら話題を変えたり，強いストレスを感じているときにタバコに火をつけたり，散らかった机やたんすの掃除をするのを先延ばしして回避したり，苦痛な記憶を考えることから急いで注意をそらしたりすることである。こうした状況では，回避することが，つかの間の安堵をもたらす。Solomon と Wynne の実験の犬たちが口をきけたら，自動的なジャンプ行動を身につけた後には，照明がつくのが100回目だとしても「怖くないさ！　どうしたらいいかわかっているんだから！」と言うだろうことは容易に想像がつく。回避は，即座で自動的という特徴があるため，さして熟考を必要とせず，安堵感という肯定的な感情によって強化される。その結果，回避行動が適応的だった時期をはるかにすぎても後々まで回避行動を持続させてしまうことがあるのだ。

　第3章で示した事例で描かれていたように，集中的な二重注意刺激（BLS）のセットと精神的・行動的回避行動を組み合わせることは，よい治療効果をもつことがある。BLS のセットが交感神経系の興奮を抑え，連想のネットワークを促し，恐らく「スローな思考」を増やすことにより，その人は，回避から来る即座の安堵感を手放し，回避の継続がより大きな人生目標に一致するかどうかを，直接，検討しやすくなるのだろう。

追加の具体例：回避をターゲットにするための回避衝動レベル（LOUA；0-10）法

　カール は 50 代の男性で，重い「自己愛の傷」の後に，セラピーを開始した。初回セッションで報告してくれたことによれば，彼は成人してからの生活のかなりの部分を，特に他人から，知的にも，収入的にも，キャリアの到達点的にも，人より優れていて知的であると見られたいという自分のニーズに焦点を当てて過ごしてきた。仕事でもかなり成功していたが，そのためには，交渉時に押しが強く，非常に攻撃的である必要があった。初回セッションは，彼いわく「これまでの人生の中で最悪の 1 週間」の後に行われた。比較的短期間のうちに，仕事で次々と失敗をして破産宣告を受け，不本意ながら米国内の別の地域へと移り，心臓発作を起こし，子どもの養育費の支払いをめぐって元妻と裁判で争っていたのである。さらに，現在の妻と幼い子どもたちに対して，怒りを爆発させることが続いていた。セラピーには最初は妻の執拗な求めに応じて来たのだが，数セッションが過ぎるうちに，個人的に役立ちそうだと理解することができた。彼は過去の自尊心を取り戻したいのだと言った。私たちは，それがどういう意味なのかについて，しばし，話し合った。彼はかつての自己概念，つまり，特権があり，優れていて，簡単に腹を立てる自分に戻る必要がないことに気付くことができた。そういう考え方をすることで，人々に尊敬されるのではなく，憎まれてきたことに気付いた。むしろ，ほかの人々とこれまでよりもよいつながりをもてるような新しい生き方を学ぶ方が，よいゴールだと思われた。その結果，不適切な怒りのコントロールを学ぼうという動機づけが高まった。彼は，やたら気難しくない男性になることを学ぶ，という考えが気に入り，彼のよい性質を見抜いていた妻も，その考えを強く支持した。

　こうしたことをふまえ，私たちはセラピーの目標を「怒りに取り組む」に決めた。彼は最近の怒りエピソードの多くの引き金をたやすく同定する

84 第Ⅱ部 心的防衛を解消するための適応的情報処理手法

ことができた。私は，彼にこう言った。「最近の怒りの記憶を思い出して，
怒っているときに身体にどのような感じがあったかに気付き，その気持ち
をたどって子ども時代までさかのぼってみましょう。何が出てきますか？
筋が通っていなくてもいいですよ。ただ，その気持ちがあなたをどの時点，
どの場所に連れて行ってくれるかに気付いていてください」。この〈感情
の架け橋〉（Watkins & Watkins, 1998）によって，彼はすぐさま，ヨーロッ
パの田舎で暮らしていた時代に引き戻された。当時，農場や学校で期待に
沿えないと，父親にひどく殴られたものだった。こうした早期の身体的虐
待を EMDR でターゲットにすると，数セッションの間に，彼はその頃に
起こったことについて，はるかに大人の視点でもって，情緒的な距離を保
ちつつ見つめることができるようになった。そして，これまで語られなかっ
た父親への怒りの気持ちや，虐待の影響として残っていた強烈な無価値感
を処理することができたのである。

　さらに，彼は，家族内や前職での自分の行動が，父親との間に起こった
出来事の行動的再演 behavioral reenactment だったことに自発的に気付
いた。妻子や他人が小さな被害者たちの役で，自分がコントロールを握っ
ている大きないじめっこ役になっていたのである。第2章でもいかに
PTSD が，フラッシュバック映像や認知や感情だけでなく，トラウマの行
動的再演としても現れうるかについて述べたが，彼の行動はその一例で
あった。彼は特定のネガティブな行動の仕方で「自動操縦」しており，後
になって激しい後悔に苛まれていたのである。カールの外傷後ストレスの
こうした行動的要素は，視覚的，認知的，感情的要素とともに解決された。
こうしたセッションを経て，彼は前に比べると，家族に対して楽に穏やか
で愛情深い人間でいることができるようになり，家族の方でもそれに気付
き，このポジティブな変化に感謝しているとのことだった。

　この後に出てくるセッション逐語は，次の週のセッションのもので，彼
は新しい仕事を始めたばかりだった。新しい職場は，かつてと同じような
仕事で，彼にはそのための職業的スキルや職歴もあったが，今回は別の人

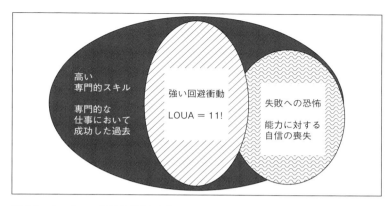

図 4.1 セッション逐語録開始時点のカールのパーソナリティ構造。彼の回避による防衛が描かれている

たちを相手にしていた。セッション逐語の頃，彼はちょうど，米国の別の地域の人々に電話をかけ，かなりきつい交渉をする業務に戻ったところだった。月曜の 11 時に私のオフィスに来たときは，自分への不満をためていた。彼は一連の重要な電話をしなければならないのに午前中ずうっと机のところにある電話を眺め続けるという無気力の中で身動きができなくなっていた。彼に「EMDR はこのことに役立ちますか？」と聞かれ，私はやってみる価値はあると考えた。開始時点の彼のパーソナリティ・パーツの構造が，**図 4.1** に描かれている。

　私たちは，職場で電話を凝視しながらも，電話をかけるために動き出すことができないという最も苦痛な記憶からターゲットにした。以下は，面接後 10 分経過時点からの逐語録である。文中［**EM**］と書いてあるところは，20 〜 30 の往復の眼球の左右の動きと一緒に私の方から「それに気付いて」「それと一緒に」「それにとどまって」「それについて考えて」などと言った瞬間である。

　カール：今日しなければならない電話のことを考えて，先週末はずーっと歯ぎしりしていました。このビジネスで成功するために最低な男に

ならなければならないとしたらどうだろう？ 家族は今の自分（怒り
の爆発がはるかに少ない）を気に入っていてくれているが，それがそ
んなによいことなのか，確信がもてないのです。電話をかけなければ
ならなかったのに，今朝は，ただ電話を見つめ続けました。じっと座っ
て，何もしなかったんです！ 悪いけど，おじけづくか，またかんしゃ
くを起こして，すべてを水の泡にしてしまうかもしれない。切れ味を
失って単なる怠け者になったのかもしれない。

治療者：「切れ味を失って単なる怠け者になったのかもしれない」と
考えながら机のところに座って電話を見ているとき，どのような感情
を感じていますか？

カール：たぶん恐怖だと思います。ほかにもあります。机を見ている
ときに主に浮かんでいるのは，電話なんかしたくないってことなんで
す！！

　彼の回答からは，電話かけに対する回避衝動が強いことが明らかだった
ため，標準的 EMDR の第 3 段階のアセスメントステップから，回避防衛
をターゲットにするためのプロトコルへと切り替えた。以下は，回避のター
ゲットを設定するためのやり方の 1 つである。

治療者：机と電話を見ながら，まだ 1 件も電話をかけていない。質
問です。0 から 10 でいうと，今，最初の電話をかけたくない，とに
かく先延ばしにしよう，という気持ちはどのくらい強いですか？
10 が最大の電話をかけたくないという衝動で，0 がそんな衝動はまっ
たくないとすると，どのくらいですか？ **（カール：**（笑いながら）
11） その 11 というのは身体のどこで感じますか？ **（カール：**みぞ
おちのあたり） それと一緒にいて。机の上の電話と，今，どれほど

電話をかけたくないかに気付いていてください。［**EM**］そうです。ただそれについて考えて……

　回避を扱うためのこの特定の手順は，トラウマ記憶を扱うときのEMDRの第3段階よりもいくらかシンプルである。原則として，クライエントに回避の代表的な視覚的イメージを尋ね（この場合は，机の上の電話），回避衝動の強さを0から10の尺度で尋ね，その数値と身体感覚を身体のどこで感じるかを答えてもらい，その後，「私の指を追ってください」と頼むのである。

　　カール：電話かけの一つひとつが，私を可能な限り怒らせようとしている人あてのものなんです。頭に血がのぼるのはそのせいなんです。怒りたくない。でもこういう奴らに通じるアプローチはそれしかないのかもしれない。［**EM**］もう人と言い争いたくないんだ。［**EM**］これまでいつもビジネスというのは敵対的なプロセスだと思ってやってきた。そうやって背水の陣をひいてきたんだと今ならわかります。［**EM**］なぜなのかわからないんです。あの連中に電話をかけて問題を解決したいという気持ちにまったくなれないんです。［**EM**］そうしたいと思うべきなんでしょうけど。仕事のパートナーも家族も私を頼りにしているんです。［**EM**］いつも人の問題を解決するのにうんざりなんです。問題というのも，○○（別の州）にいる男のせいで起こったことで，私のせいじゃない。［**EM**］彼が私に問題を残した。私は○○州の法律なんて知らないし，しくじりたくないんだ。でも，多分，解決しようと思えばできる。［**EM**］一週間ずっと電話のことを考えて胃がムカムカしていました。なんたるエネルギーの無駄。［**EM**］

　この時点でカールの回避衝動の強さが変わったように見えたため，ターゲットに戻った。この手法を使うときは，ターゲットの再アクセスの仕方

が，トラウマ処理の時とは異なる。この手法で治療者は，処理を始めた時とまったく同じ質問を繰り返し，「まさに今」という言葉を強調する。これは，変化しつつある回避の強度にクライエントの注意を向けてもらうためである。

　この手法について学んでいる治療者からよく聞かれるのは，「いつターゲットに戻ったらよいか，どうやってわかるんですか」という質問である。クライエントの衝動に対するニーズに，ほんの少しでも変化が見られたら，ターゲットに戻るのが役に立つのではないかと思っている。頻繁にターゲットに戻った方がよい理由は2つある。1つは，もちろん，回避衝動に対して役立つ処理が実際に起こっているのかを確認するためである。しかし，それだけではなく，クライエントが回避防衛に変化が起こったことを自覚することが大事だからだ。というのも，変化の自覚は，自分の衝動について内的にアセスメントしてようやく得られることがあるからである。ターゲットに頻繁に戻りすぎたからといって大してマイナスになるとは思えない。実際，カールに回避は今0から10のどの辺にあるかを尋ねたとき，彼は私の質問を完璧に無視して，ただ自分の処理を続けていった。それはそれでまったく問題がなかった。

ターゲットに戻る

治療者：では最初にお尋ねした質問に戻ってください。今，心の中で机を見て，電話がそこにあるのが見えて，でも自分はまだ電話をかけていない。0から10で，今，最初の電話をかけたくないという気持ちがどのくらいしますか？

カール：電話をかけると決めれば，ストレスを解放できます。[EM]人に話しかけるのは怖くないです。せいぜい「お断りします」と言われるくらいですから。[EM]失敗するのは怖いです。でも失敗した

としても私のせいではないんです。この取引の一部は私のコントロール範囲の外です。［EM］自分で自分に与えているばかげたプレッシャーが問題なんだ。電話をしたい！［EM］かんしゃくを起こすのが怖いなんていうのは言い訳に過ぎない。電話をかけたくない本当の理由は，失敗したくなかったからなんだ。［EM］感じているストレスが大分，減りました。どうすればいいかわかった！　どうして失敗すると予想したのかわからない。［EM］そんなに個人的にとらえるべきじゃない。戻って電話かけをします。［EM］

ターゲットに戻る

治療者：では今，再び，机について考えてください。電話をかけたくないという衝動はどのくらい強いですか？

カール：ゼロです。電話をかけて，物事をまた前に進めるのが楽しみです。

治療者：この言葉は，１から７でいうと，どのくらい本当に感じますか？　「自分が冷静を保ち，物事を効果的に，終わらせる必要があるときにこなせるということを信じられる」というのは？

カール：７です！　問題ありません！［EM］

　その日，彼はそのままオフィスに戻り，かけなければならない電話を首尾良くかけることができた。一カ月後にセラピーを終了したときには，もう，不適切な怒りの爆発は報告されなくなっていた。彼は仕事のリズムを取り戻し，もはや新しい仕事のどの部分も避けたりしていなかった。

90 　第Ⅱ部　心的防衛を解消するための適応的情報処理手法

回避防衛をターゲットにするための
「……することにどんなよいことがあるんですか」法

　ジェイニーという20代後半の専門職に就いている女性が，同年齢の友人の不慮の死の後にセラピーを受けに来た。数セッションかけて，ショックや悲しみの気持ちに蓋をするのではなく，友人を失ったことの悲嘆を自分に許すことの大切さを理解した。こうしたセッションが続く内に，彼女はほかの喪失体験にまつわる悲しみを押し殺して来たことに気付いた。特に最初は続くと思われたのに，最終的には駄目になってしまった男性との関係についての悲しみである。

　ある日，こうした関係について話し合っていると，彼女は言った。「小さい頃に性的な虐待を受けたことがあったんじゃないかって思うんです」。それが誰からのものだったのかわからないが，そういうことが起こったという曖昧な感覚があるのだという。セッションの間に母親に聞いてみたが，母親が神経質になってその話題を避けようとしているように思えたので，あまり役に立たなかったという。

　2週間後，彼女は重要な気付きがあったことをセッションの冒頭で報告した。このセッション開始時の彼女のパーソナリティ構造は**図 4.2** に描かれている。以下はそのセッションからの逐語である。

　　ジェイニー：前は誰からかわからないと思っていたんですが，あれは叔父の○○だったと確信しています。

　　治療者：確実な感じですか？

　　ジェイニー：はい。

　　治療者：その出来事の記憶映像は何かありますか？　断片だけでも。

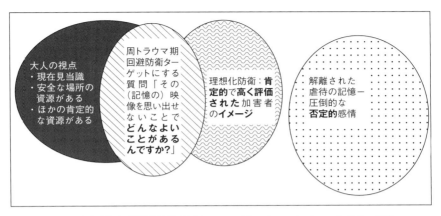

図 4.2 回避防衛と理想化防衛を示しているジェイニーのパーソナリティ構造

ジェイニー：いいえ，まったくありません。

　確実かどうかを尋ねたのは，彼女を疑っていたからではない。その前の週には，よくわからないと言っていたからである。記憶映像がないことは，彼女の出した結論の正確性に疑義を呈するかもしれないが，臨床的には別の意味合いがあるのかもしれない。トラウマ記憶は，記憶の別の構成要素——行動，感情，感覚，知識（BASK 要素；Braun, 1988）——といったかたちでほかの記憶からは離れたところに解離され，非機能的に保存されていることがある。その感覚が何なのかを知らないまま，虐待時の感覚を保持していることがあるのだ。あるいは，知識はあるのに映像がないこともある。あるいは映像はあるのだが感情が伴わないこともある。もしかすると回避防衛がトラウマ記憶への完全なアクセスを妨げているのではないかと思ったので，さらにその可能性について探るために以下の質問をした。

　治療者：これは変な質問かも知れませんが，答えが出てくるかどうか，様子をみてください。心のどこか，あなたがアクセスをかけられないところに，その記憶の映像があるような感じがしますか？　それとも，

92　第Ⅱ部　心的防衛を解消するための適応的情報処理手法

どこをどう探しても映像はないと感じますか？

　ジェイニー：映像があるのはわかっているんです。でもどうしても思い出せないんです

　この回答から示唆されたのは，パーソナリティから解離されたパートに記憶の映像があり，そのパートは，回避防衛によって切り離されている可能性があることだった。これは，防衛というのが必ずしも意識的な決断ではなく，子ども時代に確立して以降，長らくその人のパーソナリティ構造の一側面になっており，今やセラピーの障壁になる，という1つの例である。この可能性について探るために，私は質問し，回避防衛につながっている**肯定的な感情**があれば意識の中心にもってくるように頼んだ。

　治療者：質問です。その映像を思い出せないことで，どのようなよいことがあるんですか？

　ジェイニー：心に映像を浮かべてしまったら，もっと本当のことになってしまいます。

　治療者：その感じと一緒にいてもらえますか？　（クライエントはうなずく。「はい」）［**EM**］

　ジェイニー：長年，その映像がないことで，特に子ども時代は，ママとパパが私を支えるためにいてくれなかったことに気づかないで済みました。［**EM**］

　彼女は泣いていたが，続けることができた。

今は「お母さんが必要なの！」と母親に言っている自分の姿を浮かべることができます。［EM］母が「知らなかったのよ」と言っているのが見えます。でも，母は本当は知っていたのに，見て見ぬふりをしていたんだと思います。［EM］時間を行きつ，戻りつしています。これまでの人生で，私のことを気にかけてくれた人たちについて考えています。ほんの数人です。家族にはいません。［EM］

　この時点で彼女が感じている感情の強さが少し弱まったように見えたので，ターゲットに戻った。そして「今」という言葉を強調して，最初にしたのと同じ質問をした。

ターゲットに戻る

治療者：では，再びこの質問に戻りましょう。映像がないことで，今，どんなよいことがあるのでしょうか？

ジェイニー：これまでいつも彼（○○叔父さん）のことは，私に非常に親切で，味方をしてくれて，自分は特別だと感じさせてくれる人だと思ってきました。成長するあいだずっと，いつでも彼のことを頼ることができると思っていました。気にかけてくれていると思っていたんです。もしも映像を思い出してしまったら，叔父は私のことなんて気にしていなかったということになってしまいます。［EM］映像を思い出さなければ，男性は，そして時には女性も，私のことを気にかけてくれなかったことに直面しないで済みます。彼らは，ただ何かを求めていただけだってことに直面しないで済みます。［EM］（**治療者：**では，この質問に戻りましょう。その映像を思い出さないことには，今，どのようなよいことがありますか？）　認めるのはつらいです……私の人生，大人になってからの生活における人間関係が，疎遠で，表面

的なものだったと認めたくないんです。[EM] 私のことを真剣に気にかけてくれないような男性を選んでしまうんです。甘い言葉を聞いて，反応するんです。[EM] 母もそういう甘い言葉を時々かけてきます。「どんなことでも話してちょうだい」って言います。でも子どもの頃に誰かにされたことについて，母に話そうとしたら，最初の言葉が「お父さんの家族の人がそんなことをするなんてありえないわ」だったんです。[EM]

　もちろん，この時点で処理をいったん小休止して，母親の反応がどのような意味をもったかについての長い話し合いを始めることもできた。しかし，その意味は彼女には明らかだったようなので，単にターゲットに戻ることにした。

　治療者：ではこの質問に戻ってください。その映像を思い出せないことには，今，どのようなよい点がありますか？

　ジェイニー：それが起こったとき……思い出したみたい！……確かに話そうとしたんです。はっきり思い出せないんですが……でも話そうとしたと思うんです！［EM］虐待をされていた当時の自分を思い浮かべています。記憶の映像ではないと思います。多分，ただ，頭に浮かべているだけだと思います。でも前とは違います。今までこのことについて考えると，浮かぶのは動揺している自分だったんですが，今浮かんでいるのは，もっとすべてから切り離されている自分です。［EM］そんなに怖がってはいないけど，彼が早く終わらないかと待っています。［EM］どういうわけか，これは何回も起こったことだという気がします。［EM］自分がベッドの上にいて，でも彼を見ないで済むように向こうを向いているのが見えます。［EM］だから記憶映像はないんだと思います。［EM］それは起こっているんだけど，

第4章　回避に対するEMDR　　95

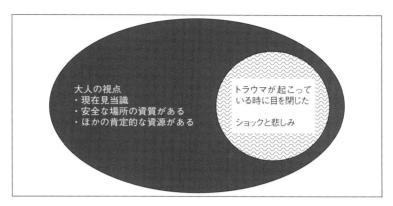

図 4.3　逐語セッションの最後の時点の，この記憶に関連したジェイニーのパーソナリティ構造

私は何も起っていないふりをしているんです。[EM] だから彼を見ようとしないんです。[EM]

間もなくセッションの終わりに近づいていたため，暫定的な肯定的自己言及的な認知，つまりセッションを去る時にクライエントがよい気持ちでいられるような認知，を引き出すのに役に立つことがある質問をした。

治療者： 今日，自分に役立つどのようなことがわかりましたか？

ジェイニー： どうして彼を見たくないと思ったのかわかりました。1回だけ起こったことじゃないんです。それは前にはわかっていませんでした。それから，その時に苦痛を和らげるために私なりに自分を助けることをしたんだとわかって慰められます。前よりももっと悲しくなりましたが，同時に，もっとつながりました――今の気持ちはそんな感じです。あと，ぐったり疲れました。もう今日はこれで充分です。

図 4.3 は，このセッション終了時のジェイニーの自我状態の構造であ

る。見てわかるとおり，この記憶に関連した彼女の現在の状況は，まだ解決していない。しかしながら，彼女は今や，苦痛な記憶に意識的にアクセスできるようになった。そしてその後2カ月にわたる週1回のセッションの中で，彼女は叔父に関連した問題と，その虐待に付随して起こっていた問題を解決することができた。

ジェイニーの事例は，回避防衛がいかに幅広い様相で生じうるかを描き出している。回避防衛は，トラウマ記憶への充分なアクセスを妨げてしまうため，セラピーの開始時には，クライエントはこうした防衛や，防衛に守られて表面化していない記憶に充分気付いていないこともある。それゆえ，治療者たちは，クライエントの臨床像の中に，回避の徴候がないか，注意するべきである。

別の事例。最近，再婚したばかりの50代後半の男性が，現在の妻との関係に問題を抱えていた。彼はセックスにあまり関心がなく，そのことが彼にとっても妻にとっても不満で当惑する問題になっていた。セックスへの無関心については，彼としても重大な問題であると考え，医師のもとでテストステロンのレベルを調べてもらったほどであったが，結果は正常範囲だった。この問題に関連しそうな過去の体験を何一つ同定することができなかった。

この問題の解決は，回避を直接的にターゲットにした後，起こった。以下がその時の様子である。

　治療者：心に映像を思い浮かべてください。今は金曜日の夜です。あなたは妻と一緒にベッドに寝ていて，夜もそんなにまだ遅くありません。そこで横になりながら，一方に寝返りを打って何か始めてもいいし，それか，もう一方の側に寝返りを打って，寝てしまってもいいのです。では質問です。そこで横になりながら，まだどうするか決めていないんですが，もう一方に寝返りを打って寝てしまいたいという衝動は，0から10でいうとどのくらい強いですか？

クライエント：10 です！

　彼はその 10 を身体のどこに感じるか言った。その後，強い回避衝動を思い浮かべてもらったまま眼球運動を数セット行ったところ，比較的速やかに，9 才の時に起った 1 つの出来事を思い出したのである。彼は，その出来事について話すときに，あたかもそれが取るに足らないことであるかのように，笑って言った。彼はポルノ雑誌をもっているところを母親に見つかってしまったというのである。母親はひどく怒り，罰として彼の性器にアルカリ性の配水管洗浄剤を塗りつけたため，とても痛くて屈辱的だったという。この出来事についてさらに探索していくと，母親に対して感じている恐怖や怒り，そして自分の身体に対する嫌悪の気持ちが段々と自覚されていった。標準的な EMDR プロトコルで処理を続けていくと，かつては軽視していた記憶やそのほかの似たような子ども時代の記憶がどれほどの影響を与えたのかについて，充分な理解を得るにいたったのである。そして彼の現在のジレンマとそのことがどのようにつながるかも理解することができた。彼はこのことを妻に説明し，何回かよく話し合った後，二人とも気分が明るくなり，身体の関係を試したり楽しんだりすることへと進んでいくことができた。

　回避の問題は，セラピーの最初でも，中間でも，終了近くでも出てくる可能性がある。33 才で既婚，9 才と 11 才の二人の子どもがいるある女性は，職場での困難に取り組むためにセラピーにやってきた。同僚に数え切れないほどのストレスを与えられていたのである。この難しい同僚についての彼女の報告は正確だったと信じている。というのも，その同僚は，その後，解雇されたからである。クライエントの最初の何回かのセッションでは，職場で起る代表的な問題場面を同定した。そういう状況は以下の特定の否定的認知を伴っていた。（同僚に対して強い不満を覚えたときは）「本音を言ってはいけない」「自分は人生・生活の中でよいことが起こるに値しない」。自分についてのこうした不幸な信念は，もとをたどれば子ども時代

にあった。適切な自己主張が罰され，高等教育を受けたいというクライエントの願望は父親につぶされたのである。代表的な子ども時代の記憶が同定され，EMDR 標準プロトコルでうまく処理された。すると，同僚がまだしばらくは問題を起こしていたのにもかかわらず，クライエントは職場にいるのがはるかに楽になったのである。

この作業の後，私はクライエントに「あとは何が残っていますか」と尋ねた。すると彼女は「自分の体重が『憎い』んです」と言った。12 年前に結婚して以来，体重は増え続け，この 6 年ほどは，約 55 ポンド（約 25kg）ほど体重が多すぎると言うのである（基準となっているのは，彼女がインターネット上で見つけた何らかの標準値だった）。彼女曰く，夫から体重を減らすようにという「素敵な」圧力を受けていて，気に障るだけでなく，自分としてもそのことについてはいくらかプレッシャーを感じているとのことだった。食事習慣は「普通」であると説明された。つまり，ほどほどの量を食べ，そんなに甘いものは食べていないとのことだった。彼女に言わせると，最大の障壁は，「運動が大嫌い！」なことだった。こういう自分の態度に不満をもっていたが，それでもその態度は持続していた（**図 4.4**）。

以下は，自我違和的な「運動の回避」をターゲットにしたセッションの逐語である（ビデオ録画から逐語録を作成）。

望ましくない衝動を治療するためにの A. J. Popky の手法に馴染みのある読者は，以下の逐語の中に，Popky の DeTUR（Desesitization of Triggers and Urges；1995, 2005）アプローチの片鱗を見てとるであろう。具体的にはまず，運動が大嫌いという問題が解決した未来の理想的な一日の資源を同定し，「植え付け」ることから始める。次に，LOUA 法を使ってこの問題を代表する状況をターゲットにするのである。

キャシー：子どもを産む前は，運動していたものです。今では，運動が仕事みたいな感じ。汗かくの好きじゃないんです。でも，それで自

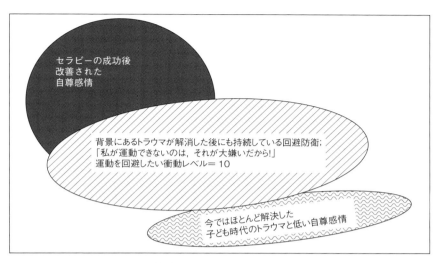

図 4.4 逐語セッション開始後のキャシーの自我状態構造

分に対して猛烈に腹が立つんです。「自分のことを哀れむのはやめなさいよ！　体重を減らせばいいのよ」って。本気で体重は減らしたいんですが，そのために努力するのが嫌なんです。ルームランナーに乗ることは最優先事項としてリストに書いてあるんです。でも眺めるだけ。やせっぽちになりたいんです。なんで簡単に実現しないのかしら？でも，こんな考え方は良くないってわかっているんです。こういうことをすべて考えていると，ぐったりします！

治療者：この問題がなくなったという未来の一日を思い浮かべることはできますか？　まったく問題でなくなっているという一日。何が起っていますか？　その日は，今週と何が違いますか？

キャシー：運動して，楽しんでいます。……自分について，はるかに良く感じています。夫も喜んでいて，でも私があまりにもやせすぎたら，怖がらせてしまうかも！　自分のために時間を使うことに罪悪感

を覚えていません。洋服も入るし ── 仕事のパーティがあったら，すごく綺麗なブルーのドレスを着て出かけるわ。

運動用マシンに乗って楽しんでいたのを覚えています。ステア・クライマーっていうマシン。またやったら素敵でしょうね。あの体型 ── ぺちゃんこのお腹ときつすぎないパンツ。

結婚した頃からジムに行かなくなったんです。仕事の後は，私は家にいるものだと彼（夫）が思っていたし，２年くらいして娘が生まれてからもそれが続いて。あの頃，ジムに行ったら，娘の面倒をみていない，そばにいてあげていないことになると思って，罪悪感を感じたでしょうね。それにジムの会員でいるためのお金のこともあったんで。今にして思えば，お金はそんなに重要じゃなかった ── 四六時中，貧しい生活をする必要はなかったんです！

治療者： 現在の生活の中で運動をしないことで生じている問題を代表するような映像を心に浮かべてください。どんな映像が代表的ですか？　（**キャシー：** ルームランナーです。部屋の隅に鎮座しています）質問ですが，まさに今，そのルームランナーの前に立つと，０〜10でいうと，そこに行って数分間運動するのは嫌だなとどのくらい思いますか？　（**キャシー：** 10です！）　その10は身体のどこで感じますか？　（**キャシー：** そこらじゅうで感じるけど，お腹のあたりかもしれません）　その感じとただ一緒にいることはできますか？　ルームランナーに数分間乗るのがどれほど嫌かと，そこらじゅうで感じる感覚，特にお腹のあたりの感じを一緒に浮かべて，私の指を追ってください。［**EM**］

キャシー： 失敗者のように感じます。まるで，運動なんて，私がしたいと思ったんじゃないという感じ！［**EM**］ただ歩き去りたいです。

逃げる必要があるんです。［EM］先生が指を止めて「何がありますか」と尋ねる直前に，職場でのたくさんの問題を抱えていた頃とまるで同じ気持ちになりました。［EM］ルームランナーは，私が手に入れられないすべてを表しているみたいです。なぜルームランナーがそういう意味をもつのかしら？！［EM］ルームランナーだけじゃなくて，運動全般がそうなんです。すべてがそこに含まれているんです。［EM］「不足」の感覚なんだわ。お金が足りないんです。何もかもが足りないんです。これ以上，言うことはありません。ただそれが現状ってことです。この大きなマシンは単なる象徴なんです。

治療者：ではもう一度最初に戻りましょう。あなたはルームランナーの前に立っています。それについて考えると，今，何がありますか？（**キャシー：**ただのルームランナーだわ。［EM］乗りたいわけじゃないけど，たかが運動用マシンだわ）［EM］では，その運動マシンの前に立ちながら，0〜10の内，その場を歩き去って，何かほかのことをしたい気持ちはどのくらい強いですか？　（**キャシー：**7です）その7について話していただけますか？　（**キャシー：**ただのマシンにすぎません。私に何かするわけじゃありません。［EM］私の魂を吸い出すわけでもないし）［EM］

治療者：ではもう一度戻ってください。今，何がありますか？

キャシー：5です！　乗ろうとしている自分が見えます……でも乗りたくないです。運動靴とトレーニング・ウェアを着ないとなりません。［EM］運動するときの「デブ用の服」は何ももっていないし，買えばお金がかかりますから。［EM］なんで服を買っちゃイケナイのかしら？　デブ用のワークアウト服って作られているんです。買うのはわくわくします。新しいランニングシューズもほしいな。［EM］そ

うしたら，運動できるかも！［EM］なんでこんな風に考えるように
なったのか，わけがわかりません。ルームランナーが野獣のように思
えていたんです。どうしてそんな象徴になってしまったのか，私は知
る必要があるでしょうか？［EM］なんでそんな風に考えるようになっ
たのかわからないけれど，ただ運動をするだけなら，怖がる必要はな
い。どういうわけか，運動をするということが，手に入れられないす
べてを象徴することになっていたんです。1つ，また1つと増えていっ
て。職場でのこと，○○（夫）とうまく行っていなかったこと，△△
（別の家族メンバー）との間の状況！　私が手に入れられないものす
べて。

治療者：では，それらすべてを心に浮かべたまま，もう一度，ルーム
ランナーのことを考えてください。今，いくつですか？

キャシー：3くらいです，今日，面接が終わったら，○○（夫）に電
話をかけて，一緒にトレーニング・ウェアを買って，今日から運動を
始めます！　二人ともやる必要があるんです。ウェアを買うお金はあ
ります。そして二人とも，運動するだけの時間もあります。その気に
なれば時間は作れます。［EM］さらに気付いたんですが，このこと
で彼に腹を立ててきたんです。いつもお金のことばかり，あまりにも
心配するので［EM］彼につきつけてみます。単なるトレーニング・ウェ
アのためのお金の話じゃないんです。いつもいつも貧しい気持ちで生
きている必要はないということなんです。［EM］二人とも貧乏な境遇
で育ってきたんですが，もはやそんな生き方をする必要はないんです。

治療者：では，ルームランナーの前に立っているところに戻りましょ
う。今，0から10でいうと，ほかのことをしたいという気持ちはど
のくらいですか？

キャシー：そんなに強くないです。2くらいでしょうか。何かほかのことをしてから戻ってきて運動してもいいなと思います。［EM］今すぐに面接室を出て家に帰ってエクササイズしたい気持ちです！（**治療者：**ではそこにもう一度戻ると，何がありますか？）　それは私が好きで，やりたいことなんです。それにたかが運動用マシンです。［EM］マシンに乗っています。身体を動かしている感じが好きです。［EM］楽しみです。（**治療者：**ではマシンの前に立っていると，何かほかのことをしたいとか，後にしようとかいう衝動はありますか？）いいえ。私の太った身体（ほほえむ）に合う新しいウェアを買うことと，家に帰ってまた身体を動かすことにワクワクしています。思うに○○（夫）もこれにはつきあうと思うんです。でも彼がやってくれようとくれまいと，私はとにかく自分の好きなようにすればいいんだとわかります。

　2カ月後の治療終結時には，クライエントは5ポンド（約2kg）やせ，何より，仕事の後でワークアウトを週に数回，楽しんでいた。彼女のケースは，セラピーでポジティブな結果を得ようと思ったら，単にトラウマ経験を解決するだけでは足りないことが多いことを描き出している。彼女の事例の場合，自滅的回避行動が必要がなくなってからも持続していた。生活の困窮はほとんど関係なくなっていたし，子ども時代の無価値感の記憶は解決されていた。

　これらは，いかに適応的情報処理（AIP）手法を使うことで，回避衝動をターゲットにして解決することができるかについての基本的な事例である。クライエントの防衛構造がもっと複雑なときや，パーソナリティ・パーツ間の断絶が状況をより複雑化させている時は，回避防衛をターゲットにする際，常にクライエントが現在における安心感を保てるように配慮しながら，戦略的に計画をたてて行わなくてはならない。しかし，そのようなより複雑な事例に対しても，基本原則は同じようにあてはまる。非機能的

に保存されている記憶ネットワークへの唯一のアクセスポイントが回避防衛だという場合もある。回避のもつ肯定的側面に集中してターゲットにすることで、回避の強度が下がり、その結果、残っている苦痛なトラウマ後の記憶題材へのアクセスと処理を可能にするのである。

内的家族システム内の回避防衛

内的家族システム（Internal Family Systems：IFS）（Schwartz, 1995）においては、別の用語や介入を使って、特定の思考、感情やトラウマ記憶を回避する強い習慣をもっているクライエントを援助する。その介入は、複雑性 PTSD の治療に実質的な貢献をもたらし、BLS のセットを使えば、有用かつ戦略的に EMDR の AIP 手法と組み合わせることが可能だ。初期のセッションで Schwartz はまず、「パーツの言語」を話し合う。つまり、パーソナリティのパーツ（異なる時に出てくる別々の心の状態）は、人間に本来備わっている状態であることを強調するのである。そして、クライエントが何らかのタイプの回避行動を示したら、Schwartz は、どのパートが回避をしているのか同定するように尋ね、そして回避パートに、「一歩後ろに引いて」トラウマ後の情緒的苦痛を抱えているパートに直接的に治療的アクセスをさせてくれる気はないか尋ねたりする。もしも回避的なパートがそれを嫌がったら、その場合は、「あなたが引き下がったら何が起こるのを恐れているのですか？」と尋ねることが役に立つかもしれない。そうすれば、そのパートの恐怖、例えば圧倒されてしまうことへの恐怖について話し合うことができるのである。Schwartz はさらに、別のとても有用な介入を提案している。それは、トラウマを再体験しているパートに対してあらかじめ、もしも回避的なパートが引き下がるのに同意してくれたとしたら、他のパートたちを圧倒しないことに同意してくれるかを尋ねるのである。これは一種の交渉である。もしもトラウマを再体験しているパートが圧倒しないことを約束してくれれば、大抵は信用してもよいので、このことは、トラウマ題材の出現を防ぐという回避的パートの決意を緩め

るのに大きな役割を果たす。トラウマ再体験パートがこの条件に同意**しない**場合は，同じ質問をしてもよい。「あなたが同意してしまったら何が起こるのを恐れているのですか？」と聞くのである。多くの場合，パーツ間に不信感や互いに対する恐怖があり，合意に至る前に内的対話をする必要がある。この手順の各ステージにおいて，防衛的パートの思い入れやパートが別のパートに対してもっている恐怖を減らすのに BLS のセットが役に立つ。お互いに対する恐怖が減ると，癒やしにつながるようなパート間の対話が可能になり，促されるのである。治療的な内的対話を促すために BLS を使う方法については，後の 11，14，15 章において取り上げる。

回避を資源として植え付ける

　これまでの例では，回避行動自体が問題であり，未解決のライフイベントへのアクセスを妨げていた。EMDR 関連の手順を踏むことによって，回避衝動が弱められ，背景にあった記憶や感情が明らかになり，処理をすることが可能になった。

　心的防衛がなさ過ぎる人や，トラウマ後の感情があまりにも強すぎる人に対しては，回避を強めて資源として活用することができる。例えば，ある男性が，命の危険のある自動車事故の翌日にセラピーを受けに来た。山道を運転していて車のコントロールを失い，ガードレールにぶつかり，スピンして来た道を横切り，別のレーンへと突っ込んでいったのである。車がスピンしている間のほんの一瞬，車は高速で近づいてくるトラックの進行方向上にあったという。この説明をしながら彼は明らかに苦痛を覚えていた。彼の車は車にはぶつからなかったが，側溝に突っ込み，大きな岩にぶつかって大破した。エアバッグが開いたので彼が大けがをすることはなかったものの，精神的には極度に揺さぶられた。

　この出来事について何か心理療法を受けた方がよいというガールフレンドに勧められ，彼女の運転する車に乗って彼はセラピーの予約に現れた。セッションの冒頭，彼は夜中眠れなかったと述べた。というのも，目を閉

じると毎回，高速で近づいてくるトラックの恐ろしい映像が見えてきたというのである。この説明をしながら，彼は明らかに苦痛そうだった。クッションを交互に投げたり，いくらかの呼吸エクササイズをしたりすることである程度は落ち着くことができた。しかし，映像は相変わらず心にあって，脅かされると言った。回避資源を創造することで感情コントロールを取り戻してもらおうと考え，私は彼に言った。

> **治療者**：今から言うことをやってくれますか？　ほんの数分前，私たちは待合室から，少し階段を上がって，廊下を通って，この面接室へと入ってきました。廊下を通っているときに，この建物のほかの部屋へと通じているドアが見えました。あれはほかの治療者達の面接室へのドアなのです。想像してもらえますか。あの廊下の向こうの，ほかの面接室の中には小さなテレビがあって（私は手の間を４インチほど離して見せた），あの閉じられたドアの向こうのその小さなテレビには，あのトラックの映像ビデオが流れています。廊下の向こうの別の面接室の中でそのテレビは映像を流しています。そこで質問です。今，廊下の向こうのあの別の部屋にいる代わりに，この部屋にいることのよい点は何でしょうか？

> **クライエント**：見なくていいってことです！

　私は彼にごく短い BLS をした。彼の膝を，右，左，と交互に４回ほどタッピングした。そして再び同じ質問をした。

> **治療者**：たった今，この瞬間に，あの部屋ではなく，この部屋にいることのよい点はほかに何がありますか？

> **クライエント**：もしもそうしたければ，その部屋に行き，ドアをノッ

第4章　回避に対する EMDR　107

クして，テレビのコンセントを抜くことができることです。

　このイメージと質問「その回避 _____ のよい点は何ですか？」は，彼が，ひらめく記憶に対するコントロール感を取り戻すのに役に立った。相変わらず事故映像を流し続けているほかの部屋のテレビのイメージから始めて，彼は最近の出来事プロトコル（Shapiro, 2001）使い，事故に対して残っている感情を扱うことができた。そして，その後の数週間で，この記憶を完全に解決することができたのである（一方で，山道の運転ではもっと慎重にという貴重な学びを強めた）。

　回避資源の別の例。60代の女性が，かつては解離されていた16歳時の性的暴行の強力な視覚イメージに圧倒されていると感じていた。「『16』という数字を言うだけで，またそれが起こっているかのようになってしまいます。最悪です！」。このフラッシュバックに対するコントロール感を取り戻してもらう援助をするために，私は2本指の間に何かを挟んでいるかのようにして，手を掲げて言った。「その記憶の映像を，私がもっている白黒写真にすることができるかどうかやってみてください」。次に私は椅子から立ち上がると，部屋の遠い側の壁まで歩いていき「今からこの小さな白黒写真を壁に貼り付けます」と言った。そして彼女の前の椅子に戻って座り，言った。「今，私を見ていて，写真を見ておらず，向こうの壁の写真が貼ってある場所が見えない時，私を見ていることに，どんなよい点がありますか？」。ターゲット化質問である「_____（回避行動）をすることにどんなよい点があるのですか？」は，前に説明したように回避防衛を弱めるだけでなく，その反対の目的，つまりクライエントにはトラウマ題材の侵入からの情緒的保護が欠けているときに，回避を資源として強化したいときにとても役立つ。私の質問の目的が彼女の感情コントロールを強化するのを助けるためのものであることを認識し，結果としてそうなった。前の例にも似ているが，この女性はこう言った「私があなたを見ていれば，あれを見る必要はありません」。彼女はそれまで EMDR セッションを受

108 第Ⅱ部 心的防衛を解消するための適応的情報処理手法

けて改善していたので，今言ったことを心にとどめ，私の指を目で追うように言い，短いBLSセットを行った。彼女の回避資源が緩衝材となり，BLSセットを続けることができたため，映像に対する不安やコントロール感の喪失がかなり改善したおかげで，その特定の記憶の処理をEMDRの標準プロトコルによって続けることができたのである。

建設的回避

Carol Forgashは，クリエイティブで熟練したEMDR治療者であり，複雑性PTSDの治療に役立ついくつかの考え方や介入を開発した。その中のひとつが，建設的回避 Constructive Avoidance である（説明はForgash & Knipe, 2007 参照）。このアプローチでは，クライエントに，想像の中で，いつもなら圧倒されてしまうような状況において対処するのに役に立つイメージを想像してもらう。この手法は，圧倒されるようなトラウマ体験のセラピーを開始したものの，終了まで行っていない人に役立つ。

言い換えると，治療的進展は見られているものの，それまでのセラピーの影響で，表面に近いところまで上がってきている未解決の記憶が多くあるかもしれない場合だ。セラピーの中間地点あたりで，未解決のトラウマ題材の引き金を強く引くような，避けようのないストレッサーが生じることが起こりうる。例えば，子ども時代にオーラルな性虐待を受けた人が，その記憶の解決を進めているときに，突然，予期せぬことに，強烈な痛みを起こしている膿瘍を除去するために歯根管の口腔外科手術を受ける羽目になった場合である。この手術を受けることになって彼女は震え上がった。あまりにも引き金になることだったからである。彼女には建設的回避イメージを創造することが，極めて役に立った。

治療者：もしも誰かが，歯根管手術を受けるときに，お子さんたち（彼女の子どもたち）を一緒に連れて行くつもりですかと尋ねたとしたら，あなたはもちろん，こう言うでしょう。「いいえ，あの子達は学校に行かないとなりませんから」。では，心の中のお子さん達に家で待っていてもらうというのは，アリですか？　私たちが話し合ってきた小さな子どもたちは，皆，あなたの内側にいて，健康な歯をしています。歯の治療が必要なのは，大人の歯だけなのです。なので，内的な子どもたちは，その治療には関わらなくていいのです。

　その後，私たちは，大人の自己が歯根管手術を受けている間に（内的な）子どもたちが全員すごすことのできる素敵な場所のイメージをかなり詳しく造り込んだ。その素敵な場所には，感じのよいビデオやご馳走やおやつがあり，子どもたち全員の様子を見守ってくれる親切な大人がいた。子どもたちは遊んだり，ビデオを観たり，昼寝をしたり，好きなことをすることができる。想像上の場所に過ぎなかったのだが，私たちは入念に細かいところまで創り，BLS セットを使ってイメージの中の細部につながっている肯定的感情を強化した。また，クライエントは歯根管治療のために歯科医師のところに行くときにどうなるのかを視覚化した……映画上映のようにして思い浮かべ，不安の瞬間がある度に一時停止したり，フォーカスしたりして BLS セットを加えた。困難な部分に遭遇する度に私は，「もしかするとそれは，あなたと一緒に口腔外科医のところに来るものだと思い込んでしまった，あなたの小さな子どもたちの一人かも知れませんよ。その子に，あの楽しい場所，完全に安全に感じられる場所に戻っていいのよ，手術が終わったら，何が起ったか全部教えてあげるからねと言ってあげて」と言った。彼女は，記憶の引き金を引かれることなく，歯根管手術を無事に終えることができた。

　一般的に言って，「＿＿＿することには，どのようなよい点があるのですか？」介入は，その人のパーソナリティ構造の中に既にあって，トラウ

110　第Ⅱ部　心的防衛を解消するための適応的情報処理手法

マへの癒やしを与えるアクセスをするのを妨げている回避防衛を弱めるのに使うことができる。同じ言葉をかなり異なった目的，つまり回避することから来る安心感への気付きを高めて圧倒的な記憶題材に対するコントロールを増やすためにも使うことができる（Knipe, 1999）。前者の場合は，クライエントのより大きなゴールが回避防衛によって妨げられているので，それをターゲットにすることで防衛の強度を下げると，苦痛な記憶が明らかになり，治療が可能になる。後者の場合は，クライエントのゴールが異なる。介入の目的は，苦痛な記憶によって圧倒されてしまう脅威からクライエントを守るための防護を強めることにある。どちらの場合にも，歪んだ体験から適応的解決へとクライエントを近づけるために BLS セットが活用される。

第5章

理想化防衛をターゲットにするとき

　心的外傷後ストレスは，出来事が大きな T であれ，小さな t であれ，知覚の歪曲である。ひどいことが過去に起こり，今では何の危険も迫っていないにもかかわらず，不安や無力感が被害者の意識へ噴出してくる。8段階の標準 EMDR は，ターゲットとした場面に対して両側性刺激（BLS）セットを加えることで，このような過去と現在の歪んだ知覚を明確にし，客観的な正確性を持った理解へと動かす。

　経験は肯定的な方向にゆがむこともあり，これらのゆがみも BLS セットを用いた処理を行うことで，多くの場合，解決へ向かう。当然，人生における多くの幸せな経験とそれらに関する記憶は歪曲されていない。子ども時代の幸せで自由な時間や周りから大事にされ愛された時間——これらが多くの場合，肯定的資源の原料となる——は，今日においてもその人が抱える肯定的な記憶となる。成人にとっては，子どもの誕生，愛する恋人との結婚，学校からの卒業，そして宝くじに当たるなどの稀有な出来事が直後に強烈な幸福感，そして高揚感さえも人に抱かせる。そして，時間の流れとともに，強烈な肯定的衝撃は変化し——処理が起こると言えるのかもしれない——これらの出来事の記憶が，肯定的なままではあるが，前より鎮静化し，思い出は個人の人生物語の中に居場所を見つける。否定的なトラウマでも生じるように，圧倒的な肯定的出来事も時には，その個人の期待や自己概念に（ありがたくも！）反することがある。宝くじ当選者は，

112　第Ⅱ部　心的防衛を解消するための適応的情報処理手法

当初，自分に舞い降りた幸運という現実を完全に「受け入れる」ことができず，「信じられない！」という反応になるかもしれない。しかし，否定的な出来事と同様，幸せなことも時間の経過の中で処理されていく。いいニュースは「心に浸透」し，一年後には，ただの記憶となり，今でも思い出すと嬉しいものの，人生に起こった事実として取り込まれる。人はこうした肯定的な体験が得られる場合は，それを経験できたこと，そして，それを自分の人生経験に統合することを楽しむ。

　ここで提示される仮説は，強烈な肯定的体験が未処理のままで，**かつ**，それが未解決のトラウマの解決となっている場合，慢性的な知覚の歪曲が起こりうる，というものだ。このようなことは，肯定的な体験自体に**重大な情緒的苦痛を抑制あるいは回避することを可能にする追加の効果**がある場合に起こる。動揺させる何かから心地よい何かへ意識を向けさせる効果を肯定的な体験が与えるのだ。そんな時に見られるのが理想化防衛——それ自体が肯定的なだけではなく，その人の情動に潜む問題を回避する手段にもなる肯定的な体験——なのだ。この仮説から生じるのは，肯定的な体験や記憶が非機能的防衛になるにはこの肯定的な体験の「問題解決」的側面が不可欠である，ということである。どれだけ肯定的であるかにかかわらず，主要な肯定的出来事はそれ自体が行動や歪んだイメージに対する非合理的で自己破壊的な病的執着を引き起こさない。

　EMDR 治療は個人の心的病理の基盤である非機能的に保存された記憶をターゲットにし，解消をもたらす（Shapiro, 1995, 2001）。典型的には，特定の苦痛を伴う記憶に焦点をあて EMDR 手続きを行うことを意味する。しかし，クライエントの中には，少なくともあるときには，非機能的記憶ネットワークへの入り口が理想化防衛——肯定的な情動を含む行動，自己像や他者像——だけということがある。ネットワーク内には，否定的な情動を含む多くのイメージが存在しているかもしれない。しかし，これらのイメージにはアクセスができないのだ。なぜなら，肯定的なものを瞬時にかつ自動的に考えることで，苦痛な記憶題材を抑制することを，人生経験

の中で学んできたからだ。理想化防衛をターゲットとし，BLS セットを用いて処理することは十分可能だ。なぜなら，このタイプの防衛をもつクライエントは治療場面でもこの防衛的な心の状態を体験しているからだ。ある意味，回避防衛と似ており，理想化をターゲットにすることで，理想像に注ぎ込まれた情動が弱められ，根底にある苦痛を伴う題材が浮き彫りになり，その結果，標準 EMDR を用いて処理が可能になる。

　理想化は知覚における特定の歪曲と定義できる——現在，あるいは過去に存在した誰か，あるいは何かを，本来よりもよりよく捉えることである。理想化自体は，健全でもあるし，よい関係性の一部でも**あり得る**（例．他者のいいところを見つけ，些細な悪い点を見逃す）。幼い子どもが，親，家族，地域，学校などを理想化するのは極めて当たり前で，たぶん，非常に適応的なことでもあろう。しかし，多くの成人が治療にやって来た際に抱えている問題の中には，他者，自己，行動を，かなり非現実的に理想化し，人生の出来事を正確に見るのを邪魔するほどの過大評価が含まれていることがある。このような状況下では，理想化は治療ゴールを達成する障害物になる。理想化防衛は幅広い概念で，自己愛性障害，嗜癖障害，衝動制御障害，意欲不足，こだわり，そして，他者，制度や信念をあり得ないほど肯定的に捉える，などがある。何か問題があっても，歪曲し，極端に肯定的に捉え，高い価値を持たせた知覚やイメージをもって，意識の脇に追いやる。人によっては，このような現象が特に個人に問題を引き起こさないこともある。例えば，とても不幸な子ども時代を過ごした人が，成人後，子ども時代に起こったことへの埋め合わせとして，肯定的で，満足がいく人間関係を築くために努力する場合はそれにあたる。

　しかし，非常に頻繁に見られるのは，理想化防衛が治療目標の達成の障壁となることだ。特に標準 EMDR 手続きを用いたトラウマ処理にとっては障害となる。なぜなら，過度に肯定的なイメージに注ぎ込まれた情動がトラウマ体験への十分なアクセスを阻むことにもなり得るからだ。例えば，あるクライエントが治療の初期段階でこんなことを言った。「私はとても

114　第Ⅱ部　心的防衛を解消するための適応的情報処理手法

幸せな子ども時代を過ごしました！　友人と話していると，彼らの子ども時代にはひどいことがいろいろありました。私はとても幸運でした！」。後に，クライエントは兄が自分や妹を性的に虐待していた記憶に気付くことになる。それまでは完全に解離してきたのだ。このクライエントの場合は，兄や家族に対して抱いていたとても高い肯定的なイメージは，実際に起こっていたことと矛盾していたことが後に証明されたが，治療の初期段階では自分の身に降りかかっていたことに彼女が気付くのを阻んでいた。理想化防衛は，子どもが自然にもっている養育者や家族を理想化する傾向と，虐待やひどい扱いに**気づかない**子ども側の必要性（虐待から生じる痛みを回避すると同時に，加害者に適応するための手段として）の組み合わせによって，最初は作り出されるのかもしれない。また，よくあるのが，虐待者のイメージを歪曲するのに伴い，自己についての不合理な恥（「自分でもよくわからないのです。いつも自分は悪い人だと感じています」）が出てくることだ。理想化像——親や家族——には高い価値が見出され，そのイメージが崩されるのを防ぐために，トラウマ出来事が完全に解離される。この理想化されたイメージはつらい出来事の気付きからクライエントを守るために強固に，そして自動的に維持される。苦痛を伴う記憶と関連感情が侵入してくるのを（通常は無意識的に）阻むため，防衛と呼ばれるのだ。

　しかし，子どもが成長すると，当時は何らかの情緒的防御であったこの解決策は，それ自体が重篤な問題となる。そのような解決策を持ったまま大人になった人は，自分や他人に対して，子ども時代にもっていたのと同様の対人関係のゆがみをもち続ける。理想化が苦痛を伴う記憶の防御として作用している場合，大事にしてきた肯定的なイメージは，変化，理詰め，出来事の反証にも強い。その結果，対人関係，加害者との関係性においても問題となるのだ。

　理想化は宗教的信念，政党，地理的地域，職業，職場に対しても起こりうる。あるアフガニスタンの帰還兵は，上官の犯した賢明でない判断の結

果として引き起こされたいくつもの出来事によってひどい心的外傷後ストレス障害（PTSD）を発症した。治療では戦闘体験に焦点をあてたが，死傷者が出たことに対し，その不幸な出来事が指揮官の決断によるものであったにもかかわらず，非常に強く，不合理に自分を責めていた。クライエントがこの記憶に対する自責感を解消できるようになったのは，彼が指揮官に対して抱いていた強い理想像と実際の指揮官は似ても非なるものだったということに気付いてからだった。過度の好印象というフィルターを取り払うことで悲しみも大きくなったが，実物大の指揮官を見ること，当時の自分の行動を見ること，戦場の惨状を明確に見ることが可能になった。

　思い上がった**自己**認識（他者の過小評価が伴うことが多い）は，同じような形で問題となり得る。的外れな自画自賛を維持できる人がいるのは，それが防衛機能をつかさどっているからだ。親の無関心，情緒的な見捨てられ，過剰な批判などの（多くの場合，本人の自覚はない）幼い子ども時代の体験に起因する自己に対する疑念や恐れを追い払えるかもしれないからだ。Knipe（1998b, 2002）は自己愛性人格スタイルの男性に対して行ったEMDR治療過程を紹介した。この事例では，権利意識が強く，自分は恩恵を受けるに値する人物で，他者よりも優れているという自己像が，親しい人との関係や仕事において大きな問題を引き起こしていた。彼の治療では，過度に肯定的な自己概念の源となった決定的な体験を同定することができた。間違った自己像は，父親から非難された時の痛み，両親の慢性的な口論，兄に対する対抗意識と疎外感などの痛みを和らげてくれる，という役目が成長期にはあったことに気付いた。これらの否定的な体験がEMDRのターゲットとしてアクセスできるようになったのは，まずは父や兄に対する自分の優位性や自分が母に「ずっと愛されていた」という強烈な肯定的感情を代表する場面をターゲットにしたからだ。この事例は複雑であった。実際の治療場面では，ただ肯定的な情動状態をターゲットとすればよいだけではなく，さまざまな要素を加味しなければならなかった。

116　第Ⅱ部　心的防衛を解消するための適応的情報処理手法

しかし，3年強の治療で，優位性という自己定義から，より現実的で地に足がついた自己感覚へと移行することができた。より現実的な見方ができるようになったおかげで，彼の対人関係は劇的に改善した。

　このアプローチがどのような状況で使用できるのかを広い視野から示すために，事例を紹介する。スティーブは40代後半で親密な関係に葛藤を抱えているとの主訴を抱え，治療を求めてきた。彼と同居中の女性とは，互いに長期的な関係を築きたいと願っているにもかかわらず，頻繁に口論を繰り返していた。口論にはパターンがあった。どうでもいいような批判に対して彼が敏感すぎると彼女が文句を言うと，彼の経済的，職業的成功やよいところを彼女は十分に評価していないと彼が文句を言う。こんな喧嘩が始まるとスティーブは押し黙る。それはスティーブに言わせると攻撃による傷つきから自分を守るために不可欠な行為なのに，彼女はそんなスティーブをすねて，むくれているだけ，と言うのだ。週1の面接を2カ月続ける中，特別視されたいという欲求が彼女との関係に緊張を生んでいたことに彼は気付き始めた。彼はとても孤立した寂しい子ども時代を過ごし，ほかのことで頭がいっぱいの親と情緒的な距離を感じ，年上の兄弟から頻繁にいじめられていた。学業は良好だったようで，よい成績や成果が不幸な家庭生活の埋め合わせとなった。そして，「成果を上げると，私は安全だ。周囲の人が自分の成果に気付き，認めてくれないなら，私は何者でもない」と学習するに至った。その結果，他者，特にパートナーから正しく認められ評価されないと，「お前は何者でもない」と非難されていると感じてしまう。これが口論になった際に彼が極端な反応を示す原動力となるパーソナリティ構造だった。

　この洞察は彼の役に立ち，彼はとても前向きになった。しかし，同時に少し動揺もした。一緒に暮らしている女性は，彼がこれまで経験したことがない，愛に満ちた関係を与えようとしてくれていたからだ。ちょうどこの時期に，彼に仕事のオファーがあった。今よりも給与は大幅に上がり，特権も増えるが，この仕事を受けると彼の原家族が暮らしている地域の近

第 5 章　理想化防衛をターゲットにするとき　117

くへの引越しを余儀なくされる。彼は岐路に立っていた。愛に満ちた彼女との関係の可能性を探索し，発展させるために留まるべきか，それとも仕事の申し出を受け，家族に成功者として認めてもらい，寂しかった子ども時代の拒絶を挽回するべきか。難しい選択だ！　そこで，私たちは Robin Shapiro の両手の編み込み手法（two-handed interweave method：2005）を使用した。それぞれの手に各ジレンマがあると想像し，それぞれの手に感じる情緒的な「重さ」に気付きながら BLS セットを加えた。この手続きがこの問題に関する彼の理解を深め，同時に葛藤を大きくもした。彼は今の場所に残り，彼女との関係の可能性を実現させることをとても望んだ。**しかし，同時に，**新しい仕事に就きたいと強く欲した。このチャンスは彼がずっと抱いていた野心を満たすものだったからである。

　以下の手順が彼にとって役立った。私はスティーブに以下のように言った。

　治療者：手の中にイメージが得られるか試してみてください。仕事のオファーを受けたとして，それから半年後，素晴らしい結果が出ています。あなたが望んだとおりに事が運んでいます。この仕事のオファーを受けることであなたに起こるすべての素晴らしいこと，そしてすべてが本当に順調に行くのです，それら全部が具体化したイメージを今，思い浮かべてください。

　スティーブ：その場面が浮かびます！　土曜日の朝です。この 1 週間を振り返りそのことに満足しています。みんなから素晴らしいフィードバックをもらっています。みんなが私の仕事を賞賛しています！買ったばかりの新車のオープンカーで高速を走っています。＿＿＿＿（高価な自動車メーカー）です。屋根は開いています。レースの慣らし運転のため，出発地点に向かい 10 キロほど走っています。少なくとも私の年齢のグループの中では結構良い順位につけそうで，かなりいい

気分です。

治療者：それについて今，考えると，いい気分になれますか？　（**スティーブ**：ええ，確実に）　そのいい気分は身体のどこにありますか？（**スティーブ**：胸，そして，足にもかな）　その映像とともにいて，そこにいて，レース場に向かってください。（**スティーブ**：はい）　それと一緒に［**EM**］今，何がありますか？

スティーブ：レースで走っています。最高です。（**治療者**：それと一緒に）［**EM**］レースの後，すごくいい気分です——いいレースができました。（**治療者**：それと一緒に）［**EM**］自宅へ向かって運転しています。いい気分です。（**治療者**：それと一緒に）［**EM**］今，家の中のことをしています，午後の残りを使って。（**治療者**：それと一緒に）［**EM**］今，夜です。職場で出会った素敵な人とデートの予定です。（治療者：それと一緒に）［**EM**］申し訳ない気持ちがします。（**治療者**：それと一緒に）［**EM**］彼女は素晴らしいけれど，_____（同居中の女性）と一緒の時に得られたものは絶対得られないから（**治療者**：それと一緒に）［**EM**］いい感じじゃありません。

治療者：最初の映像に戻ってください。素敵なオープンカーに乗っていて，レースに参加します。今，それについて考えると何が浮かんできますか？　今，何がありますか？

スティーブ：すべてが浅はかに感じます。張りぼてみたいだ！　（**治療者**：それと一緒に）［**EM**］あそこで私が手に入れるものはただの物でしかありません。（**治療者**：それと一緒に）［**EM**］私の車を見ても父親はそれほど感銘を受けないでしょう。否定的なことを言う姿が目に浮かびます。（**治療者**：それと一緒に）［**EM**］今は最初ほど魅力

を感じません。（**治療者**：それと一緒に）［**EM**］

　それから数週間後，彼は迷うことなく，今の仕事，そして，何よりも今の彼女との関係を選んだ。それから6週間後，彼は決断に満足したまま治療を終結した。

　このような岐路に直面している際，クライエントの情緒的脆弱性に対して，治療者はとても敏感である必要がある。自己本位についての話し合いは，クライエントに強い恥の感情を抱かせる可能性を秘めている。ゆえに，この防衛が作り出されたのは子ども時代のストレスへの対処するためだったことに，治療者は明確に，そして，共感をもって焦点を当てる必要があるだろう。もし，クライエントとの間に十分な信頼があれば，最近の自己中心的行動とそれに付随するその行動の目的である肯定的な情動を語れるようになるかもしれない。そうなれば，この行動と肯定的な情動がBLSセットを加えることができるターゲットになり得る。防衛行動に関連する肯定的な記憶あるいは映像に焦点を当てることで，防衛は弱まるだろう。この方法で防衛行動を手放すことができれば，クライエントは安堵感を抱くだろう。最近の防衛行動の例はそのままターゲットとすることもできるし，その出来事を架け橋に，権利意識が強く，恩恵を受けるに値する人物で，他者よりも優れているという自己像をもつきっかけとなった過去の出来事を探ることも可能だ。

　自己の理想化防衛はさまざまな形で現れる。優位性，社会的なルールはほかの人には適応されるが自分は免除される，他者に対する共感の欠如，などがある。治療関係に十分な信頼があれば，次のような質問で理想化された特権意識の源となる記憶を掘り当てることができる。「ほかの子どもより自分の方が賢い，と最初に思ったのはいつですか？　それはいい記憶ですか？　その時のことを思い浮かべられますか？　それについて考えると身体のどこにいい感覚を覚えますか？」または「ほかの人のように自分はルールを守らなくてもいいと最初に気付いたのはいつだったか覚えてい

120　第Ⅱ部　心的防衛を解消するための適応的情報処理手法

ますか？」あるいは「誰かが泣いていたり，つらい状況にいたりしたのを目の当たりにしても，『私の知ったことではない』と考えたことはありますか？」。それぞれの記憶の理想化が最初に起こった出来事，そして防衛の力を維持する非機能的な肯定的感情レベル（Level of Positive Affect：LOPA：Knipe, 1998b, 2005, 2010）が処理のターゲットとなる。

　クライエントの自己理想化防衛を扱う際には，クライエントが恥をかいたり，攻撃されたと感じたりしないように，治療者は言葉選びに敏感で気を配る必要がある。また，クライエントの発言の端々に特権意識が見え隠れすることがある。治療者は逆転移反応に十分警戒することが大切だ。この特権意識や優位性を振りかざす「偽の自己（Kohut, 1971）」は，概ね非常にもろく，空虚感や壮大な自己不信を薄いカバーで覆っているに過ぎない。

　この防衛のきっかけ，防衛を使っている記憶の中から代表的なものを選び，それに対してBLSセットを加えると，クライエントが治療者を好意的に捉え，信頼があれば，今よりも現実的で，より心地よい自己感覚に落ち着くことができるだろう。クライエントの中には，重要な他者による十分な関わりやミラーリングが成育歴の過程で長く欠落していることも多々あり，破壊的な二重の教訓が習得されている。「私の内なる欲求と感情は重要ではない。だから，養育者とつながりをもつには私は模範的で完璧でなければならない」。自己愛的な偽の自己にエネルギーを注ぐのは本来，個人にとって負荷がかかることである。自己愛的な生活を送るのは大変な努力を必要とする。周囲の人に自分が抱く理想像を見てもらわなければならず，自分が思い描くように彼らの行動を導かなくてはならない。周囲の人とも「本当の自分」も真のつながりがないにもかかわらず。この防衛は他者との関係において特権意識や優位性をもたらしてくれるかもしれないが，真に求めている深いレベルでのつながりをもたらしてくれることはない。そして，引き換えに得られるものはわずかだ。

　過度に肯定的な自己像への投資は，その人の自己感覚を支配し，多かれ

少なかれ，ある特定の状況下で生まれる心の状態であるに過ぎない。投資量にかかわらず，治療では，徐々に，「偽の自己」へ情緒を注ぎ込むことから「本当の自己」であることに心地よさを見出す状態へと変化が起こることがある。幻想を手放すことで，自分の中に地に足がついた感覚や一貫性が増し，他者と本当のつながりを築き始める。「私は素晴らしくはないがそれは構わない，ひどい奴ではない**ことがわかり安心だ**。私でいるだけで十分だ」と自分を受け入れられるようになる。人間であることを許されるということ，そして，他人の人間性に気付けるだけでその人にとっては報いなのだ。このようなクライエントとの治療は，当然，ゆっくり徐々に進む。

　理想化のゆがみの対象が他者（例．配偶者，元配偶者，親，子ども：Knipe, 2005）あるいは組織，物，行動（つまり，カセクシス：Knipe, 2010）である場合も基本的には同様のアプローチを用いることができる。ほかの事例と逐語録を用いて一般的なプロトコルを説明する。

　他人（配偶者，元配偶者，家族，そのほか）に対する不適切な理想化の場合，以下のステップとなる。

・他人に情緒的な高投資をすることが問題であるとクライエントがわかり始めていること，また，クライエントが投資を止められるために治療を継続することの同意を得る
・「最も肯定的な瞬間」――歪んだ肯定的な映像の一部でいい気分を最も表す瞬間――の代表映像を見つける
・「最も肯定的な瞬間」の記憶映像に伴う 0 から 10 の LOPA を査定する。私の臨床記録には LOPA スコアと記している。
・クライエントか感じている肯定的な情動が身体のどこにあるのかを同定する
・肯定的な像と身体感覚の場所の両方に気付いてもらいながら両側性刺激のセットを加える

122　第Ⅱ部　心的防衛を解消するための適応的情報処理手法

・この手続きで得られる効果は，理想化されたイメージへの情緒的投資
が状況の現実に即したレベルに減ることだ。また，それ以上に，その
理想化によって表面化していなかった苦痛を伴う記憶題材への気付き
が増え，標準 EMDR 手続きでの処理が可能になる。

　以下に事例をもって説明する。

　クレイグは 30 代半ばの男性で，慢性のうつと非常に低い自尊心を主訴
として治療にやって来た。きっかけは，9 年の結婚生活が終わりを迎えた
4 年前だと述べた。苦痛に満ちた結婚生活からターゲットを選び治療を進
めると，夫婦関係内に見られた怒りとよそよそしさには，戦闘関係の
PTSD が寄与していたことが明らかになった。数年にわたり彼の批判的な
態度や引きこもりに対処しようと妻は試みたが，最終的には離婚を希望し
た。標準 EMDR を用い，自責がテーマとなった複数の状況を扱うことが
できた。夫婦関係における適切な自責感，そして，軍事活動中に生じた死
の目撃という悲惨な戦闘状況下での不適切な自責感をうまく扱った後，彼
は別れた妻と楽しく会話ができるようになった。しかし，残念なことに，
この間，彼女は別の人と親しい関係を築いており，自分の結婚生活が本当
に終わったということに彼は残念ながら気付かざるを得なかった。幸いに
も，これらの出来事を過去のことにすることができ，彼は人として「OK だ」
という自分の価値に気付けるようになった。治療が終結に向かう中，彼は
新しい関係性を育み始めた。これまで彼が拒否していたことだ。

　終結から 4 カ月後，彼は追加の予約を希望する電話をかけてきた。職場
で出会った女性，ルイーズと付き合っており，二人とも彼の人生が肯定的
で，新たな方向に転じている，と感じていた。しかし，電話の数日前，ル
イーズがいきなり，「ほかの人とデート」をしたい，と言ってきた。既に
誰かとデートをしているのか，と尋ねたところ，彼女は否定したが，彼女
は嘘をついていると彼は思っていた。

　面接予約にやって来たときの彼はこの拒絶を受けて落ち込み，がっかり

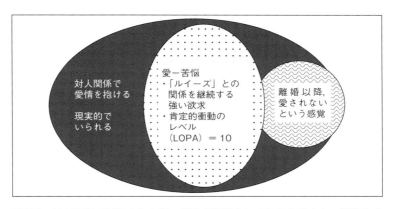

図 5.1 対人関係で拒絶された後，相手を理想化してしまう望まない気持ちをターゲットにする

していた。面接開始時の彼の体験を**図 5.1**に示す。面接を始めるなり，「もう，誰とも親しくなれないのかもしれない」と彼は語った。EMDRで効果を体験していた彼は，現在の苦痛にも治療が役に立つのではないかと考えていた。そこで，LOPA手法を使い，この状況を扱った。以下に示すのは初回面接の最後の30分と2回目の面接の最初の30分部分の逐語録である。

　　治療者：彼女との最高の場面を思い出せますか？　最も強烈な肯定的な感情を感じることができた瞬間です。それについて思い浮かべようとするとある程度の悲しみもあるでしょう。でも，彼女について今でも抱く良い感情を代表する場面を思い浮かべてください。そのような場面を浮かべられましたか？　（**クレイグ：**はい）　今，それについて考えると肯定的な感情が出てきますか？　（**クレイグ：**はい）　その肯定的な感情を身体のどこに感じますか？　（**クレイグ：**ここ，胸です）　0から10で「彼女を手放すことはできない」という感じはどれくらい強いですか？　（**クレイグ：**10です。完全な喜びです，本当に愛されているという感じです）　それと一緒に，そして私の指を追ってく

ださい。［EM］

クレイグ：青いシーツ，彼女の美しい目……［EM］……喜び，彼女と一緒にいることの，彼女と一緒にいる運命だった……［EM］……人生の次章には何が待ち受けているのだろうか……［EM］……彼女なしでは，何かが欠けている……［EM］……彼女も同じことを求めていないってことがただ信じられない。

この時点でターゲットへ戻った。この手法では，回避防衛を扱う際と同じで，トラウマ記憶を扱う時よりも頻繁にターゲットに戻るとよい。なぜならば，治療者にとって有益なだけではなく，当初の場面に注がれている肯定的な情動が変化することにクライエントも気付けるからだ。

治療者：最高の瞬間をもう一度思い浮かべてください。「彼女を手放すことはできない」という感じは0から10でどれくらい強いですか？

クレイグ：少し減りました，6から7。ルイーズを責められません。彼女は彼女だから……［EM］……さっきの場面と一緒にいなかった（笑）。今日の午後，職場で何をしなければならないのかを考えていました。

これは回避反応だろうか？　あるいは気逸らし？　または連想チャンネルに関連すること？　この時点ではわからなかったので，ターゲットへ戻り，確認をした。

治療者：最高の瞬間へ戻ってみましょう。今，何がありますか？

クレイグ：今も彼女の目があって，青い部屋，平和，喜び，心地よさ

……［**EM**］……あの瞬間に間違いはなかった！ いい時は本当によかった……［**EM**］……軽く感じます……［**EM**］……（笑）職場で一緒だった元同僚の女性のことを考えていました……う〜ん……う〜ん！……［**EM**］……今でも生きているし，意識もある。

治療者：残り時間がほとんどありません。元に戻ってください。今，最高の瞬間について考えると，数字は何ですか？

クレイグ：まだ残っています。4か5かな。最初ほど絶望的な感じはありません。

　6日後の2回目の面接で，クレイグは前回からの様子を語った。最初の5分間のやりとりは以下の通りだ。

　自宅へ戻り，彼女の写真をしまい……

　彼女なら素の自分を見せることができると思っていた

　でも，自分が聞きたいことを聞いていたってことだな

　自分が望んでいたことは彼女が望んでいたこと以上だった

　彼女に宛てた手紙を書いたけれど，出さないかもしれない

　この状況から生じた苦痛による打撃もその強さも治まってきていると彼は感じていた。前の面接で最後に出てきた場面を取り出し，どれくらい前進しているのかを確かめることを提案したところ，同意が得られた。

治療者：今日，彼女との最高の瞬間を思い出すと，「彼女を手放すことはできない」という感じはどれくらい強いですか，0から10で？

クレイグ：今日はその質問が違って聴こえます。答えは2つ。しがみつきたいのは，彼女？　それとも理想像？　彼女の理想を求めている！　まだ3から4。[EM]

　彼は「理想」という言葉を自発的に使っていた。彼とのやりとりで「理想化」という言葉を使ったことはない。BLSセットを繰り返し加えたことで，「ルイーズ」の理想に注ぎ込まれていた情動は減り，二人の実際の関係が理想のそれとどれだけ違ったのかについての実感が湧いてきた。恋愛関係で相手から拒絶された人の癒しの過程で頻繁に見られる洞察である。クレイグは，**彼が思い描いた**ルイーズ像に未だに恋をしていた。これはとても役に立つ洞察だった。少なくとも彼が思い描くような形では実在していない人に未だに恋をしていた。このことは，情緒的な問題を論理的に理解したところで，包括的な癒しには不十分であることを示している。もし，私たちが完全に論理的な人間だったら，愛する恋人が嘘をついて，気遣っている振りをしていただけだとわかったら，簡単に気持ちを切り替えられるはずだ。「新たな情報を得た今，あの人のことはもう愛していない！」と言えるはずだ。しかし，感情はそんな風に切り替わらない。ある意味，それは良いことでもある。それがゆえに，関係性に立ち直る力と安定性をもたらしてくれるのかもしれないから。しかし，愛とそのほかの感情は，現実にはもちこたえられない状況でも維持されることが多々ある。これらの感情をターゲットとし，BLSセットを加えることが，情緒的な苦痛の強さを和らげ，状況の客観的事実と合った感情にするのに，いかに有益な方法であるかを，クレイグの事例は教えてくれる。

クレイグ：今でもルイーズのイメージを思い出すことができる，私が

女性に望むことが何かを知るために。それには感謝している……
［EM］……また誰かを信じるにはどうしたらいいのだろうか？
［EM］

　これは非常に重要な問いかけだ。ここで処理を止め，「その人が信じる
価値がある人かどうかをどうやって知るのか。信じるに足りるとどう決め，
見極めるのか」について話し合うこともできた。しかし，そうはせず，も
う１セット眼球運動を加えた。すると，彼は自分でその問いへの答えを見
つけた。

　　クレイグ：知っていたんだ……ただ，見たくなかっただけ。

　　治療者：最高の瞬間へ戻って。今，何がありますか？

　　クレイグ：当時，二人には未来があると信じていた。［EM］今は３
　　です。今でも空っぽに感じますが，その強さは前ほどではありません。
　　［EM］まだ出会っていない人たちの方が多いし！［EM］大丈夫です。

　　治療者：元に戻って。今，何がありますか？

　　クレイグ：今も３です。うまく行っていたことはどれくらい良かった
　　のかって振り返っています。［EM］彼女が嘘をつかなければよかっ
　　たのに。［EM］

　眼球運動のセットにより，癒しの対話が促されているのが見て取れる。
一方では，ルイーズを理想視しているパートが「うまく行っていたことは
どれくらい良かったのかを振り返って」おり，もう一方にはそのイメージ
と矛盾することに気付いているパートがいる。このような癒しの対話は，

BLS セットを加え情報のチャンネルに沿って処理を進めると自然に起こる。

クレイグ：もしかしたら，自分のパターンについて，教訓を得られるかもしれない。[EM] 今なら何に注意すればいいかわかる。[EM] 彼女は自分の姉に僕を紹介してくれなかった，あたかも僕じゃ不十分みたいに。

治療者：元に戻って。何がありますか？

クレイグ：2，もしかしたら1。今でもあの感覚を懐かしく思う。[EM]（涙が流れるが，泣きながら笑っている）ここに来るたびに——泣いて欲しいと思っていますか！？

彼は泣いているし，笑ってもいる。こうやって解放しているようにも見える。なので「それと一緒に」と伝え，もう1セット眼球運動を加えた。

クレイグ：泣くことができるのはいい気分です。絶望的だったので，見えていなかったように思います。絶望ではなく，回復することができます。[EM] まだ少し残っているけれど，しばらくは残したままにしておこうと思います。

　次の面接に来る頃には，クレイグの気分はずいぶん改善していた。治療により破局からの喪失をより客観的に見ることができるようになっていた。戦闘体験や破綻していた結婚生活を処理した時の様に，ルイーズのことに対するつらさは和らいでいるようだった。それから数週間後に，治療は終結した。1年後，地元の帰還兵専門の外来クリニックでボランティアをしていた彼とばったり出会い，話す機会があった。彼には新しい恋人が

いて，控えめな楽観性をもちつつ，この関係は前より長く続くのではない
かと考えている，と語った。

　上記の面接はクレイグが拒絶された直後に行われた。しかし，中には，
他者に対する未解決な理想化のジレンマが数年に及ぶこともある。夫の度
重なる不倫により5年前に三行半を突きつけた女性がいる。彼女は今でも
レストランや映画館で元夫とその再婚相手に出会うのではないか，という
強い懸念を抱いていた。出くわすのではないかという恐怖を代表する場面
をターゲットにしたところ，彼女は未だに夫婦関係が破綻したことを嘆い
ており，それが問題の根底にあることがはっきりとした。前の事例と同様
に，彼女が深い悲しみを抱いていたのは，自分がこうだったと**思っていた**
関係を失ったことで，その夫婦関係とは夫の不倫が発覚する前のことを指
してのことだった。彼女を愛し，絶対に裏切ることがない理想の夫との大
切な関係のイメージに未だに多くの情緒的エネルギーを注いでいた。「客
観的に」知っていること――元夫の浮気や結婚生活が破綻したこと――が
あるにもかかわらず，彼女は今でも，情動レベルにおいては，こんな結婚
だったはずなのに，という理想像に未練をもっていた。ストレスだらけの
原家族という問題への解決策として，同時に，成人後，自分を経済的に支
えることについての不安を解消するために，彼女は若くして結婚していた。
皮肉にも，治療を受けていた当時，彼女は良い仕事に恵まれ，経済的にも
自立できていた。にもかかわらず，元夫や既に破綻した結婚生活に対する
理想視は吟味されることもなく続き，外出することへの恐怖へと姿を変え
ていた。私たちは，LOPA手法を用い，この理想化を扱った。結果，彼
女は自分の状況をより明確に捉えることができるようになった。その翌週，
最初の結婚を失ったことに対する後悔と遭遇するのではないかという恐怖
を完全に手放すことができた。「元夫に出くわしたとしても，どぎまぎし
なきゃならないのは**彼**の方よ！」と言った。

　このLOPA手法は，機能不全関係が現在進行形の場合や，クライエン
トがその関係を過度に肯定的で歪んだ見方をしているために問題が引き続

130　第Ⅱ部　心的防衛を解消するための適応的情報処理手法

き生じている場合にも有効である。50代後半の女性が治療を求めてやって来た。25歳の息子がずっとストレスの源だと言う。息子は薬物と酒に依存しており，これまでに何度も嘘をつかれ，非常に高価な物を複数盗まれている。息子の問題行動は彼が10代に入ったころから始まった。物質乱用を治療するための費用を支払うと何度も言ってきたが，息子は耳を貸さず，逆に，そんなことを言う母親に軽蔑のまなざしを向けた。そこで，彼と過ごした最も素敵な時間——息子がずっと幼かった頃——の記憶のイメージに焦点を当てて処理を行ったところ，彼女の役に立った。面接を重ねても，彼女が息子を大事に思うことは変わらず，息子を援助できるチャンスがないかと常に注意を払い続けてはいたが，同時に，自分に何ができ，何ができないのかについて冷静に考えられるようになった。彼女の言葉を借りるとこの作業を通して「悲しみは深まったが賢くなった」と語り，息子との関係をどう考え，感じるべきなのかに必要な枠組みを得ることができた，と述べた。

　理想化は夫婦カウンセリングにおける臨床像にもしばしば見受けられる。夫婦の片方，あるいは両者が，相手はこうあるべき，との理想像にエネルギーを注ぎこんでおり，相手がこちらの期待通りでないと口論や喧嘩が起こる。また，理想化が否認と組み合わさると，夫婦が抱える中核問題を見極め，解決することの障害にもなり得る。例えば，30代後半の専門職の女性が，酔っ払った夫の激しい怒りの捌け口となっていた。繰り返し，そのような目に遭っているにもかかわらず，彼女は「彼は私のことを本当は愛している」という理由で別れずにいた。しかし，繰り返される夫の言動と自分の優柔不断さに悩み，途方に暮れていた。彼との素敵で愛すべき時間の記憶は今も彼女の中に存在していた。彼女はいい夫としてのイメージにエネルギーを注ぎ込み続け，その行為が彼のアルコール問題が日に日に悪化し，限度を超えている状況に目を向けることを阻んでいた。面接では，彼が愛情深い友で配偶者だった時の，何年も前の記憶に関連する肯定的な感情をターゲットとした。その結果，彼女は，より深いレベルで，彼

との関係が変わり，受け入れがたい状況にあることを悟った。自分が置かれている状況をより明確に理解できるようになり，彼女は夫婦関係を救う方法を探し始めた。しかし，数カ月が経過し，悲しいながらも夫に別居を申し出た。それ以降，夫は12ステッププログラムに定期的に通い，酒を断った。彼女との最後の面接時には，二人の関係をより受け入れられる形でやり直せるかを慎重に話し合い始めたとのことだった。

　理想化を処理するためのターゲット同定時に治療者ができる質問例を以下に示す。

・（怒りの爆発をコントロールできるようになりたくて治療に来ているクライエントの場合）「怒ることで状況を効果的にコントロールできたのはいつですか？　そんなことができるんだと発見できたことの利点は何でしたか？」
・「とても特別でほかの人より優れていると思って良い気分になった最初の体験はいつですか？　今，その時のことを思い出すと良い気分をなりますか？」
・「心の奥底で，大人としての責任なんかに煩わされることなく，子どものままでずっといたい，と思っているとのことですね。そんな風に考えると良い気分になれる，と最初に気付いたのはいつですか？　その考え方に関連する出来事で思い出せる一番幸せだったときはいつですか？」
・「何かについて嘘をついたけれど，バレなかった時のことを思い出せますか？　成功した！　まんまと成功した，こうすれば厄介ごとを免れられるぞ！　って。それを思い浮かべて，その時の良い気持ちを思い起こせますか？」
・何人かの人と一緒にいるとき，これまでに教えてくれたあなたの欲求，常に注意の的でなければ気が済まない，という自分のニーズに気付いてください。**本当に**みんなの注目の的で，すごく気分が良かったとき

132 第Ⅱ部 心的防衛を解消するための適応的情報処理手法

はいつですか？」

・（接近禁止命令を破り，元妻の家に不法侵入して逮捕され，裁判所命令で治療に来ている人の場合）「元妻の自宅前に新しい彼氏の車が止まっていないかをただ確認するために，今夜，家の前を車で通ることを考えているということですが，とても強い衝動としてあるのですね。0 から 10 でそれはどれくらい強いですか，そうしたいという気持ちは？」

　次の逐語録は，自己破壊的な自分本位をターゲットとした事例だ。デイブは，治療を受けなければ家を出るという妻からの求めにより治療を受けに来た。夫婦共に専門教育を受けたが，妻は常勤職員であるにもかかわらず，彼は波乱に満ちた職歴のもち主で，治療開始時は無職だった。妻も個人セラピーを受けており，新たな味方を得ていた。それまで彼女は家事のほとんどを担っていたが，自尊心の向上と自己主張スキルの改善により，二人の生活上の責任を分担するべきだ，とデイブに告げた。家庭内で，デイブは受動攻撃行動を多数示し，彼がやるべき家事を彼女がするように仕向け（主たる受動攻撃行動の例は，やるといった家事をただやらない），その上，彼女に罪悪感を抱かせようとしてきた（例．約束を守らなかった彼を彼女が責めると，彼女を批判する）。治療を受けた彼女は，そんな操作的な彼にびくともしなくなった。しかし，逆説的なことに，結果として夫婦関係は危機に陥った。

　当初，彼はしぶしぶ治療にやって来ていた。しかし最初の数回の面接で，夫婦関係が抱える問題についての自説をオープンに語れるくらいまで，居心地よく感じられるようになった。彼によれば妻は「怒りっぽく」，過度に批判的で，彼に対する愛情は「条件付きばかり」とのことだった。夫婦関係の葛藤に彼も関わっているかもしれないと突きつけたところ，過度に防衛的になることなく，こう言った。「それについては考えなきゃいけないな」。しかしさらに，探りを入れると壁にぶち当たった。消極的な言い

方ではあるものの，その可能性について説明することを強く避けた。

　デイブには，実際，とても好感がもてる点が多数あった。自己愛性人格とは言えないが，大人になる必要がないという歪んだ自己感覚と自己像にエネルギーを注いでいるという意味では，自己愛特性は備えていた。彼の頼りなさと自己破壊的な習慣——家庭や職場で責任を回避すること——が問題を生んでいることにまったく気付いていないようだった。

　最初，夫婦の状況に対して EMDR 手続きを使うことに彼は乗り気でなかった。彼の妻が（別の治療者から）EMDR 治療を受けたことで以前より自己主張するようになったことへの恨みもあったようだ。しかし，何度かのやりとりの後，彼は EMDR の利用に合意した。最近の口論を代表する場面をターゲットにしようとしたが，夫婦喧嘩がどう始まり，どう収拾がつかなくなったのかなどの詳細を描写するのが彼にとってはとても難しかった。視覚的場面の「最悪な部分」を同定できたが，その場面に関連する自己言及的な否定的認知（Negative Cognition：NC）を同定することに彼は困難を感じていた。彼が挙げた NC は妻に関することばかりだった！　何とか同定できたのは，「今でも嫌な気持ちになる」という NC だった。特定の口論をターゲットにして EMDR を行ったところ，処理は彼のフラストレーションと緊張を若干和らげることに成功したが，問題の明確化や解消という通常の結果には至らなかった。一番の障害は，これらの困難の原因は自分にはないとデイブは強く信じていることで，その信念が状況を客観的に見せ，効果的な問題解決を行うのを阻んでいた。ここでブロックする信念となっていたのは，はっきりと言葉にされたわけではないが，彼の言動の端々から漏れていた——「私は何をしても OK で，誰かが私に欠点があると思ってもその人の言葉には耳を貸さない」。この信念が揺らぐことはなく，治療の進度は非常にゆっくりだったが，「物事について話せるだけでも」役に立つ，と彼は語った。

　それから 2 カ月が経過したある日，彼は面接にやって来て，週末に起こった口論について語りたがった。土曜日に買い物に出かけた彼は帰宅すると

134 第Ⅱ部 心的防衛を解消するための適応的情報処理手法

しゃがみながらバスルームの床を掃除している妻を発見した。トイレから水があふれたようだった。帰宅した夫がバスルームのドア付近に立っているのを見た妻は、「あなたが出かける前からこんなことになっていたの？」と棘のある声で尋ねた。これまでの言動を考慮すると彼女の言い分も理解できる。しかし、今回に限っては濡れ衣で、彼は買い物に出かける前にそんなことになっているとは知らなかった。彼は言われなき罪を着せられたと憤った。そして、彼女を無視し、バスルームのドアを閉め、居間へ行き、ソファーに腰掛けた。この出来事を語りながら、当時の怒りを彼は感じているようだった。居間でテレビの前に腰掛けた時のことを語りながら、彼は少し笑っているようだった。それについて尋ねると……

治療者：テレビを見ようとソファーに腰掛けた時、その行為には心地よい感情がありましたか？　そのことについて話している際、そう感じているように見て取れました。

デイブ：ええ、そうだと思います。そこにいれば彼女に煩わされないだろうとわかっていたので。

治療者：それについてもう一度考えてください。今、そのことについて考えると身体のどこにそのよい感情を感じますか？

デイブ：お腹と胸にも少し。「テレビを見ていればいいぞ。大丈夫だ。問題ない」という感じです。

治療者：お腹と胸にある大丈夫だという感じに気付き……子ども時代にさかのぼってみましょう。どこまで連れて行ってくれるのか。わけがわからなくても構いません。ただ、そのことについて考えると、どんな記憶が思い浮かぶのか。

デイブ：（長い間）あぁ……わかりました。子犬と一緒だった時のことを考えています。

　感情の架け橋（Watkins & Watkins, 1998）が，現在の「大丈夫だ」という感覚と子犬の記憶の心地よさを結び付けてくれた。この記憶は彼が4歳か5歳の頃のものだった。土曜日の朝で，彼の家では家族全員が働いているべき時間帯だった。子どもの彼も自室でおもちゃを片付けているはずだった。しかし，彼は新しい子犬がいる犬小屋に入り込み，寝転びながら子犬と戯れていた。その間，約20分。彼の両親は急にいなくなったデイブを心配し，彼の名前を呼び続けていた。とうとう，母親が犬小屋の辺りにやって来た。小屋の入り口から母親の笑顔が見えた。この母親の笑顔は彼にとって非常に素敵な場面だった。彼によると，その場面は「彼女は僕を愛している。僕は特別だ」という気持ちにさせてくれた。この場面とその肯定的な感情に対してLOPA手続きを行った。すぐに，BLSセットを3から4加えただけで，母親の顔の後ろに父親の顔——幸せそうではない——が見えた。作業を続け，この記憶にまつわる苦痛を伴うチャンネルをいくつも処理し，面接が終わる頃に，自分はこんな風に育ったのだ，と彼は理解するようになった。母の目には彼は何の悪事も行わない，何があっても本当に愛すべき息子だった。しかし，父親の目には，デイブはほとんどいつも期待はずれだった。デイブは2つの非常に異なり，相反する自己概念——ひとつは母から，もうひとつは父から——とともに育った。結果，彼は母から得たような常に完全な受容を求めるようになった。そして，周囲の人から同様の受容を得られないと，怒り，欲求不満に陥った。なぜなら，完全に受容される自分以外の自己像は，期待はずれで不十分な人間でしかなかったからだ。

　この面接の後，このような考え方に内包されている不合理を見出し，帰宅後，処理を通して彼が得た新しい洞察を妻に説明した。それから数週間が経過する中で，彼は標準的な家事分担を引き受けることにそれほどの抵

抗を抱かなくなった，と報告した。約束した家事をやりたくない誘惑に駆られそうになると，面接で学んだことを思い出すようにしたそうだ。妻も彼の変化を認め，とても喜んだ。実際，妻は私の事務所に連絡を入れ，留守番電話にメッセージを残した。「夫は1000％改善しました」。

この面接の後しばらくして，彼は無職時代に終止符を打った。新しい仕事では，別の州で行われる職業訓練に参加しなければならなかった。その研修では，参加者はいくつかの班に分けられ，協働できるようになることを目的に課題をこなさなければならなかった。その際，自分の分担作業をほかの参加者にさせようとしている自分がいることに何度も気付いた。昔の問題——操作的で卑劣な方法で自分の仕事を肩代わりさせて当然，という思い——がぶり返した。

研修の翌週，面接にやって来た彼はこの「再発」について語り，何が起こったのかをよりよく理解するためにこの出来事をターゲットにしてLOPAを行うことに合意した。研修で起こったことの詳細を描写するように頼み，前回同様，それをきっかけに感情の架け橋をし，自分がやるべき課題を回避する行動パターンに関連する養分を与える記憶がないか，探索を試みた。**図 5.2** はこの面接開始時の彼のパーソナリティ・パーツを表している。デイブはこの面接をビデオ録画することを許可してくれた。逐語は以下の通りである。

現在の問題を同定する

デイブ：（研修で）参加者はコの字になって着席していました。テーブルの反対側の人たちに作業を押し付けようとしている自分がいました。「はいどうぞ，奥の手を使ってやる！」って思いました。かわいそうな僕って感じで。「ジェリー，頼むよ，やってくれないか。俺の友達だろう」って。自分の代わりにやるように強要しようとしました。

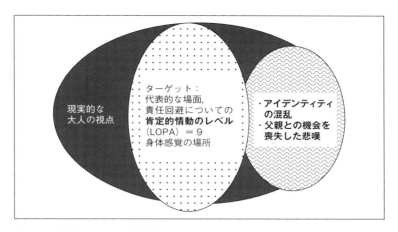

図 5.2 理想化している自己破壊的なパーソナリティ特性（〜してもらって当然，責任回避）をターゲットにする

治療者：うまくやってきたわけですね——あなたが言うところの責任を取ることから「隠れる」。（**デイブ：**はい）　研修で起こったことは，昔のことがまだ少し残っていることを示しています。そこにたどりつく方法を考えてみましょう。あなたはジェリーに対して「やってくれないか？」と言ったわけですね。つまり，少し試したわけです。昔にやっていたことの影みたいなものが，昔の癖がほんの少し残っていた。デイブ，ちょっと具体的な質問をしたいのですが。（**デイブ：**ええ）

養分を与える記憶を見つけるための感情の架け橋

治療者：思い出せるかどうか試してみましょう。「隠れる」ことに居心地の良さを見つけることができた時がいつだったのか，思い起こせるかどうか。隠れて，本来なら対処するべきことから逃げおおせたときのこと。仕事をせずにその場をうまく切り抜けた，本当にうまくいった，あるいは報われた時ってありましたか？　そういうときのことを思い出せますか？

デイブ：（長い間）う～ん，あぁ……川沿いに土地をもっていました。友人の何人かがいます。僕の家族がそこに家を建てるまでは，小さなトレーラーハウスを所有していました。父がその場所で作業をしていて，僕は友達と出かけて別のことをしたかった。引っ込むというか，隠れるみたいな感じでした。隠れる。

治療者：そのことはかなりはっきりと思い出せるってことですか？（**デイブ：**はい）では，その時に心を漂い戻してください，ところで，実際，その時は友人と出かけたのですか？（**デイブ：**はい）手伝いから逃れ，友人と出かけた時に感じた肯定的な側面，その時の感情を思い出せますか？　今，思い浮かべられますか？　それに目を向けながら，もしかすると最近の取り組みで少し違って見えるようになっているかもしれないけれど，それは今，脇において，可能なら，友人と出かけ，父親と一緒に作業をせず，逃げおおせたことを肯定的に捉えていたこと，それに注意を向けて。逃げ出し，作業から逃げおおせたことで心地よさという肯定的な感じを抱いたことを代表する場面を思い起こしてください。どんな場面ですか？

LOPA 手続き

デイブ：所有地のそばの川に，ロープを結んでいる場所がありました。僕たちは6人か8人くらいで，そのロープにぶら下がってゆらゆらしていました。ただ，揺られながら，すごく自由で，何も気にすることなく，そうしている間は世界が存在しないかのように感じました。すごくリラックスした時間で，仲間と楽しい時間を過ごしていました。

治療者：では，それについて今，考えてください。そこにいてください，そして，可能なら，その瞬間を堪能してください。その場所にい

ることをもう一度，本当に楽しんでみてください。そのことを十分に思い浮かべられて，堪能できたら，0から10で，楽しみや心地よさという肯定的な感情を今，どれくらい強く感じているかを教えてください。（**デイブ**：いいです，8か9くらい）　ロープにぶら下がって揺れている場面を思い浮かべて，友達と一緒に，その肯定的な感情を今，身体のどこに感じていますか？　その肯定的な側面を身体のどこに感じていますか？

デイブ：お腹と胸です。お腹の底に感じるタイプのもので……自由な感じ，コカコーラやペプシのコマーシャルに出てくるような。子どもたちを見ていい気分にさせるCM，何かをしている。そういう感じのいい気分です。（**治療者**：そのいい気分に名前をつけると？）　きままな少年主義！　僕にとっては，ただ子どもでいることです。ロビン・ウイリアムのショーを覚えています。「君たち，大人になるなよ，今の自分の一部を持ち続けろよ，子どもでいろ，楽しめ」って。当時は，それを心がけるようにしていました。今でも，僕の一部は子どもでい続けたいと思っています。子どもの時は責任もなければ，ストレスもないし，重圧もない。子犬と庭を駆け回り，楽しんで，遊んで，何も心配せず，バカみたいに笑っているだけ。川にいた時も，しばらくはそんな感じでした。男友達とふざけまわる。気ままな少年主義！

治療者：それを頭に浮かべて，デイブ，自由な感じ，気ままな少年主義，そして「責任を負わない子どもでいられる」，お腹と胸に素敵な心地よい感じを抱きながら。そして，その日，男友達と一緒に，ロープにぶら下がって揺れている場面を思い浮かべながら，私の指を追ってください。ただ，それとともに。そうです。いいですよ。[**EM**]

最初の眼球運動のセットの途中で，デイブは突然，「う〜ん」と言いな

140 第Ⅱ部　心的防衛を解消するための適応的情報処理手法

がら頭を後ろに半インチほど動かした。開始当初の楽しむという場面から
より苦痛を伴う題材を抱える自我状態にシフトが起こったようだ。

治療者：いいですよ。今しばらくそのままで。この部屋に戻ってきて
……では，もう一度，あそこへ戻って。今，何がありますか？

デイブ：逃避だった。隠れ家だった……ほかの人を介して自分を探そ
うとしていた。あいつらと楽しもうとしていた，あいつらが，自分が
誰なのかを教えてくれることを期待して，自分が誰なのかを見つける
手伝いをしてくれるんじゃないかって。もしかしたら，彼ら――ああ
いうタイプであること，彼らの性格，彼らの物事のやりかた――を通
して自分がわかるんじゃないかって。あいつらと一緒にいたからあれ
が自分だって。

治療者：それについて考えられますか？　それとともに［**EM**］もう
一度戻ってください，お父さんが手伝って欲しいと思っていたけれど，
あなたは友達と抜け出し，ロープにぶら下がって遊んでいた場面に。
その場面にいるところを考えると，泳いだり，ロープにぶら下がった
り，心地よい感じの中に入って，逃走する感じ，その感じについて 0
から 10 で，今，どれくらいの心地よさを感じますか？　（**デイブ**：
……2 くらい）　今，その場面を眺めると何が違いますか？　（**デイブ**：
責任！　物事から逃げていた。隠れていた）　それとともにいられま
すか？　それにただ，気付いて。［**EM**］

デイブ：父の期待に応えられるわけがない，とずっと思っていました。
あの日，そのことについて強く感じていました。（**治療者**：それとと
もに）［**EM**］父のそばにいても怖くなかった，特には，でも，当時は，
父と一緒にいるときどんな役割を果たすべきか，ただわからなかった。

第5章　理想化防衛をターゲットにするとき　　141

[EM]父は本当に多くの自由を与えてくれた。それについて考えると，父よりも自分が自分に対して厳しかった（涙）父の周りで男としてどう振舞えばいいのかわからなかった。だから，隠れるってことを繰り返した……まさに，そういうことをしていたんです。友達と逃げて，子どものままでいて，大人になりたくないって。

治療者：それとともに。今日はとてもがんばりました。それとともに。[EM]もう一度，元の場面に戻って。今，何がありますか？

デイブ：もう少し現実に気付けてさえいれば……父も私を受け入れてくれただろう，問題なかった。父をどう受け入れるのか，どう一緒にいればいいのかわからなかった。もっと，目と目を見て，男同士って感じのことができていたらよかったのに。若いときに，父とそんな時間がもっと持てていたらよかったのに。

未解決の関係性に癒しをもたらす編み込み

　治療のこの時点で，デイブの父親は亡くなって数年が経過していた。しかし，デイブが父親との間に未解決の課題を抱えたままであるのは明らかだった。大切な人との間にこのような状況を抱えているが，相手が亡くなっている場合，以下の介入が役に立つことがある。クライエントの自己と父親の間でやりとりされる内的な対話だと考え，そこに眼球運動を加えると，この対話に関連するかもしれない恐怖を抑制するのに役立つ。この手続きを利用した多くのクライエントは，既にこの世を去っている相手ではあるが，実際に彼らと癒しをもたらす会話をしているようだった，と語っている。

　治療者：では，今ここであることをやってみましょう。できるかどう

か，教えてください。これから 2，3 分間，お父さんと話してみるのです。彼が目の前にいるのです，2，3 分ですけど。時間は十分でしょうか？　お父さんに何を言いたいですか？　彼に何を伝えたいですか？

デイブ:子どもの頃，もっと充実した時間を過ごせていたらよかった，＿＿＿＿（デイブの妻）に会わせて，彼女のことを知ってもらいたかった，と言いたいです。

治療者：では，お父さんが目の前にいて，一緒にいるところを想像してください，頭の中で構わないので，お父さんに話しかけてください。声に出す必要はまったくありません。お父さんが目の前にいるのが見えます。**（デイブ：ええ，そうです）**　そして，私の指を目で追いながら，お父さんと話してください。お父さんに知って欲しいこと全部を話してください。何か後悔していることがあれば，どんなことでも，伝えてください。あの泳ぎに行った日のように。ただ，彼に知らせてください。

デイブが静かに，この会話を視覚化している間，私は少し長め（40 秒）に指を動かしていた。[EM]圧倒する恐怖や罪悪感に邪魔されることなく，彼が見ている父親のイメージと強くつながれるようにするためだ。

（デイブ：父は僕を許してくれる） それについて考えて。[EM]

肯定的な認知とともに終了

治療者：気が付いたことがあるようですね。本当だと思いますか？
（デイブ：ええ）　あの日について考えると，何かから逃げおおせたと

郵便はがき

168-8790

（受取人）
東京都杉並区
上高井戸1—2—5

星和書店
愛読者カード係行

料金受取人払郵便

杉並南局承認

767

差出有効期間
2020年11月
30日まで

（切手をお貼りになる
必要はございません）

ご住所（ a.ご勤務先　 b.ご自宅 ）
〒

(フリガナ)

お名前　　　　　　　　　　　　　　（　　　）歳

電話　　　　　（　　　　）

★お買い上げいただいた本のタイトル

★本書についてのご意見・ご感想（質問はお控えください）

★今後どのような出版物を期待されますか

ご専門

所属学会

〈e-mail 〉

星和書店メールマガジンを
（http://www.seiwa-pb.co.jp/magazine/）
配信してもよろしいでしょうか　　　　　　（ a. 良い　　　b. 良くない ）

図書目録をお送りしても
よろしいでしょうか　　　　　　　　　　　（ a. 良い　　　b. 良くない ）

きのことですが，あの日にもう一度，戻ることはできますか？　あなたが気付いたことをまとめることができますか。何に気付きましたか？

デイブ：自分を出し抜いていただけでした。自分を騙し，人生を生きていませんでした。振りをしていただけで，人と本当の意味で関わっていませんでした。身体はそこにあったかもしれないけれど，情緒的には一緒にいませんでした。殻に閉じこもっていました。父からも隠れていました。今ならわかります。父はもっといい関係を，友人関係でさえ，望んでいました。お互いを知りたいと思っていました。父はとても辛抱強かった。

現在の問題状況へ戻る

治療者：この記憶について多くのことが見えていますね。特に，17歳の時のあの日について。（**デイブ：**ええ，そうです）　どうでしょう，デイブ，頼まれた仕事から逃げおおせた時の少年の気持ちと，例のトレーニング時にテーブルの反対側の人に仕事を投げようとした時のあなたの気持ちに何らかの関係がありますか？　（**デイブ：**もちろんです）　どんな関係ですか？　（**デイブ：**責任から逃れ，人生からも逃げる）　このことに気付けたことはあなたの役に立ちますか？（**デイブ：**ええ，とても）　それとともに［EM］もし，課題や仕事から逃れたいという気持ちが少しでも出てきたら，その瞬間，何を思い出せたらいいと思いますか？

デイブ：その責任を引き受けること，人生の一部であること，引きこもり，隠れないこと！　人や状況と関わること。

144　第Ⅱ部　心的防衛を解消するための適応的情報処理手法

　この面接後，デイブが抱えていたこの課題は解消した。デイブによると，どうやって与えられた仕事から逃れようか戦略を立てるより，ただ，引き受けたほうが楽に生きられるように思える，とのことだった。この面接から4週間後，仕事の異動で別の州へ引っ越すため，デイブの治療は終了した。それから8年後，（既に書面での承諾を得ていた）彼のことを研修で話すこと，および書籍に彼の事例を含めることの承諾を得るために，私は彼に連絡を入れた。彼は承諾し，これらの面接が自分にとって転機となった，と語った。また，仕事も家庭もあれ以来，とても順調であるとのことだ。

　デイブとの面接時，私は「責任から逃れる」という——より正確な表現ではなく，彼の言い回しだった「隠れる」を使った。それは，彼の「悪癖」について話し合う際，こちらは彼に恥ずかしい思いをさせるつもりがないことをわかってもらうためだった。ほかの防衛と同様，自己の理想化は，痛みをもたらす情動から自己を守るための手段であり，その事実をさらけ出した個人は自らの治療に対して真摯に取り組んでいることを治療者は認める必要があると思うからだ。

　理想化防衛をターゲットとする手法は，資源の開発と植え付け（Resource Development and Installation：RDI；Kiessling, 2003；Leeds, 2002；Wildwind, 1995）とどう違うのだろうか？　どちらの手法も肯定的な情動を含む場面をターゲットとする。違いは以下の例で明確になるだろう。あるクライエントがこんなことを言ったとする。「私はジョンおじさんと一緒だといつも幸せでした。学校に迎えに来てくれたときや100点を取ったとき，アイスクリームを食べに連れて行ってくれました」。安心感を抱かせ，自分を気にしてくれているおじさんとのこの記憶場面を使い，彼女自身の愛らしさや価値を資源として植え付けた。BLSのセットを加えると，肯定的な感情は最初のうちは増えたものの，BLSを加え続けるとおじさんから向けられる愛情あふれる関心と，彼女の学業成績に何の関心も示さない親との違いが鮮明になった。家庭内で感じた失望の痛手を和

らげてくれるおじさんとの楽しい時間は余計に大切なものになる。EMDR
基礎トレーニングで RDI について学ぶ際は，肯定的な記憶場面に両側性
の刺激を加えることで，その場面が「否定的なものにつながる」ことを予
防するために，短いセットを使うように言われる。しかし，否定的な記憶
への連結は，予測するのがとても難しい。教会へ通うという安心感に関す
る記憶が抑圧的な教義につながったり，故人と過ごした素敵な時間の記憶
があっという間に，悲嘆に変わったりするかもしれない。治療者はこのよ
うな可能性を常に意識し，資源として肯定的な場面を開発するには短い
セットを，防衛の後ろに隠れている未解決かもしれないトラウマ題材にア
クセスするなら長いセットを注意深く使い分ける。

第6章

適応的情報処理手法を用いた
嗜癖障害の治療

　広義に嗜癖とは，短期的で即時的な肯定的感情をもたらすが，より長期的には極めて非機能的で破壊的な結果をもたらす行動パターンであると考えることができる。嗜癖はしばしば防衛として機能し，回避感情（つまり，厄介な感情からの逃亡や安堵といった肯定的感情）および防衛的理想化(つまり，自己のイメージ，概念，行動，またはパートに対する非現実的な過大評価）による肯定的感情を伴う。嗜癖障害の治療を専門としない治療者にとっても嗜癖をターゲットにする手順は貴重であると思われる。なぜなら，クライエントの問題行動は，嗜癖的パターンをたどることが多いからだ。ほとんどの治療者は，臨床実践の中で，嗜癖的な賭博や，嗜癖的な先延ばし癖といった，「行動」嗜癖とでも呼べるような問題に苦しんでいるクライエントに会っているものである。いくつかのマイナーな修正を加えれば，同じ治療手順を，嗜癖的行動パターンにも物質使用にも使うことができる。

　嗜癖を扱うためにいくつかの EMDR 関連の手法が存在しているが，クライエントの状態像に応じて，どれにも一長一短がある。最初に開発されたのが，DeTUR（Popky, 1994, 2005）だったが，この手法は当初，嗜癖障害の包括的治療計画の中の1つの構成要素として使用可能な衝動低減プロトコルとして概念化された。Popky の手法は複雑だが，基本的には3つの具体的な段階を含んでいる：(a) 重要な肯定的資源を同定し，植え付

ける。肯定的資源とは，高い処理能力や価値があることや，嗜癖から解放された未来の一日の肯定的イメージなどである；(b) 物資使用の状況的引き金に伴う衝動感情（0 ～ 10 の衝動レベル（Level of Urge；LOU）尺度で測定）を脱感作する；そして (c) 各状況的引き金の LOU がゼロに下がったら，脱感作の終わったその引き金のイメージと嗜癖から解放された未来の一日の身体感覚とを組み合わせる。

　このプロトコルを用いた，対照群を設定した研究は限られているが，この手順が嗜癖障害や衝動制御障害に有効であることは，長年，多くの熟練した EMDR 治療者たちが報告してきた。Knipe（1998b）は，過剰に理想化された自己愛的自己イメージをもつ 50 代の男性の治療の報告に際し，Popky のプロトコルを引用した。この男性の治療では，嗜癖障害に対応するための Popky による概念を，ほかのタイプの防衛にまで拡張した。LOU 尺度は，回避衝動レベル（Level of Urge to Avoid：LOUA）と修正され，クライエントの回避防衛の強さを測定するのに使われた。また，肯定的感情レベル（Level of Positive Affect：LOPA ［0 ～ 10］）を使って，その男性の想像上の優越性からくる実際の高揚感情を測定した。こうした尺度をいずれも代表的な記憶映像とリンクさせたうえで，両側性刺激（BLS）セットを加えた。こうした手順を通して，この男性は回避防衛を手放し，かつての自己愛的自己イメージの中核にあった肯定的感情を減らし，解消することができた。自己愛的特性をもつクライエントの治療は，嗜癖障害の治療と重複する部分が大きい。というのも，どちらも典型的には，自分のニーズに集中し，他者に対する責任や愛着に関連した心配事を無視するようなパーソナリティのパートが存在しているからである。

　2008 年に Hase と同僚らは，嗜癖記憶 Addiction Memory（原典は Boerling, 2001 による定義）の概念を提唱した。嗜癖記憶は，非意識的で内潜的な記憶であるが，意識的には物質に対する渇望として現れる。嗜癖的精神状態のほとんどには自動的な側面があり，それゆえ，意識の直接的コントロール下にはない。個人は使用の記憶と使用後の肯定的感情の記憶

にはアクセスできるものの，嗜癖行動を変えるために「意志の力」を認知的に使ったとしても，あまり強力な影響をもたらすことができないのが一般的である。個人によって程度の差はあるが，嗜癖記憶はパーソナリティの解離されたパートの特徴を帯びることがある。本気で嗜癖をやめたいという報告がなされることもあるだろう。しかしながら，その後，特定の状況的な引き金や苦痛な感情への反応として，嗜癖的な精神状態や嗜癖的パートが，コントロールを発揮してしまうのである。それはまるで，ただひたすら酒を飲みたい，タバコを吸いたい，と思っているパーソナリティのパートがいて，全体としてのその人のニーズや懸念にはお構いなしであるかのようだ。これこそが，部分的に解離されている非意識的な嗜癖記憶の破壊的影響なのである。渇望の瞬間や再発といった嗜癖記憶イメージを引き出す具体的な映像に対して，BLS セットでターゲットにすることができ，その結果，非機能的な感情の強度が下がる可能性が高い。最近，Miller もまた，嗜癖および衝動性障害を治療するための EMDR 関連の手法を開発した（2010, 2011）。このアプローチでは，いくらか異なる用語を提案している（例．Hase の嗜癖記憶あるいは Knipe の「非機能的な肯定的感情を内包する別個の自我状態」の代わりに「フィーリング・ステート」という用語を使っている）。ほかの手法同様，フィーリング・ステート・セラピーのアプローチでは，人が嗜癖行動をとるときに感じる肯定的感情を 0 ～ 10 の尺度で測定し，ターゲットにする。Miller のモデルの仮説の 1 つは，嗜癖を解消するにはこれで充分だというものだ。彼の考えでは，引き金状況や衝動，苦痛な感情や記憶をいかに嗜癖行動が抑圧しているかに焦点をあてる必要はない。

　こうした手法は，使用手順が異なるだけでなく，嗜癖障害がいかに始まり，否定的な影響に直面してもなぜその行動が持続するのかについての全体的なモデルにおいても異なる。例えば，フィーリング・ステートモデルにおいては，嗜癖障害は，嗜癖行動が初めて生じた時（1 回または複数回）の高揚感体験だけが原因で起こるとしている。これは嗜癖を抱えた一部の

150　第Ⅱ部　心的防衛を解消するための適応的情報処理手法

個人にはあてはまるかもしれないが，この視点とは対照的に，多くの事例
では，子ども時代の逆境体験が薬物やアルコールへの依存と高い相関を示
していることも考慮に入れることが重要だ（Brown, 2013；Felitti et al.,
1998）。Guo, Hawkins と Abbott（2001）は，子ども時代の環境がいかに
その後のアルコール依存を予測するかを総説の中で示した。極度の貧困，
親のアルコール症，強い家族内葛藤，家族内のアルコール依存症，「断る
スキル」トレーニングの欠如などがアルコール依存症を予測していた。こ
うした知見が示唆しているのは，嗜癖障害は単独で形成されるものではな
く，困難な子ども時代のストレスとの組み合わせで形成される可能性が高
いということだ。嗜癖行動は，困難な時期を思い出させる外的・内的なリ
マインダーに対してさまざまな形で引き金を引かれる「解決」なのである。
嗜癖を抱える人々の大多数にとって，嗜癖から即時的に得られる肯定的感
情と，嗜癖行動が防衛している否定的記憶や感情を分けることは，非現実
的かもしれない。どちらも未解決の記憶題材という同じパッケージの一部
かもしれないからだ。

　このことは１つの疑問を呈する。どうして似たような背景があっても，
嗜癖障害をもつようになる者とならない者がいるのだろうか？　男女共
に，11才の時の特定のパーソナリティ特徴（新奇性追求，損害回避，報
酬依存における高得点）が，27才時点の慢性的なアルコール依存症（カ
ルテ，飲酒運転による逮捕歴，アルコール依存症の治療歴からのデータ）
を予測したという研究（Cloninger, Sigvardsson, & Bohman, 1998）から
部分的な答えが得られる。慢性的アルコール依存症の特定の神経学的マー
カー（長潜時事象関連電位 P3）が，部分的に遺伝学的に解明されている
（Begleiter and Porjesz, 1988）。一卵性双生児と二卵性双生児の間のアル
コール依存症の一致率を比較した複数の研究によってアルコール依存症に
なる遺伝学的脆弱性が判明した。この脆弱性は，男性における重度・慢性
のアルコール依存症の形成に関連が深い（Cloninger, Bohman, &
Sigvardsson, 1981）。しかし，こうした相関研究によって，遺伝によって

第 6 章　適応的情報処理手法を用いた嗜癖障害の治療　151

説明されるよりもそのほかの環境要因によって説明される割合の方が高い
ことが明らかになった。言い換えるなら，遺伝学的脆弱性をもつ者の多く
が，実際，アルコール問題を抱えたりしないということだ。患者は一人ひ
とり異なるので，その人のパーソナリティの中で嗜癖がどのような構造に
なっているかについての一般的で理論的な概観を治療者がもっていること
が重要である。

　ここで語られる仮説は以下の通りである。慢性的嗜癖は，しばしば最初
は，「特定の化学物質の生物化学的効果」が「外傷後苦痛の減少」と**組み
合わさり**，時間が経つにつれ，状況特異的な強い衝動と，嗜癖的自己のパー
トが確立する。興奮による肯定的体験は，人によっては孤立した肯定的体
験に過ぎず，大した重要性を持たないが，別の者たちにとっては，精神的
問題に対する強力な解決になるかもしれない。後者の方が，アルコール依
存症や嗜癖障害をはるかに発症しやすい。そうした事例では，物質嗜癖あ
るいは行動嗜癖が苦痛のコンテインメント（訳者注：暴走しないように抱
えること）になるのだ。つまり外傷後記憶題材を体験していた自我状態の
交感神経の興奮状態が収まってくるのである。このようにして嗜癖行動な
いしパートが防衛的目的を果たすのだ。治療者は，クライエントの生活史
のどの時点で嗜癖行動が始まり，どのような苦痛を緩和してきたのかを知
る必要がある。言い換えれば，嗜癖物質は，当初，素敵な物とみなされて
いたかもしれないということだ！　「マリファナでハイになるってサイ
コー！　母さんと父さんが喧嘩して最悪な気分になっても，仲間とマリ
ファナをやれば気分がグッと良くなる！　仲間もこんなにたくさんいる
し！」。嗜癖行動は問題への解決策として始まったかもしれないが，時間
が経つにつれ，それ自体がもっと大きな問題となったのだ。このプロセス
を**図 6.1** に示した。

　嗜癖障害形成までの出来事の連鎖は以下のように概念化することができ
る。ある人に何らかのタイプのトラウマ状況がある。大きな T かもしれ
ないし，小さな t，つまり何かをされたトラウマ（T）か，何かをしても

152　第Ⅱ部　心的防衛を解消するための適応的情報処理手法

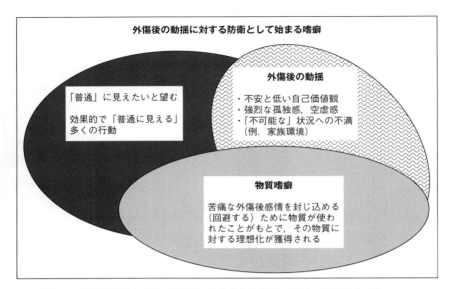

図6.1　物質嗜癖はしばしば物質に支えられた回避である。反復されるにつれ，嗜癖行動は，その人にとって，理想化された（非現実的なまでに肯定的な）主観的価値をもつようになるかもしれない

らえなかったというトラウマ（t）かもしれない（例．家族内葛藤や両親からの無関心，または家庭内でのネグレクト）。その結果，外傷後の症状，記憶映像や感情，自己に対する否定的信念をもつようになる。どこかの時点で，それは仲間からの影響かも知れないし，嗜癖を抱えた家族のメンバーの影響かも知れないが，その人は物質を使い，それが問題の解決策になるのである。薬物，アルコール，行動の嗜癖的パターンは安堵感をもたらしてくれる。これが繰り返される内に，当人は嗜癖記憶を形成し，状況的・内的引き金への反応として渇望が生まれるようになる。一旦こうなると，その嗜癖を保護し，維持するためのほかの行動が形成される。

　例えば，喫煙者であれば，どこで，誰となら喫煙が許されるのかについての注意が亢進する。アルコール依存症者であれば，どのくらい飲んでいるのかを隠そうとしながら，次にいつ飲酒するのかを計画しようとして，職場や対人関係において注意散漫となるかもしれない。嗜癖を抱えた人は

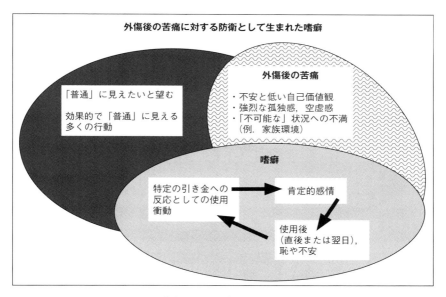

図 6.2 パーソナリティの嗜癖的パート自体の中に，引き金を引かれ，使用し，肯定的感情を感じ，その後に否定的感情と否定的自己評価を持ち，ついにはその後に出遭う引き金に対して影響を受けやすくなる，というサイクルを示すパーツが存在している

生きづらくなってくるが，使用物質が違法薬物である場合には困難が一層大きい。違法物質に対する慢性的な嗜癖は，当人の時間とエネルギーの大部分を消耗しかねない。使用機会の合図となるような状況（引き金）があると，使用への強い衝動が生じ，使用体験の肯定感が高まり，その結果，使用自体が強化される。肯定的な気持ちが冷めてくると，そのサイクルには恐怖，後悔，恥が出てきて，その結果，次に引き金に遭遇したときに，なおさら脆弱になってしまう。あるいは，その人は，特別なストレスにさらされる時期があり，そこで嗜癖行動パターンに移ることで当初はそのストレスが緩和されるのだが，たぶん，翌日にはストレスがさらに大きくなる。その繰り返しにより，嗜癖記憶は過去および現在の記憶イメージとの連結を強め，嗜癖行動の連鎖が始まる。

　嗜癖を抱えた個人の自我状態の構造は**図 6.2** のようになっていることが

154　第Ⅱ部　心的防衛を解消するための適応的情報処理手法

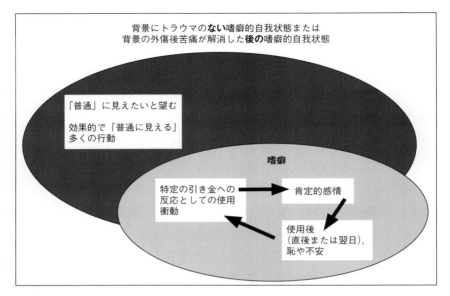

図 6.3　トラウマが背景に**ない**嗜癖的自我状態，または背景の外傷後苦痛が解消した**後の**嗜癖的自我状態

多い。未解決のさまざまなトラウマがあり，嗜癖防衛が部分的または完全に，外傷後の苦痛の影響から本人を守っている。

　嗜癖防衛はそれ自体の構造をもっていて，その中では衝動の引き金をとなる状況があり，その結果，嗜癖行動が生じて短期的な肯定的感情が得られる。そしてその後，たぶん翌日くらいに，今度は恥と無力感と不安が出てくる。このサイクルが繰り返され，持続するうちに当人は，ますます引き金状況に影響を受けやすくなり，悪化の否定的サイクルにつながる。

　これは1つのパターンであり，**図 6.3** のように，別のパターンが見られることもある。人生早期の出来事に対する EMDR やそのほかのセラピーがうまく行った結果，あるいは生きる過程で早期トラウマが解消した結果，トラウマはもはや同定できないのに，嗜癖が極めて強いことがある。このパターンでは，嗜癖が生じた大元の出来事が解消されているため，まるで嗜癖がそれ自身の命をもっているかのようである。

12ステッププログラムでは，しばしば，嗜癖は「進行性」であると言われる。まだしらふになって短い時間しかたっていない回復中のアルコール症の人は，最初のハイ／快感または「頭の中が静まりかえる」感じを，あと1回だけ体験したいと切望するかもしれない。

しかしながら，それが可能な仕組みにはなっていないようだ（稀には例外もある）。嗜癖は大抵悪化する。典型的には，慢性的な嗜癖の人が，一時的にしらふになり，その後，嗜癖行動を再開すると，元の高い使用量に戻り，しばしば破壊的で破局的な顛末になりやすい。

こうした問題に加えて，嗜癖障害は新たなトラウマを引き起こしやすい（例．仕事を失う，人間関係を失う，自尊心を損なうような侮辱を受ける，など）。その結果，さらに物質を使用し，下向きのスパイラルが形成される。

嗜癖物質の使用は当初いろいろな意味で「解決」だったかもしれない。感情調整の方法だったかもしれない。交感神経系の強い興奮をもっと快適なレベルにまで下げることができ，不安を生じさせた記憶から逃げる方法ともなっていたかもしれない。しかしながら，嗜癖は，時には，感情に**アクセスする**ための方法になることもある。何杯か飲んでからでないと，自分の悲しみを感じることができない人々がいる（例．愛する人の死に関連して，など）。何年も前にセラピーで会った女性は，四六時中浴びるように飲んでいた。彼女に言わせると理由は「父はふだん，飲んでいるときくらいしか私には関心をもってくれなかったんです。父は飲むと，いい感じの会話ができて。今，私がお酒を飲みたくなるのは，飲むと父が近くにいるような気持ちになるからだと思います。父は実際にはもう何年か前に亡くなってしまったんですが」。

次はアルコールが感情にアクセスさせてくれるという別の例である。慢性的に強い怒りを抱えている人が時々いる。その怒りは飲んでいる時を除いて常にためこまれている。そうなると，近くの人は危険にさらされることになる。しかしながら，「酒の中に真実がある（酒に酔えば，人は本音や欲望を表に出す）」ということわざにもあるとおり，当人はこの怒りを

解放感として体験するかもしれない。「自分の感じるままに言ってもいいんだ！」というように。怒りの抑圧という個人的問題をこのように突破することで，自分にも他人にもそのほかの問題をもたらしているかもしれない。

　さらに言うと，飲酒もそのほかの嗜癖も，喪失に対する補償になっているのかもしれない。「今日は大変な一日だった。今晩は酔っ払うぞ」だったり，「つらい人生だった」ときに傾いたはかりのバランスを取り戻す方法かもしれない。このテーマの別のバリエーションは「どうせ自分は負け犬だ。いっそ飲んでしまえ（あるいは，薬物を使ってしまえ）。失う物は何もない」である。そしてもちろん，嗜癖は，社会的つながりを維持するための方法にもなる。社会的つながりは誰にとっても大事なものだが，自尊感情が低く，かつ／または家族からのサポートや絆が不十分な思春期青年にとってはとりわけ重要である。

　物質の嗜癖に加えて，行動嗜癖の例が数多い。例えば強迫的な食べ物摂取や過食症や，クレジット・カード上限まで必要ない物を買ってしまうような強迫的買い物癖などである。性的嗜癖は，愛着障害の文脈でしばしば起こる。本物の親密性をほかの人との間に構築するリスクを回避したまま，性的な解放を体験するために生じる（Carnes, 1989）。テレビ嗜癖は重大な問題となりうる。しばしば結婚カウンセリングを受けているカップルにテレビ嗜癖が隠れていて，コミュニケーション問題を悪化させていることがある。人間関係を維持するためには会話が必要だが，片方または両方が一晩中，ひたすらにテレビを見ていてそのまま寝てしまうというのを毎晩繰り返していれば，関係性は疎遠なものとなるだろう。過剰なテレビ視聴は，非機能的なコミュニケーションの結果だけでなく，原因になりうる。別のところで（Knipe, 2005），先延ばし問題を嗜癖障害として概念化し，EMDRでターゲットにしてうまくいったケースについて記述した。先延ばしというのは，学習された回避であり，「物事を先延ばしにする」ことへの嗜癖であると概念化することができる。また，以下の点でもほかの嗜

第6章　適応的情報処理手法を用いた嗜癖障害の治療　157

癖に似ている。苦痛だったり困難だったりすることに直面化しないための方法になっていること，しかしながら翌日には，掃除されなかったクローゼットを見たり，乱雑な机や未処理の請求書等々を見ると，自尊感情や自己効力感が傷つくことである。

　ということで，一般的には，物質嗜癖が持続するのは，嗜癖に焦点化したパーソナリティのパート（しばしば部分的に解離されている）がいて，渇望（嗜癖記憶の意識化されている部分）として意識化されるからであり，その結果，何らかの情動的苦痛を回避したり，コンテインしたりする役割を果たすという仮説が立てられる。言い換えれば，物質嗜癖は，通常，物質にアシストされた回避行動であり，大抵，パーソナリティ・パーツ間の持続的な葛藤を反映している，と概念化することができる。さらに，嗜癖を，自分を害する行動に対する，非機能的な理想化の例であると考えると状況が見えやすくなる。過剰に肯定的な情動的投資をして理想化しているのである。この過大評価は，過去に嗜癖行動をしようと考え，実際にしたときの具体的な記憶の結果生じる。嗜癖行動によって，薬物の効果を得ただけでなく，情動的苦痛から意識をそらしたのである。この肯定的感情（強い衝動または予期された「ハイ」）は，状況的引き金や，すぐにでもコンテインする必要のある強度の外傷後苦痛によって活性化される。この非機能的な肯定的感情が引き寄せる力は強く，「意志力」を乗り越えてしまう。これは何もリカバリーの認知的側面が重要でないといっているわけではない。自信や，退院後に自分がどの程度リカバリーにおいて成功できるかというクライエントによる予測は，実際のリカバリー上の成功と強く相関している（Ilgen et al., 2005）。しかし，強い決断と意志力では嗜癖行動を止めることができない人もいる。慢性的な嗜癖のある人たちでは，背景にある，嗜癖パートと嗜癖を望まないパートの間の未解決の葛藤を解決するには，意志力だけでは不十分である。12 ステッププログラムでは，グループの力を使って，個人の決断を効果的に支え，同時に嗜癖にまつわる恥の要素を大きく減らしている（そのグループのほかの人たちも自分と同じ問

158　第Ⅱ部　心的防衛を解消するための適応的情報処理手法

題をもっている方が，不適切な恥を手放しやすい）。 EMDR に関連した
方法では，嗜癖自体を直接にターゲットにすることで，治療的パワーを追
加することができる。こうした介入は総合して，その嗜癖を抱えた人が，
最もリカバリーしやすいよう影響を与えるのである。

　嗜癖障害の治療をするときは，嗜癖を維持している非機能的記憶ネット
ワークをターゲットにする前に，背景聴取や治療計画（EMDR の第 1 段
階と第 2 段階）がとりわけ重要である。治療計画策定のときにしばしば出
てくる問題は，「過去のトラウマ，現在の使用への引き金，予期される未
来のイメージ，のどれを最初にターゲットにしたらよいのか」という疑問
である。現在も使用している人，あるいはしらふでいて脆弱になっている
人の昔の苦痛な記憶をターゲットにしてしまうと，その取り組みのせいで
その人を不安定化させ，結果的に嗜癖衝動を高めてしまうかもしれない。
他方で，現在の引き金や肯定的感情状態を最初にターゲットにすると，処
理プロセスが思わぬ方向に進み，かなり苦痛度が高く圧倒する可能性のあ
る過去の記憶へとつながってしまうこともある。

　嗜癖を抱えたクライエントの多くは未来に絶望しており，希望という最
も不可欠の感情が欠如している。EMDR で最初にターゲットにするのを
予期される未来にすると，処理はしばしばより情動的に安全なプロセスに
なる。Hofmann（2009）と Adler-Tapia（2012）は共に，過去や現在にお
ける極めて苦痛度の高い出来事を解消する前に，未来において起こったら
怖いまたは非機能的な出来事を解消するための詳細な手続きを提唱した。
現在の引き金または未来に予期されるストレスから扱った方が安全かも知
れないのである。こうした状況がいったん処理されてしまえば，今度は遠
い過去の情緒的な負荷の高い記憶イメージに取り組む際にエンパワーして
くれる資源になり得るのである。

　DeTUR モデルも未来への焦点化を行う。DeTUR では，その人がもは
や嗜癖を抱えなくなった未来のイメージを想像し，それを植え付けること
から始めるよう推奨している。この手続きによって，クライエントは希望

第6章　適応的情報処理手法を用いた嗜癖障害の治療　159

を感じられるだけでなく，新しいしらふのライフスタイルに伴う肯定的な身体感覚を発見することができるのだ。こうした身体感覚は，しばしばリカバリーの重要な要素である。なぜなら，それはその人のもつ，あるいは嗜癖行動に期待する非機能的な肯定的感覚に対抗（つまり逆制止；Wolpe, 1958）するからである。

　Hase ら（2008）は，まず，渇望の瞬間または最近の再使用の瞬間をターゲットにすることから始めることで，情動的安全感を最大限にまで高めることを推奨する。慢性期のアルコール症に対する研究によれば，このアプローチでアルコールへの渇望（治療後と1カ月フォローアップ時点）と再発率（フォローアップ1カ月と6カ月）が有意に下がった。

　最初の生育歴・病歴聴取の際に，過去の再使用を探索することが重要だ。——これはつまり，クライエントがうまくいかなかったものの，嗜癖をやめようとしたときの情報となる。こうした出来事はトラウマになっており，しばしば屈辱感を伴い，標準的 EMDR でターゲットにすることができる。禁煙を8回試みて失敗したとすると，その人は今では「嗜癖は自分よりも大きな存在だ。自分は絶対にやめられない」という不正確な認知をもってしまっているかもしれない。再使用の記憶をターゲットにすることで，再発の動因となった隠された引き金や高揚感への隠された熱望の同定にとりわけ役立つ。

　関連するそのほかのターゲットは，過去に12ステッププログラムと連想された否定的記憶かもしれない。AA や似たようなプログラムに戻るために，クライエントが障壁を取り除くのを援助する。嗜癖を抱えた人が心理療法を始めると，「治療者に12ステップミーティングに行けと言うなら，このセラピーはやめる！」という態度がそこはかとなく見えることが多い。十分なラポール形成がなされ，治療者からの思いやりも感じることができれば，第4章で説明したような手法をいくつか使って，自己破壊的な回避の態度を取り扱うことができる。そして AA と心理療法の相互作用についていえば，セラピー自体が回避防衛として使われることがあることに留

160 第Ⅱ部 心的防衛を解消するための適応的情報処理手法

意しておくのが重要であろう。ある人はこう言うかも知れない，「ええ，
今も飲んでいますよ。でも少なくともセラピーには通い始めましたから！」。
その人が本当にする必要があるのは断酒であり，12 ステッププログラム
のピアサポートは，極めて重要である。その人のリカバリーにとっては，
ひょっとするとセラピーよりも重要かも知れない。

　一般的に，嗜癖問題が同定されるクライエントでは，嗜癖をやめる動機
づけのレベル（Level of Motivation：LOM）を 0 から 100 の尺度を使っ
てアセスメントをすることが重要である。しかし，時には，クライエント
が自分の実際の動機づけレベルよりも低い数値を報告することがある。こ
れは，そのクライエントがそれまでに何回もやめようとして失敗している
ので，もう失敗したくないという気持ちからそうするのである。これは一
種のブロックする信念であり，その人が使用する衝動レベルと，肯定的嗜
癖状態の情動的負荷の明確な低下を経験したならば，その後に中和化する
ことができる。私の臨床では，この尺度で 50 以上であれば，治療的介入
を試す価値はあるとみなす。治療が成功するためには，当人の内的な動機
づけが不可欠である。外部の圧力に屈しないためには，セラピーを受ける
だけ，あるいは 12 ステップに参加するだけでは不十分である。この問題は，
治療の初期段階で取り組んでおく必要がある。

　準備段階で重要なステップの一つは，必要な肯定的資源の植え付けであ
る（Popky, 1994, 2005）。資源の例の 1 つはエンパワメントの感覚である。
「本気で何とかしたいと思ったのはいつですか？　決意して，実際にやっ
たことは？　それはいつのことでしたか？　その時の映像は思い浮かびま
すか？」。別の資源は，自己価値感である。「これまでの人生で，自分の価
値について本当に自覚したのはいつでしたか？　もしかするとそれは，あ
なたを高く評価している人と一緒にいたときかもしれません。あるいは，
何かを達成してそれを誇らしく思ったときかも知れません。それはいつで
したか？」。自己価値感についていうと，こんな風にクライエントに聞く
ことが役に立つことがある。「この嗜癖を結局乗り越えられないとしても，

自分のことを完全に受け容れることができますか？」。これは奇妙な質問に聞こえるかも知れないが，クライエントにとっては自己価値感にかかわる懸念と，嗜癖障害の治療に関連する懸念を分けることがしばしば役に立つのである。これは微妙な問題である。というのも，その人に嗜癖問題が続いている場合，それが生活に支障をきたしているかもしれないからである。しかし，場合によっては，本人は嗜癖障害を抱えつつ，こんなことを考えているかもしれない。「この嗜癖を続ければ，それは自分が悪い人間だと言うことを証明する。もしも善い人間だったらやめられるはずだから」。こうした二分思考は，しばしば喫煙者に認められる。治療者はクライエントにこのように話してもよいだろう。「喫煙をしている立派な人物はこの世にたくさんいます。そしてタバコを吸わないけれど，とんでもない奴らというのも大勢います！　ここで問題になっているのは，あなたが価値のある人間かどうかではありません。単に，タバコを吸い続ければ，相応の結果のパッケージが待っているし，タバコをやめれば，別の結果のパッケージが待っているというだけです。ですから，問題は，あなたはどちらのパッケージが欲しいのか，ということです。これはあなたの価値についての問題じゃないんです，喫煙についての問題に過ぎないんです」。クライエントがこの区別ができれば，ターゲット化のすべてがはるかに単純化する。

　肯定的ゴール資源（Popky, 2005）は，しばしば治療において，引き金や肯定的感情状態を同定するよりも重要である。というのも，その資源が本人を「嗜癖から解放された状態」へと「引き寄せて」くれて，同時に嗜癖行動が中断したときに感じる剥奪感をいくらか埋め合わせてくれるからである。治療者は以下のように尋ねる。「将来，もうこの嗜癖を抱えなくなった，ある日のことを考えることはできますか？　今は嗜癖があるために実現できていないけど，その日には生活の一部となっているよいこと，よいものにはどんなものがありますか？」。この質問への回答が何であれ，治療者はそのよいことのリストをつくることができる。それはお金かもし

れないし，自尊心，健康，エネルギー，子どもや孫に会える，学校を卒業する等々かもしれない。このリストをもとに，治療者とクライエントは，将来嗜癖問題がなくなった日の肯定的イメージを構築することができる。「チーズケーキをもう一切れほしいという渇望がなくなったその日には，どんないいことがあるでしょうか？」「タバコのことなんて考えなくなったその日には，どんないいことがあるでしょうか？」

この未来イメージの中では，クライエントが嗜癖行動をとっていないだけではない。もはや，そうすることに興味がなくなっているのが大事なのだ。参照ポイントにするため，クライエントがまったく興味のない何かについて尋ねてみることもできる。例えば，喫煙者はヘロインや覚せい剤を使うことにつゆほどの興味もないかもしれない。それか治療者はこんな風に言ってもいいだろう。「誰かがあなたに今日の午後，バンジージャンプに行ってくださいと言ったら，興味をもちますか？」。大抵のクライエントは「いいえ！」と言う。クライエントがバンジージャンプ好きなら，何かほかのものを見つければよいだろう。「興味ない」という感覚がどういう感じなのかをクライエントがわかることが役に立つのである。その「興味ない」感覚は，「未来のある日」の不可欠な要素になるため，我々はそのイメージに連想される感覚的リアリティと肯定的感情をBLSでもって強化することができる。Popkyはこうした肯定的身体感覚を，クライエントの手にタッピングすることで「アンカリング」（Bandler & Grinder, 1976）することを提案している。私の経験では，クライエントに交互に自分の肩をタッピングするようにしてもらうことで，こうした肯定的感情を植え付けるのに役立つ。未来のその日の肯定的な面について考え，楽しみながら，いわば修正型の「バタフライハグ」をしてもらうのである（Artigas, Jarero, Mauer, L6pez Cano, & Alcala, 2000）。こうすることによって，タッピングと，完全な解決としらふ状態の一部となる肯定的身体感覚の間の連想のつながりが強化される。そうすると，その後の処理において，眼球運動以外の両側性刺激として，治療者によるタッピングや左右交互の聴覚刺

第 6 章　適応的情報処理手法を用いた嗜癖障害の治療　　163

激やバジーを使って資源の植え付けを行い，衝動の処理と区別できるのである（訳者注：衝動処理に眼球運動，資源の植え付けに触覚刺激を使う，というように分ける）。

　使用の主たる引き金を同定する必要がある。引き金とは，衝動や使用可能性を高めるような状況，思考，感情，記憶である。引き金は数個のこともあれば，数十のこともあり，互いに論理的に矛盾していることもある。AA には以下のようなお決まりの冗談がある「僕のチームの勝ちだ――酔っ払いに行くぞ！　僕のチームの負けだ――酔っ払いに行くぞ！」。本人の現在の生活の中で頻繁に生じる主要な引き金があるかもしれないし，そのほかの，使用をやめてから初めて明らかになるような隠れた引き金もあるかもしれない。例えば，しらふの個人はこんなことを言うかもしれない。「すごい，もう 6 カ月も飲んでない。でも，たいしたことなかったな。もしかすると自分は，本当はアルコール依存症じゃないのかもしれない。もしかするとまたバーに行って友達に会えるかも知れない」。そしてバーに入ってしまうと，飲みたいという衝動の引き金となるようなイメージやにおいが押し寄せてくるのである。こうした考え方を AA では「へべれけ思考」と呼んでいる。しらふの最中でも，とにかく飲み続けたがっている自己のパートに味方するような合理化がいかに強烈に出てくるかを示している。だからこそ，物質依存症の人たちの治療では，パーツモデルまたは自我状態モデルを使うことが重要なのである。

　さらに，嗜癖を抱えた個人の多くにとっては，衝動に従ったとき――つまり，実際に嗜癖行動をとったとき――に感じられると期待される肯定的体験を同定することが重要である（Knipe, 2005；Miller, 2010）。クライエントには以下のように尋ねるとよいだろう。「その衝動が出てきたときに，その衝動が求めているのはどのような心の状態なんでしょうか？」タバコをやめたいと思っている人には，面接室で「健康的な喫煙」をしてはどうかと提案してみることがある。私がまず「健康的な喫煙」のデモンストレーションを行う。口のところに手をもっていき，天井を見上げて，満足げな

164　第Ⅱ部　心的防衛を解消するための適応的情報処理手法

深い溜め息をつき，ゆっくりと息を吐き出すのである。この行動は，それ自体で快適で落ち着いた気持ちにさせてくれる（この感覚はニコチンとは何の関係もないのだが，関係があるとして誤解されることがある）。次にクライエントに同じことをしてもらい，煙を吸い込んでいるところをありありと想像してもらいながらその感覚を楽しんでもらうのである。クライエントがこのエクササイズを体験している間に，数回のBLSセットを行う。こうしたステップを通じて，クライエントは，タバコに伴うと思っていた肯定的感覚が実は喫煙とは本来的には関係なかったことへの気付きを高めることができる。このエクササイズの後は，典型的には，本物のタバコへの衝動が減ったことが報告される。

　少数のクライエントでは，嗜癖衝動を誘発する数多くの引き金よりは，嗜癖行動の時に生じる肯定的感情状態を直接にBLSを用いてターゲットにした方が効率的なことがある。例えば，第14章には2007年にみたケース（ヴェロニカ）が掲載されているが，彼女の場合，最初は衝動をターゲットにしようとしたが，あまりうまくいかなかった。このクライエントは，ずいぶん昔に起ったトラウマ時間の中で未だに生きている別個の子どもパートによって保存されていた極めてポジティブな感情をターゲットにすることで突破口を得て，嗜癖行動を解消することができた。子ども時代の自分を思いやりをもって見つめられるようになり，嗜癖行動とトラウマのつながりが見えるようになると，嗜癖行動を手放すことができるようになった。

　防衛目的を果たしている肯定的感情状態を同定しターゲットにするというアプローチは，一部のクライエントにとってはわかりやすく進み，別の者では難しくなる。嗜癖記憶というのは潜在記憶であり，部分的に意識の外にあるため，人によっては嗜癖による肯定的状態の命名が難しいからである。例えば，50代のある女性は，最近，肺気腫の診断を受け，一日に2箱もタバコを吸ってしまう習慣をやめようとして治療にやってきた。実際には，タバコをやめたいという動機づけはあまり高くなくて，0から100

の LOM 尺度でいうと「10 から 20」であると言った。医師の受診から治療者の予約のための電話をするまでにも，6 カ月が経っていた。面接を開始してすぐに明らかになったのは，彼女が子ども時代の極めてつらい記憶とそれに関連した成人期の記憶から解離する術として喫煙を使っていたことだった。治療の開始時に言ったのは，まず 1 本のタバコに火をつけ，それを灰皿において燃えるにまかせ，次に最初の 1 本のことはまったく意識せずに 2 本目に火をつけるということだった。治療開始後 2 年たって初めて，完全に禁煙することができた。2 年間，子ども時代のひどい出来事を解消するのに集中し，解離されたパーソナリティ構造を統合し始めるのを援助して初めて禁煙できたのだ。パーソナリティのより大きな問題が解決に向かい始めると，それまで過去に両親に虐待され，頻繁に辱められ，過剰にコントロールされていた子ども時代に由来する気持ちからの防衛として働いていた喫煙を手放すことができたのである。

　彼女の喫煙をターゲットにする時期が訪れると，彼女は行動の主な引き金についてたやすく教えてくれることができたが，そうした引き金とつながっている衝動や肯定的感情を同定することは，少しもできなかった。Popky の手法を少し修正して使うことが彼女の役に立った。彼女にこう尋ねた。「夕飯をつくっているときに（引き金），本当にその状態にいると想像して。0 から 100% でいうとどのくらいの確率でタバコに火をつけますか?」。彼女は衝動のフェルトセンスが身体の中にないままたやすくその質問に答えた（最初は 100% だった!）。BLS を使って進めていくと，その特定の引き金状況に対する確率は，下がり，0 になってしまった。引き続く何週間かの間，私たちは同じようにしてほかの 3 つの引き金も処理した。それぞれの引き金をうまく処理できたら，「将来の一日」リソースに再アクセスすることがとても役に立った。こうしたセッションの後，彼女は完全にタバコをやめたと述べた。1 年後，彼女の夫が短期間の治療を受けに私のもとにやってきた。そしてそこで語られたのは，彼女が本当にきっぱりとタバコをやめたことであった。これは，たとえ衝動の一部が部

166　第Ⅱ部　心的防衛を解消するための適応的情報処理手法

分的または完全に解離されていたとしても，いかに引き金に連結された喫煙行動を脱感作できるかの一例である。

　嗜癖行動をもつ人の記憶のネットワークの中ではしばしば，引き金と衝動が肯定的感情状態への連想を通じて連結している。特定の引き金を脱感作するプロセスの中で，記憶の情報のチャンネルが出現し，解消される。こうしたチャンネルが通常，嗜癖中の顕著な肯定的感情を含んでいるのである。逆に，多幸的で嗜癖に関連した感情は，典型的には具体的な引き金となった出来事に関連している。嗜癖を扱うときは，最も安全なターゲット機会を狙うべきである。つまり，肯定的感情状態が簡単にアクセスでき，十分な情緒の安定があるなら，その状態をターゲットにするのである。もしも肯定的状態を言語化するのが難しければ，あるいはあまりはっきりせず，しかも状況的引き金に関連した衝動へのアクセスが容易なのであれば，衝動をターゲットにして，処理のチャンネルを進んで行くにつれて中核的な肯定的感情が出てこないかに耳を澄ますのである。どちらのアプローチもうまく行くが，特定の状況につながっている衝動をターゲットにする方が，言語的に同定された肯定的感情状態をターゲットにするよりもうまくいくと思っている。というのも，治療者に教えてもらった概念ゆえに直接体験から一歩離れている肯定的感情状態よりも，衝動の方がより直接的な体験だからだ。このことに留意するなら，どちらのアプローチもできるようにしておくというのが，よい指針だろう。片方があまりうまくいかなかったら，もう一方を使うのである。言い換えれば，すべての引き金が脱感作され，それでもその人がまだ使用をやめない，あるいは惹きつけられているのであれば，使用に伴う隠れた肯定的状態を探せということである。同定された肯定的状態がすべて解消され，それでもその人がまだ使っていたり，衝動を覚えていたりするようなら，隠れた引き金を探せということなのだ！

　しばしば，嗜癖がいくつかの異なる動機づけによってもたらされていることがある。**図6.4**から**図6.6**は，治療者が手を使って，嗜癖障害を解消

第6章 適応的情報処理手法を用いた嗜癖障害の治療　167

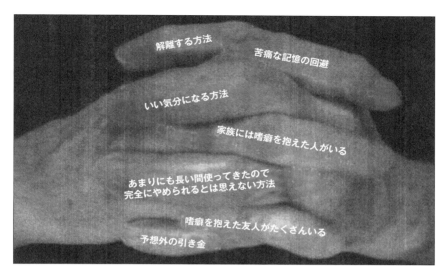

図 6.4 にぎりしめた両手の指は，嗜癖障害をしっかりと維持している多くの要因（非機能的な情報のチャンネル）を象徴している

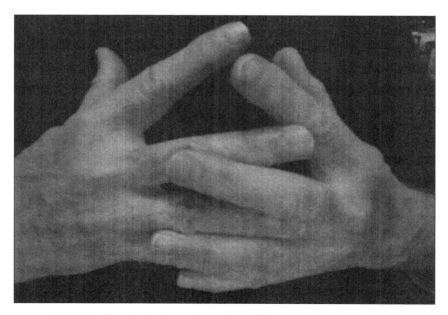

図 6.5 リカバリーのプロセスの中で，嗜癖は拳をゆるめはじめる

168　第Ⅱ部　心的防衛を解消するための適応的情報処理手法

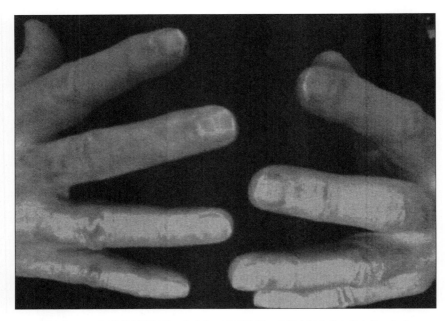

図 6.6　ついには拳が解ける。しかし，両手は互いの近くにとどまるため，しらふを達成してからも長らく用心を続けなくてはならないかもしれない

するときにいかに複雑になりうるかを，クライエントに対してどのように描き出せるかを示したものである。

　生活に支障を来しているにもかかわらず嗜癖が維持されるのは，複数の要因によるかもしれない。つまり，苦痛な記憶やそのほかのトラウマ関連の題材の回避や，多幸感，解離を促すための使用，嗜癖と自分の同一化，やめることへの無力感，そのほかの多くの要因が編み目をつくり，その個人を持続的で自己破壊的な罠の中に捕らえておくのだ。**図 6.4** の握りしめた両手はその複雑さを描き出すことを可能にする。治療が進むにつれ，握りしめた両手は緩み始める（**図 6.5**）。ついには，要素の一つひとつを成功裡にターゲットにしていくことで嗜癖が崩される（**図 6.6**）。この両手を使った単純なメタファーは，いかに嗜癖がいろいろなやり方で多くのクライエントを絡め取るかを示すのに役立った。

以下の逐語録は，EMDR 関連のプロトコルがいかに互いに関連し重複するかを描き出している。この逐語録は 2005 年に行われた治療セッションの録画から起こしたものである。セッション構造は，Popky の DeTUR プロトコルに沿って行われている。DeTUR が，CravEx（訳者注：物質使用障害へのアプローチの 1 つ）やフィーリング・ステート・アプローチが開発される前に公表されたからである。しかしながら，セッション中では，状況的引き金をターゲットにする重要性も，嗜癖記憶を処理することの重要性も，共に読み取ることができる。このセッションの女性が，彼女の体験を私が書くことを許可してくれたことに感謝している。

フナイダは 35 才の開発途上国の治療者だった。私は EMDR 人道支援プログラムが主催したトレーニング（現在は TraLuna リカバリーと呼ばれている）のトレーナーで，彼女は，参加者だった。そのトレーニングとセッションは，住民の多くが頻繁に持続的なトラウマ体験にさらされている地域で行われた。トレーニング中，私は Popky の DeTUR プロトコルでタバコ嗜癖を治療できることに触れていた。この治療者は休憩中に私のところに来て，自分はどうしてもタバコをやめたいと思っているので，それに取り組むためのセッションをやってくれないかと言ってきた。私は，もしも彼女がこのセッションの後も地元の EMDR 治療者に必要な治療を受け続け，やり始めた取り組みを完了するのであれば，やってもよいと述べた。その地元の治療者には必要に応じて，自分がメールでコンサルテーションを継続的に提供すると伝えた。彼女はこれに同意した。

フナイダは，21 才でタバコを吸い始め，このセッションの 1 カ月くらい前までは，かなりのヘビースモーカーだった。我々のセッションまでの日々で彼女は決意と意志力によって一日のタバコを約 10 本にまで減らしていたが，どうしてもそれ以上減らすことができずにいた。彼女はタバコをやめるのに潜在的に役立つ，多くの肯定的側面をもっていた。彼女は未解決の外傷後苦痛を解離したりコンテインしたりするためにタバコを吸っているわけではなかった。加えて，彼女は自分がタバコをやめるのを支持

170　第Ⅱ部　心的防衛を解消するための適応的情報処理手法

してもらえるよう，環境の調整までしていた．数人の友人に，その日まで
にタバコをやめるように頑張るという目標を宣言していたのである！

　このセッションは EMDR トレーニングの最終日の後の遅い時間に行わ
れた．この逐語録は Popky アプローチのいくつか，特に「未来の一日」
という肯定的ゴール状態資源の同定と植え付けと，喫煙の最強の引き金状
況の同定とターゲット化を描き出している．Popky プロトコルの後，私
はフナイダに引き金を代表する視覚イメージを浮かべてもらい，喫煙への
衝動レベル（LOU）を 0 から 10 の間で答えてもらい，衝動を身体のどこ
で感じるかを尋ねた．第 4 章の逐語録同様，以下の逐語録でも，[**EM**]
と書いてあるところでは彼女に「それに気付いて」とか「それと一緒に」
または「それについて考えて」と言い，20 〜 30 往復の眼球運動を加えた．

　フナイダ：風邪をひくといつも，咳が止らなくなるんです．それも普
　通じゃないくらい．それにいつものどや肺の調子が悪くて，それが長
　引くので嫌なんです（咳をする）．

　JK：ここではどのようなことが起ったらよいと思いますか？　びっ
　くりするくらいのよいことだとしたら何？

　フナイダ：気持ち？　出来事？　私はもうタバコを吸いたくないんで
　す．タバコを指の間にはさんで吸わないとならない，という衝動はも
　う嫌なんです．

　JK：何かが起こって，もうタバコを吸いたいという衝動を覚えなく
　なりたい，というんですね？

　フナイダ：そうです．いったん引き金をひかれると，強力なんです．

JK：いくつか焦点化した質問をしますので，なんであれ真実を答えてください。（**フナイダ：**はい）動機づけのレベルはどのくらいだと思いますか？　100 はタバコをやめることは非常に重要，0 は動機づけなしだとすると。

フナイダ：わかるでしょう？　やめないといけないんです。100 の内，90 ！

JK：わかりました。おっしゃるとおり，やめる必要があることはわかります，でもどのくらいやめたいと感じているんでしょうか？……この二つは違うからです。（**フナイダ：**やめたいです）　よろしい。

肯定的ゴール状態の開発

JK：では，将来，完全にタバコを吸うのをやめた日について考えてください。こんなふうに考えてください。単にタバコを吸っていないだけじゃなくて，タバコに興味もなくなっています。

フナイダ：あら，タバコを吸いたいと思っていないのね。

JK：そう。自分がかつて喫煙者だったことは覚えているけど，もうタバコについて考えていません。もうずいぶん昔のことで，タバコについてはただもう考えていないのです。

もしも誰かが日中に「今から酔っ払いに行こうぜ」と言ったとしたら，恐らく「そんなことしたくないわ」と言うでしょう。（**フナイダ：**そのとおりです）　私が今言っているのは，何かにまったく興味がわかないというのがどんな感じなのかに気付いてもらいたいということで

172　第Ⅱ部　心的防衛を解消するための適応的情報処理手法

す。言い換えると，人によっては嗜癖でずいぶん苦労する人もいるけど自分は違う，という感じ。それがあなたにとって，タバコにまったく興味がないというのがどういう意味かの見本みたいなものです。(**フナイダ**：えぇと，はい，わかりました)　そういうことです。興味深い考えです。それについて考えて。[**EM**]

フナイダ：未来のその日の感じを感じようとしています。(**JK**：その日について話すことにしましょう)　どういう状況かを考えようとしています……

私は子どもと家にいて，タバコを吸っていません。子どもたちは健康です。私も健康です。咳をしていません。美味しいコーヒーを飲んでいて，衝動もないし，タバコを探しに行くことに関心をもっていません。タバコの箱が目の前にあるのが見えるけど，それを触っていません。(**JK**：いいですね)　あの場所に行かなくちゃ。

JK：では子どもと家にいるんですね。身体にとって健康的で，子どもにとっても健康的。(**フナイダ**：私，子どもたちのためにもやめたいんです)　そして美味しいコーヒーを飲んでいる。そして未来のこの日，あなたの呼吸はとても楽で，今咳をしているのとは大違い。

フナイダ：タバコをやめたいもう一つの理由は，スポーツは好きでバレーボールチームにも所属していますが，必死になると息が止まるような気持ちになるんで，そんな気持ちになるのが恥ずかしいです。恥ずかしいです。

JK：それはタバコをやめるためのよい理由です。バレーボールをしているところを想像できますか？　息をたくさん吸うことができるの

で，息を切らすことなんてありません。よいエネルギーにいつも満ちている感じ？　（**フナイダ：**はい。すごくいいです）　あなたは家にいて，コーヒーを飲んでいる。そして今日は後でバレーボールをする日です。あなたはそのことをコーヒーを飲みながらただ考えています。とても健康的に感じています。楽に深く呼吸をしていて，それが気持ちがいい。そして思い出すんです，そういえば最近はバレーボールをするときも，エネルギーに満ちていて，すごく楽しいことを。息切れしていたころにはできなかったことが今はできる。ただなんとなくこの映像の中にいて，楽しんでください。それをもっとポジティブにするには，ほかに何があるといいですか？

フナイダ：もっとポジティブ？　呼吸です。バレーボールだけじゃなくて，ほかのスポーツでも息が必要なんです。タバコはやめる必要があるんです。だって，勝ったときにあんなに苦しい息をしたくないんです。

JK：では再びその，既に禁煙して，タバコにはもう関心が無くなった未来の一日に戻ってください。ほかの誰かが喫煙について話すかも知れないけど，あなたはもうそれに興味がありません。なので，ただ，コーヒーを飲みながらテーブルに座っていて，子どもたちがいて，空気が綺麗なので子どもたちも健康でエネルギーにあふれているのが見えて，あなたも楽に息をしている。今は息をするのが大変なのはわかっていますが，ただ，この映像の中では，今日，このあとでエアロビクスと少しジョギングに行こうかしらと考えています。そして風のように早く走れるのは本当に素敵です。息を切らすことなんてないんですから，素晴らしい。もう本当によい気持ちです。それはまるで……それができるってことが本当の喜びなんです。なので，今はただ，それを楽しんでください。その映像の中に入って行って，そこは明るくて

澄んでいて，色があって，まるでそこにいるようです。それは素敵な映像ですか？　今，それを楽しむことができていますか？　（**フナイダ：はい**）　本当に味わって。そして肩のところを交互にタッピングしましょう。よい気持ちと一緒にいて。いいですよ。どんな感じですか？　（**フナイダ：いいです**）　ではそのよい感じが，身体のどこにあるのかに気付いてください。（**フナイダ：心臓のところです**）　それに気付いて。ただ楽しんで。いいですよ。

ただそこにいることを楽しんでください。そんなにも健康に感じながら。いいですよ。この感覚があなたの資源としてそこにあります。（**フナイダ：はい**）　では今からシフトしましょう。その資源をこの棚の上にあげてください。

最強の引き金を探す

JK：では，あなたにとって最強の喫煙の引き金は何ですか？

フナイダ：最強の？

JK：もしかすると４つ，５つ思い浮かぶかも知れませんが，最強のを選んでください。

フナイダ：一番強いのといっても，決められません。今日もかなり必死になっていたんですが……コーヒーを飲んでいて。

JK：じゃ，コーヒーは引き金になるんですね。

フナイダ：ええ，そうです。押しのけよう，押しのけようとしたんで

すが，コントロールできませんでした。今も引き金をひかれている最中なんです。それから昼ご飯。昼食後がつらかったです！　それから家に足を踏み入れると……それはすごい引き金です！

JK：すると3つの異なる引き金があると。

フナイダ：それからパーティーも！　旅行も！　幸せに感じると，タバコを愛するんです。

JK：では，今日のセッションの終わりまでにあと1時間くらいしかないんですが，あなたがそういうあらゆる引き金に対処するために，一人でできることをお伝えします。今後も○○さん（地元の熟練したEMDR治療者）と継続して取り組むことができるので良かったです。

フナイダ：はい。最大の引き金はきっと，レストランです。レストランにいるときにタバコを吸うのが大好きなんです。

JK：ではそれから始めましょう。ここでこれからすることは，あなたの衝動を減らしてくれますが，でもこれはあなたが人間としてどのくらいよい人かのテストではないですよ。（**フナイダ：**はい）　これは失敗のしようのないアプローチです。これからあなたの吸いたい衝動と取り組むためのことをしますが，明日，あるいは1時間後に，もしもタバコを吸ってしまったとしても，あなたがひどい人間だということにはなりません。単に喫煙に関することですから。

フナイダ：はい。私が悪い人間だという意味ではない。でも，影響はあります。私は強くありたいって思うんですが，弱さが前面に出てくるんです。でも何があろうと自分を受け容れます。たとえタバコを一

生やめられないとしても，自分を受け容れます。

JK：わかりました。いいですね。では，レストランにいる映像を思い浮かべてください。特定のレストランにしましょう。いつも行くレストランにしましょう。

フナイダ：全部だわ！　全部のレストランでタバコを吸っています。でも１つ２ついつも行くところがあって。私がタバコを吸っていることに，みんなが気が付くところを選ぶことにします。みんなに気が付かれるのは嫌なので……だからそこを選ぶ必要があると思います。そこにします。

JK：では今，そこに行きましょう。そこにいる映像を思い浮かべてください。タバコをもっているところを浮かべてください。（**フナイダ：**わかりました）　タバコはテーブルにのっています。（**フナイダ：**はい）ライターもあります。（**フナイダ：**はい）　ほかには何がありますか？

フナイダ：友達がいます。いつも一緒に行くんです。

JK：友達がそこにいて，よい時間を過ごしていますか？　（**フナイダ：**はい）　今，そこにいて，心にはその映像がありありと浮かんでいます。あなたは本当にそこにいて，友達と話したり冗談を言ったりしていて，タバコがそこにあります。ここで私から質問です。そこにタバコがあることで，それについて考えると，（0から10で）どのくらいタバコを吸いたいという衝動がありますか？　（この時点でフナイダは頭をうなだれた）

フナイダ：10！（苦笑）　手が動き出します。手に取りたいです。

JK：はい，わかりますよ。ではその 10 に気付いてください。その 10 は身体感覚でいうと，どこで感じますか？　まさに，今，テーブルのところで友達といるときに？

フナイダ：心臓がドクドクドクと鳴っていて，手はそれを触りたがっています。

JK：わかりました。では身体をスキャンして，その感覚と一緒に出てくる感覚がほかにないか探してみましょう。ほかにもないか探してみましょう

フナイダ：正確にはわからないんですが。もしかすると全身全霊でタバコを吸いたいのかもしれません。

嗜癖行動を始める直前の選択ポイントをターゲットにする

JK：ただそれに気付いていてください。友達がそこにいるし，タバコもそこにあるし，灰皿もあるし，ライターもあるし，よい時間を過ごしている。お喋りをしながら，レベルは 10 なので，手はタバコを手に取りたいと思っているし，あなたはそれを心で感じている。ただそれと一緒にいてください。まだ吸うことを選んでいません。まだ手をのばしたわけではありません。ただそうしたいと思っているだけです。どのくらいそうしたいと思っているかに気付きながら，私の指を追ってください。いいですよ。[**EM**]では同じ瞬間に戻ってください，あなたはまだ選んでいません，タバコはそこにあります。今，何がありますか？　変わっていないかも知れません。

フナイダ：はい，はい。私はタバコを手に取りませんでした。もがい

て，そうしないようにもがいたんです。（**JK**：それについて考えて）［**EM**］（**JK**：ただそれと一緒にいて）　もう見えないように，タバコを隅に押しやりました。（**JK**：それと一緒に）［**EM**］立ち上がってココアを買いました。あのレストランでは，私たち，ココアを飲まなきゃいけないんです。ココアを飲みます。そして座りました。

JK：では，してほしいことがあります。再び戻ってください，タバコを隅に押しやってしまう前の瞬間まで戻ってください。あなたはまだそこにいます。まだどうするか選んでいません。友達とお喋りをしています。（**フナイダ**：想像できます）　そして今，想像すると，吸いたい衝動はどのくらい強いですか？　数字（0 から 10）で教えてください。

フナイダ：減りました。前ほど強く感じません。10 から 7 になりました。

JK：何が違いますか？

フナイダの手についての気付きは，意識的ではあるが，別個の喫煙するパーソナリティのパートを表現している。

フナイダ：何が違うって……私の手です。前は手がここにあって，動かないように抑えていました。でも今はこんな風に（もっと背筋を伸ばして）座っていて，手がタバコの箱の包みを開けようとすることから少し自由になっているのを感じています。（**JK**：その違いに気付いて。それがどんなに違っていて，よりよいかに気付いてください）はい，もっと心地よく感じています。

第6章　適応的情報処理手法を用いた嗜癖障害の治療　179

JK：それと一緒に。［**EM**］いいですよ。ではまた深呼吸して。今，何が心に浮かびますか？

フナイダ：同じ映像が今も見えます。目の前にⅠ箱のタバコとライターが一つ，置いてあります。でも，でも私たち，いい時間を過ごしています。出て行く人や入ってくる人について話したりして，よい時間を楽しんでいます。（**JK：**誰に対しても話したいことがたくさんありますものね）　はい。

JK：ただそれについて考えて。［**EM**］今，心に何が浮かびますか？

フナイダ：心に何が浮かんだか？　　私の友人が愛している誰かがレストランの入り口から入ってきて，すごく幸せそうなんです。私も彼女の幸せが嬉しいです。

JK：それについて考えて。［**EM**］今，何がありますか？

フナイダ：同じ場面について？　　彼は「こんにちは」というと，外に出て行きましたが，私たちは引き続きよい時間を過ごしました……そして，私はタバコのことを忘れていたんで！（笑う）

JK：タバコを吸うのを忘れていた！　（**フナイダ：**そう！）　それについて考えて。［**EM**］

JK：あなたは友達と一緒に座っている。あなたは笑っていて，タバコはそこにあって，今，何がありますか？

フナイダ：タバコの箱とライターを自分のカバンに入れました。灰皿

180　第Ⅱ部　心的防衛を解消するための適応的情報処理手法

は隣のテーブルからもってきたものでしたが，灰皿も隣のテーブルに戻しました。目の前から消すために。

JK：それについて考えて。[EM] では最初の映像に戻りましょう。タバコはまだそこにあって，ライターも，灰皿もあります。あなたは友達と交互に話しています。今は0から10でいうと……。

フナイダ：5です。5です。今，この状況にいたら，きっとカバンに入れます。そこで放り出していたでしょう。

JK：それについて考えて。[EM] 今も0ではなく5です。その5について話してください。

フナイダ：5というのは，今もタバコを吸いたいという意味ですが，前と同じ衝動ではありません。少し緩んだ感じです……。

JK：その違いに気付いて。[EM] 深呼吸してください。もう一度そこに戻りましょう。今，何がありますか？

フナイダ：今何が出てくるかですか？　タバコを吸いたくない気持ちです。吸いたい衝動がないんです。今，そう感じています。

JK：それがどんな感じかに気付いて。それがどんな感じかに気付いて。[EM]

フナイダ：わかりません。減ったかも知れません。前よりは。でもやっぱりまだ何かあります。嘘はつきません。(**JK**：ええ，嘘はつかないでください)

第６章　適応的情報処理手法を用いた嗜癖障害の治療　181

タバコの衝動を引き起こしている記憶の情報チャンネルを進んでいきながら，処理はこんな風に進む。こうしたチャンネルは感情として，つまり非言語的に体験されている。言葉にするのが難しい。５分後，LOU スコアはさらに下がった。

JK：もともと 10 で，それから 7 になり，今は 3 になりました。最初と何が変わりましたか？

フナイダ：衝動です。まるで本当は一緒にいるべき昔からの友達のような感じです。離れたことがまったくありません。いつもカバンの中や，家の引き出しや，テーブルの上にタバコの包みがあるんです。でも今では，カバンには入れないだろうと思います。レストランにまでもっていかないなって。［**EM**］この状況は，私にたくさんの力をくれました。

JK：ここで今やっていることが？

フナイダ：そうそう！たくさんの力をくれました。今晩の自分のことを想像しようとしています。友達に会うんです。ここからレストランに行き，そのレストランでは**いつも**タバコを吸うんですが……でも最善を尽くしたいと思います。

JK：ただそれについて考えて。本当にどうなりそうか考えてみてください。［**EM**］

フナイダ：私たちはタバコ無しで座っていて，友達が私に尋ねるんです。「タバコ吸いたくないの？」。私は彼女に，タバコはやめたのって言います！彼女が私を見ます。（フナイダが顔真似をする）

JK：彼女はそんな表情であなたを見るの？　それについて考えて。[EM] 実際，タバコを吸わない方が楽になりそうな何かがここで起っているようです。でも，気付いて欲しいんですが，まだほんの少しだけ，衝動があるかもしれませんよ。

フナイダ：あります。嘘をつく気はありません。

JK：嘘はつかないでください。レストランでタバコを吸わないかも知れないけど，それでも衝動はあるかもしれない。こんなことを考えるかも知れません。「あぁ吸いたいわ，でも吸えないの」。なのでもう一度戻って，まだ残っているのが何かを見つめてください。タバコを吸わないことを選んだとしても，まだある衝動はどのくらいなんてしょうか？

フナイダ：タバコの包みが目の前にあったら，もしも目の前にあったら，衝動は今も３です。

JK：その「3」について話してもらえますか？

フナイダ（自分の手を見つめて）：まるで私が……したいかのような……ダメ！　……したいけど……ダメ！　……したい……やめなさい！　吸っちゃ駄目。終わり。手がタバコに伸びるのを抑えているのは私です。でも手ははるかに扱いやすいです。

JK：まだそこにある衝動にただ気付いていて。それと一緒に。[EM]

フナイダ：衝動について考えると，２から１になりました。減りましたけど，まだ０とは言えません。なぜなら**自分の中にはまだある**のを

感じるからです。0になったと言ってしまったら，自分に嘘をついていることになるかもしれません。今も私の中に残っているからです。

JK：それと一緒に。[**EM**]　いいですよ。

JK：自分に対して正直であると，何が得られますか？

フナイダ：衝動がどのくらいあるかについて正直であると？　（**JK**：そうです）　タバコの箱が目の前においてあるレストランに戻ろうとすると，私の一部は「（衝動が）下がった」と言いますが，別の部分は「自分に嘘をつくのはやめなさい。まだそこにあるでしょ。何かがあるわ」と言います。

JK：これがそんなに簡単だったら本物ってことはありえないですからね。（**フナイダ**：ええ）[**EM**]

2分後……

フナイダ：0になったかもしれない。（ためらいがちに言う）

JK：0かもしれないし，0じゃないかもしれない？

フナイダ：目の前にタバコの包みがあったとして？　（**JK**：そう）0かもしれない。（**JK**：0かもしれないし，0じゃないかもしれない？）（長い沈黙の後，笑いだし）　半々よ！

JK：わかりました。それと一緒に。[**EM**]

184 第Ⅱ部 心的防衛を解消するための適応的情報処理手法

クライエントが，喫煙とそのほかの肯定的体験との連結を切ることができるように編み込みを使って援助する。

JK：そのレストランでタバコを吸いながら過ごした，数々の素敵なひとときを思い浮かべられますか？ そこにあったあらゆる素晴らしいものを思い出してください……あのレストランでタバコを吸いながら過ごしたときに。 タバコを吸うのがどんなにいい感じだったか考えて，ただそれを楽しむのを自分に許してください。

フナイダ：んー，大好きだわ。（しばし沈黙）それは過去のことに感じます。

JK：それと一緒に。[**EM**]

フナイダ：今，生まれたように感じます。あの喫煙者は亡くなってしまったんです。そして新しい人が来た。私は同じレストランで，タバコ無しで座っています。

JK：それと一緒に。ほんの少しでも衝動はありますか？

フナイダ：いいえ，ありません。まったくありません。

JK：完全な０のように感じるんですね？

フナイダ：はい，完全な０です。

この０は前の「ゼロ」とは異なり，はるかに強いゼロだった。私はもう１セットの眼球運動の間，タバコの衝動から完璧に解放された状態に集中

第6章　適応的情報処理手法を用いた嗜癖障害の治療　185

してもらった。彼女がこの気持ちを明確に記憶の中にとどめておくのを援助するために行った。次に，肩に交互にタッピングをしながら，肯定的ゴール状態の身体感覚に集中してもらった。このタッピングは，リソース名を挙げなくても，「未来のある一日」を呼び起こす傾向がある。こうした肯定的感情が，以前は強力だった喫煙の引き金への新しい連想として強化されるのである。

　　JK：完全な０がどんな感じがするものなのかにただ，気付いてください。［**EM**］レストランで，あなたの目の前にある喫煙の包みが見えます，その映像を浮かべたまま，肩にタッピングを行い，ただそこにいてください。そこにいることを楽しんでください。（肩への交互刺激）

　　JK：いいですよ。いいですよ。今日は，何を見ている感じがしますか？　何かが見えてびっくりするかもしれませんよ。

　　フナイダ：今日何が起こったかということですか？　そうですね……私が口を開いて言うのは（笑う）私は映像を浮かべていて，集中していたんですが，完全に入り込んでいたんですが，でも前よりもはるかに強くなったと感じます。自分が強く，以前は私を押さえつけていた何かから解放された気がします。

　　JK：ただそれについて考えて。［**EM**］

肯定的認知の植え付けと，ほかの引き金への般化を促すよう，クライエントを援助する

　　JK：では，今からすべての引き金について考えて行ってもらいたい

んです。ただ考えていってください。こんなふうに感じないとイケナイということは何もないのですが，自分は強いんだというあの感じについて考えてください。そして今，考えつく限りの引き金について考えてください。[EM] いいですよ，何がありますか？

フナイダ：ほかの状況でも同じようにやれると感じます。レストランと同じようにやれると。

JK：いいですね。もう一度，それについて考えてください。引き金を一つひとつ，その都度，時間をとって，本当にその状況にいて自分がいかに強いかという感覚を感じられるようにしてください。[EM] いいですね。

フナイダ：はい。（うなずく）私は強くなれる。私は実際に強いわ。

JK：それと一緒に。[EM] 今日はこの辺で終わるのはいかがですか。（**フナイダ**：はい）

　私は別の EMDR トレーニングを行うために 1 年後に同じ場所を訪れた。そこで聞いたのは，フナイダの喫煙は，あのセッションのあと数週間は，ゼロになっていた。1 年後，彼女は週に 1 回，近所の人とコーヒーを飲むときにタバコを 1 本吸っていた。2013 年，あのセッションから 8 年後，私は彼女とのセッションの逐語録をこの章に含める許可を得たいと思って彼女にメールを送った。彼女は喜んで許可してくれて，こう言った。「あのセッションは本当に役に立ちました。もっと追加のセッションを受けられれば，あの頃，タバコを完全にやめられただろうと確信しています」。そして，エンパワメントと自尊感情のこもった言葉で彼女が教えてくれたのは，あのセッションからちょうど 2 年後の同じ日に，いかに自分が「タ

バコと離婚したか」（つまり完全に永遠にタバコをやめた）だった。

　このセッションで使ったプロトコルが DeTUR 法だったが，それだけでなく，セッションの最後の方では認知の編み込みを行って，彼女がそこでの取り組みを，関連した多くのフィーリング状態――つまりレストランで友達とタバコを吸いながら過ごした「素敵なひととき」への般化をできるように援助した。レストランという引き金に対する LOU がゼロになるというエンパワメントになる体験の上にこの介入を載せたことが効果を高めた。明らかに，この介入が，彼女の肯定的な思い出と喫煙という具体的行動の間の連結を切る助けになったのである。彼女がほかの多くの引き金状況と「私は強い」という前面化した新しい肯定的認知を組み合わせたことによって，この連結はさらに弱められた。

　後の 14 章では，ヴェロニカの治療経過が示される。彼女のケースは，解離性のパーソナリティ構造をもったクライエントでは，状況的引き金とつながった衝動をターゲットにするだけでは嗜癖行動を解消するのに不十分な場合があることを描き出している。ヴェロニカのケースでは LOPA 法（第 5 章で説明済み）を使い，自己破壊的な嗜癖行動を引き起こしていた子どもパートの極めて強い肯定的感情を解消したのである。

第Ⅲ部

解離性パーソナリティ構造を
治療するための
適応的情報処理モデル

第7章

適応的情報処理モデルにおける
解離の治療

解離の起源

　私たちは誰もが自分のパーソナリティ内にパーツ——料理,掃除,仕事,睡眠など日々の課題をこなすための別々の心の状態——をもつ。周囲の人とさまざまな方法でつながりをもつパート,意味や目的を追い求めるパート,自己を守るために危険に対峙するパートなどがある。定義が示す通り,解離する人も別々のパーツをパーソナリティ内にもつが,パーツが内在するというのは,すべての人に通ずることである。解離しない人と異なり,解離する人に特有なのは,彼らのパーツの多くが過去に起こった脅威状況への究極の適応手段として生まれたことだ。適応の一環として,パーツ間の意識的なアクセスに不具合があったり,パーツ間に葛藤関係があったり,パーツ同士のアクセスがまったくなかったりする。

　私が初めて解離を目撃したのは1981年だった。入院と外来患者用の治療プログラムで働く新人治療者として,期待に応えられるスキルを習得するために悪戦苦闘していた。解離については大学院の授業で聞いたことがあったが,解離は非常に稀なので臨床家のキャリアで出会うことはまったくないかもしれない,との話だった。当時の私は,慢性うつを訴える23歳の女性を担当していた。知的に問題はないが,社会的に孤立し,就労も

最低限レベルで，目の前を人生が通り過ぎていると感じていた。彼女の声には「小さな女の子」っぽいところがあった。思春期に身体の発育が通常通りでなかったことが，低い自尊感情の原因だと彼女は述べた。23歳だったものの，彼女の身体は思春期の子のようで，月経も始まっていなかった。しかし，主治医はその理由を解明できずにいた。両親は，彼女が10歳の時に別居していたが，彼女は前から父親と非常に仲がよかった。離婚手続き中，当時12歳だった彼女は，父親について嘘の証言をすることを母親に強制された。治療面接でこの件について語り始めると，無感情だった彼女の表情が急に恐怖でいっぱいになった。そして椅子から飛び上がると面接室を飛び出し，激しくむせび泣きながら廊下を歩いて行ってしまった。私はすぐ後を追い，廊下の突き当たりで胎児のような姿勢で横たわる彼女を見つけた。彼女を連れて面接室に戻り，腰を下ろした。狼狽しながら「さっき，何が起こったのですか？」と尋ねると，「どういうことですか？」と彼女は答えた。彼女には今しがたの出来事の記憶がなかったのである。私は心の中で「冗談だろう？！」と思ったが，声に出すことはなかった。後に，クライエントの身に起こっていることにもっと注意を向けていれば，そして，解離についてもう少しわかっていれば，彼女のためにもっとできたことがあったのではないか，と思うに至った。

　これが私の解離への入門体験となった。クライエントは母親と同居しており，離婚が成立した後の11年間，父親との接触はなかった。彼女はこの面接まで，父親を窮地に追い込んだことで非常に強い罪悪感を抱える12歳の子どもパートを解離したまま生活していた。そんな中で治療を継続したわけだが，私の経験不足にもかかわらず彼女が治療から得るものがあったと思う。治療が進むにつれて，母親が夫に対して抱いている強い嫌悪を自分が引き受ける必要はないことに徐々に気付き始めた。そして，それにより自分の行為に対する罪悪感，父親を失ったことへの喪失感，そして，嘘をつくように圧力をかけた母親への怒りを認識するようになった。作業をすることで，彼女の外見もどんどん23歳の女性らしくなり，嬉し

いことに月経も始まった！　気付きを得られたことで滞っていた発育プロセスが再開したようだった。この頃から母親と過去についての率直なやりとりができるようになり，彼女から父親に連絡を取り，彼を喜ばせた。治療者はクライエントから学ぶものである。私もこのクライエントから多くを学んだ。特に着目すべきは，解離を認識できるようになったことである。同時に，解離性障害がクライエントの複雑な成育歴においてどのように「理に適って」いたのかを学んだ。重要な学びだった。治療におけるこうした概念的理解は，クライエントが自分の正常さを理解するのを促すために不可欠な「ツール」である。

　解離の理解は，どのような人——解離している人もしていない人も——のパーソナリティにはパーツがある，という気付きから始まる。時には，これらのパーツ構造に健忘という分離や，パーツ間の大きな葛藤がある。そして，この葛藤が重篤な情緒的問題を引き起こすことが多い（Forgash & Knipe, 2007, 2012）。問題を抱える人の多くは治療不可能と思われていたが，パーツ間の不調和の解消を目的とした適切な治療介入を用いれば，実は治療可能だということを「パーツ」モデルは示唆する。これは，今まで（無神経にも）「きちがい」「変化への準備が整っていない」あるいは「怠け者」（どれも診断基準マニュアルに記載されていない用語）と言われてきた人にさえ，適用可能だ。自我状態の葛藤や解離プロセスを中核的な重要性として認識することで，特に解離のいくつかの理論モデルを基盤とする治療や情報処理を行う EMDR 関連手法を用いた治療ならば，これまで心理療法の対象外と考えられていた多くの人にも大きな利益をもたらすことができるのだ。関連して興味深いのは，心的外傷後ストレス障害（PTSD）の診断名が登場した 1980 年代当時，この病態は難治性だと多くの治療者は考えていた。不幸にも，当時，クライエントの多くは善意の治療者からですら「共存するしかない」と言われていた。今でも誘拐事件や自然災害が起こると，被害者について「彼らがこの体験を乗り越えることはないでしょう」と語るニュースキャスターがいる。しかし，実際は，多くの科学

194　第Ⅲ部　解離性パーソナリティ構造を治療するための適応的情報処理モデル

的根拠（Bisson & Andrew, 2009；Bradley, Green, Russ, Dutra, & Western, 2005；Davidson & Parker, 2001；Maxfield & Hyer, 2002；Rodenburg, Benjamin, de Roos, Meijer, & Stams, 2009；Seidler & Wagner, 2006）が，明確に想起できる苦痛を伴う記憶のほとんどは，克服可能であることを示している。こうした事実をふまえると，PTSD 以外のクライエント群が治療不可能と言われるときも，それを疑ってみてもよいことを示している。

　解離の程度には差がある。パーソナリティ・パーツ間に一切の認識がない場合もあれば，特定のパーツが別のパーツを部分的に認識していることもある。「私は私，でもほかの存在も一緒にいる」というように。多くの場合，ほかのパーツの存在に対して，恐怖や恐怖に基づく回避が見られる。「絶えず付きまとう」という言葉が，この経験をうまく描写している。解離しているクライエントの中に，その体験を「うるさい隣人をもつようなもの」と描写した人がいた。壁の向こう側で音がするが，何の音なのかは知らない方がよさそうだ！　ということだ。加えて，解離を示すクライエントたちは，別々に存在し，調和せず，葛藤関係にある自己状態が存在していることにある程度は気付いているものの，ほかの人にその存在を知られないように努める。

　解離の概念および認知的理解は，治療者と解離を示すクライエントのどちらにも必要である。治療者にとっては，クライエントの機能不全と適切で安全な癒しへの道のりの全体像を知る手立てとなる。クライエントにとって認知的な全体像の把握は先の理由で必要なだけではなく，自身の困難を認知的に理解できると，治療過程で扱うべき苦痛な情動を抱えることができるようになる。多くの解離クライエントは自己に対して強い恥を抱いているため，自己のパーツが解離したのは自分の落ち度ではなく，子ども時代のひどいネグレクトや虐待環境の不可避の結果であることを理解することがとても有益なのだ。

　よって，解離の認知モデルと，このモデルが目の前のクライエントにどう当てはまるのかを話し合うことは，多大な努力を必要とするものの，ク

ライエントを不安定化させる可能性が高いトラウマ処理の準備として重要なのだ。特に，困難な子ども時代の体験に適応するために「当然」のこととして解離したパーツが生まれることや，パーツにはいくつかのタイプがあるかもしれないことを理解し，クライエントが目指す目的地までの治療過程をイメージできることは，治療の結果を左右する。

　幼い頃から頻繁にひどいネグレクトやトラウマに満ちた環境で育つ子どもが，一人称の独自性をもつパーツを複数もつことは，当然の適応手段だ。その子どもの面倒をみるはずの養育者自身が子どもにとっての大きなストレスの源であった場合，子どもが抱くことになる自己概念，他者概念，そして社会的交流の本質的な安全感（対危険）についての基本的前提の神経へのコード化に悪影響が生じる。

　幼児の**正常**発達中，赤ちゃんは体験の異なる様式（視覚，運動感覚，運動性，情動体験）を統合し始める。顔は欲求充足に関連する。目は手の動きと連動している。先天的な行動システムは子どもの環境に即し具体化する。集中的な学習は生まれたときから起こっている。

　しかし，これらの早い時期の学習は記憶として認識されないかもしれない。「一番古い記憶はなんですか？」と尋ねられると，ほとんどの人は，2歳半から4歳の時のことを答える。なぜなら，この時期になると脳が十分に成熟し，記憶が視覚情報として保存されるからだ。しかし，これより以前に子どもが情緒的に強い衝撃を経験したら，その記憶は視覚的に保存されるかもしれない。多くの経験豊かな治療者は，クライエントが生後1カ月で体験した明瞭な視覚的記憶を語るのを耳にしたことがあるだろう。それらの記憶がもつ鮮明さは，証明する方法はないものの，それが正確であることを示唆する。もし，それらのとても幼い頃の記憶場面がクライエントに苦痛をもたらすなら，標準EMDR手続きを使ってターゲットとし，解消することができる。その記憶の妥当性は，処理をする際の障害にはならない——今の生活において，クライエントがその記憶に関連して抱く不安な気持ちがEMDRのターゲットになるのだ。

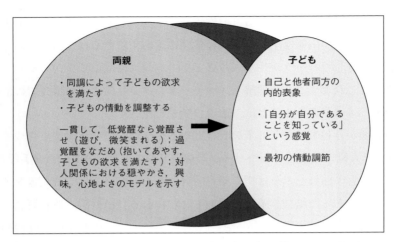

図 7.1 適切な愛着体験のもと，子どもは自己感覚をもち始めることができる

　記憶が視覚的にコード化される前のとても幼い頃に，養育者との愛着体験の中で学習は起こる。この学びが後のパーソナリティ形成の基盤の中核となる（Main, 1996）。養育者が子どもの波長に合わせ（情動調律），子どもの情動や体験を正確に真似し，子どもが発する欲求（例えば，泣く）に反応したなら，その子どもは繰り返されるそのやり取りの特徴を内在化し始める。内在化した「他者」「他者とは別の自己」の表象が形成し始める。「ほどよい」親（Kohut, 1971）は，外的調整——交感神経の興奮が高すぎる時は共感的になだめ，情動が低すぎる時は喜ばせたり一緒に遊んだりする——を提供することで内的に情動調整することを教える。赤ちゃんから微笑み，クスクス笑いなどの肯定的な情動を引き出すのは，親はもちろん，親戚や近所の人にとって楽しいことだ。ほとんどの大人にとって，とても幸せな気持ちにさせる体験だ。

　「ほどよい」安心感と継続性を備えた適切なボンディングが維持されれば，子どもは**自己**感覚の中に世の中における安全な場所を開発する。これらの経験が継続する中，子どもに安定した愛着が形成される可能性は高くなる。**図 7.1** は赤ちゃんが自己感覚を形成し，情動調節スキルを習得し，

他者関係についての肯定的な感情をもち始めるために，子どもの情動に対する親の同調と調整がどう関わっているかを示している。Shore（2001, 2012）は，親と子どもの間に起こるアイコンタクトを通して早期の愛着学習が起こる道筋を示している。目を通して，右半球機能の一部が同時かつ相互的に活性化することで（例．親が穏やかで，平坦なトーンで話しかける，あるいは優しく子守唄を歌う），親と子は非常に心地よい同調性に入ることができる。このタイプの関わりは，交感神経の興奮を和らげ，両者に肯定的な感情を高める。見つめ合う行為は肯定的な感情を生むが，最初のうち，そのような感情は赤ちゃんにとっては慣れ親しんだものより強すぎるかもしれない。強すぎた場合，赤ちゃんは目を逸らすことができるが，気が変わればまた視線を合わせることができる。ゆえに，赤ちゃんの準備が整えば，再び，見つめ合うことができる。これは，赤ちゃんが情動の自己調整を学び始めるひとつの方法である。また，このようなやりとりはいつも完璧ではないため，完璧ではないが「ほどよい」親と一緒にいる赤ちゃんは，関係が途絶えても修復は可能だということも学ぶ。例えば，赤ちゃんがお母さんの髪の毛を引っ張り，お母さんが痛みの声を上げると，赤ちゃんはお母さんから離れるかもしれない。しかし，お母さんの愛情にあふれた視線を感じることができれば，二人の間の関係は修復できて，関係が途絶えても修復可能であるという重要な教訓を得ることにつながる。

　その個人や種が生き延びるためには当然重要である親子間の強い絆を結ぶために，多くの遺伝的なプロセスが準備されている。これらのプロセスの多くは無意識下で行われる。例えば，親は赤ちゃんの目に惹きつけられ，赤ちゃんは親の目を探す。この行為はそれ自体が両者に穏やかな気持ちをもたらす。両者の視線がぶつかると赤ちゃんの瞳孔は広がる。赤ちゃんの目が大きくなるのを目にすると親の瞳孔にも同様の反応が起こる。この反応は無意識下で起こり，自身の子どもの世話をしたことがある女性のほぼ全員と多くの男性に見られる。愛着形成がうまく行くのは，親子間で自動的に神経学的結びつきが自動的にできた結果であることを示す，数ある例

のひとつである。この興味深いプロセスの詳細は Schore（2012, pp. 118-151）を参照して欲しい。

　愛着体験がうまく行くと，外傷的体験に直面した際にレジリエンスを提供してくれる統合した自己感覚を子どもはもち始める。自己の体験は具体的に，どのように育まれるのか？　Damasio（2010）は著書 *Self Comes to Mind*（邦題『自己が心にやってくる』）の中で，自己は2つの視点から捉えることができる，としている。ひとつは自身の体験の**観察者**としての自己。もうひとつは，**知る人**──「自分とは何か，何は私か，何は私でないのか，何は私の物ではないのか，を知っている」感覚──としての自己。この感覚は言語習得前に養育者との間にあった双方向的経験の潜在的（無意識）記憶で，後に「自己概念」と呼ばれる認知・言語経験の基礎なのだ。Damasio は「自己」は「心」よりも系統発生学的により発展しているとしている。心は生き残るために必要な行動の意識に関与するが，自己の発達には「他者」との継続的相互作用が不可欠である。子どもは自己と他者の両方が存在し，それぞれは別々に存在することを学ぶのだ。自己は，最初，二者間の双方向関係内で子どもの核として形成される。しかし，子どもが完全に依存している養育者が，虐待，害を及ぼす，痛みを与えると問題が生じる。それゆえ，早期の親子関係内でひどいネグレクトや虐待が生じると，子どもは，一貫性があり統一した自己感覚を形成する能力に支障を来たすのだ。慢性的で，繰り返される親からの虐待が起こると，子どもに備わっている生来的な防衛行動システムの怒りと危険からの逃避が活性化される。しかし，子どもは加害者であっても養育者を，生きるために必要なものを提供してくれる人，と見なさなければならない。このような状況が頻繁に，また，ひどいレベルで人生の非常に早い段階で起これば，その環境に適応するために，子どもは自己を別々のパーソナリティ・パーツに分ける必要に迫られる。子どもが置かれている環境がその子に求めること同士が相反するため，継続的に活発な単一の中核的なアイデンティティを形成することは単純に不可能となる。（無関心で虐待をする）養育

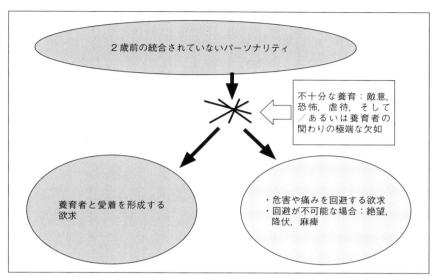

図7.2 養育者による人生初期の重篤なネグレクトや虐待は，自己の正常発達に支障を及ぼし，別々の自己状態を発達させることで，子どもの愛着や自分を守るという別々のニーズを満たす

者との絆をもち続けたいと願う，生まれながらの強い衝動は，適応を主たる目的としたパーソナリティのパーツに現れる。愛着に主眼を置いたパーツは，虐待の記憶を解離することで守られ，維持される。あるいは，虐待の記憶は部分的に解離され，虐待の記憶の強度を弱めるという何らかの防衛——回避防衛，過小評価，加害者の理想化，防衛的自己反省等——として表れ，加害者でもある「養育者」との愛着をある程度，残すことを可能にする。このような立場に立たされた子どもたちは，**図7.2** に示したように，個別の自己状態を発達させることになる。

　親が赤ちゃんに「ほどよい」人生初期の愛着経験を与えない理由はたくさんある。母親や父親が死亡している，病気，身体的障害，未熟，依存，自己愛などである。多くを抱えすぎているために，そばにいられないのかもしれない。不幸な例として起こりがちなのが，子どもが生まれることで親が子ども時代に経験したが表面化していなかった心的外傷後ストレスが

活性化されることだ。ある母親は原家族内でトラウマを負っていた。その環境で育つためには，自身の「インナーチャイルド」の感情や経験を無視し，あざけることで，心の傷に折り合いをつけていたのかもしれない。その母親は，自身の中にある恐怖，自身が感じる不十分さ，自発的ではしゃぎたいという当時の欲求，心地よさとサポートへの欲求などを，嫌悪しているかもしれない。このような場合，女児の誕生は幸福感と同時に，強烈な混乱と葛藤感情を母親に抱かせることがある。これらの強い恐怖や葛藤は，簡単に，娘に不適切な形で投影されかねない。母親のアンビバレンスは赤ちゃんの養育に矛盾や不適切さをもたらすかもしれない。別の可能性としては，「生まれてからずっと，誰からの愛情も期待することはできなかった。でも，とうとう，私のことを常に愛してくれる赤ちゃんに恵まれた！」という態度を親がもつかもしれない。このとても素敵な感情は，その赤ちゃんに乳歯が生えたり，疝痛を起こしたりして泣き止まない夜が続くと，あるいは，その子どもが独立心や個人行動を好むようになると，期待はずれに終わる可能性がある。これらの養育者側の非機能的特徴には幅がある——少しだけのこともあれば，子どもの関係性の内的作業モデル（IWM, Liotti, 1992, 2004, 2006）の発達に破滅的な影響が出るほどのこともある。

　不安定で混乱タイプの愛着スタイルをもつ子どもの親（片親あるいは両親）には，解離的な傾向がそれなりにある（Barach, 1991；Egeland & Susman-Stillman, 1996）。親が解離したパーツをもつ子どもは，それぞれの親に対応する独自で異なる適応スタイルを発達させざるを得ない。このような適応をするための準備は生やさしい作業ではない。加えて，このような環境で育つ子どもは情緒的に不安定になりやすい。普通よりもストレスは多く，そのストレスに対処するために必要な戦略は複雑なのだから。この子どもは，養育者とのつながり，痛みや危険の回避などの連続する行動パターンを通して泣くことを示すかもしれない。しかし，これらの反応を統合する可能性はほとんどなく，相反する衝動がアンビバレントに混ざ

る（例．泣きながら笑う，後ろを向きながら親に近づく）行動として示される。多くの場合，養育者との人生早期における双方向のやりとりの欠落あるいは不足——「不作為のトラウマ」——は，解離性パーソナリティ構造が発達する基礎となる。このような残念な環境で育つ子どもは，特定の「作為のトラウマ」に圧倒されやすくなる。そして，同時に，心的防衛——心的外傷性情動から意識的な自己を守る機能をもつ精神活動——を発達させる確率が上がる。

　解離性障害が発達する具体的なプロセスはどのようなものだろうか？PutnamとTrickettは1997年に，この問いに関する回答は重度のトラウマ出来事が何らかの形で関与しているだろうという前提以外，十分に存在しない，と記している。同年に，Ogawa, Sroufe, Weinfield, Carlson,とEgeland（1997）は2歳時点で不安定で混乱した愛着行動を示す子どもたちを対象に縦断調査を行い，親の無関与は対象者の19歳時点での解離体験尺度（the Dissociative Experience Scale：DES；Carlson, et al., 1993）スコアを臨床的に有意なレベルで予測した，と報告している。さらに，驚くことに，幼い頃に測定された不調な愛着に関する尺度結果は，幼児虐待歴指標——慢性度や重篤度，虐待開始時期よりも，19歳時点のDESスコアとの相関が高かった（19歳時点でのDESスコアと早期の同調欠如の尺度得点の相関はr=0.58で，分散の34％を説明するのに対して，虐待歴指標との相関はr=0.25で，分散の6％を説明するに過ぎなかった）。これらの結果は，後に別の縦断研究（Dutra & Lyons-Ruth, 2006）によって確認された。同様の結果は，子どもを対象にしたコルチゾールレベルを測定する調査でも見られた。安定した愛着をもつ子どもには，集団として，コルチゾールレベルの異常な上昇が見られなかった（Spangler & Grossmann, 1933）。しかし，子どもが2歳になるまでに，親が臨床的に重度なうつ病に罹患していた場合，4歳半（Essex et al., 2002）と7歳（Ashman et al., 2002）時点でのコルチゾール値の有意な上昇が予測できた。その結果，この子どもたちには恐怖覚醒の調整不調が見られた。Lyons-Ruthと同僚は，

202 第Ⅲ部 解離性パーソナリティ構造を治療するための適応的情報処理モデル

19歳になった時点での解離症状と有意に相関を示した幼い子どもと親との相互交流を2タイプ同定した。「敵対的／自己反映的」パターンと「無力／脅威」パターン行動。最初のタイプは，母親自身も身体的暴力被害の被害者または目撃者であった傾向が高く，後者は性的被害を受けた母親によく見られた。これらの2パターンは，自身の生活史に過度の影響を受けた結果，子どもが出す生得的な愛着シグナルに無反応で，親子交流の機会から子どもが繰り返し「締め出される」ことになるのではないか，と仮定している。親側に一貫した敵対的パターンが見られたり，恐怖があったりすると穏やかな交流は阻まれる——そして，これらの状況が繰り返されると——よい解決策が見当たらない問題に子どもは直面する羽目になる。残されるのは自己感覚をパーツに分裂し，別々の愛着ニーズや自己防衛ニーズを満たすというまずい解決策のみになる（Liotti, 1992）。

　繰り返し怖い行動（敵対的，過度の恐怖）を示す養育者は，子どもに交感神経の興奮（もがき，苦悩）を条件反応として引き起こすようになり，これがさらに養育者側の行為を強化することになる。子どもにとっては，交感神経の興奮が親との交流と次々に関連付けられると，この興奮に過度の（代謝亢進状態にある）右脳の活性化が伴うようになる。極端な例では，交感神経の興奮が継続し，絶え間ない場合，この過度の活性化が脳部位の神経細胞を破壊あるいは死に至らしめることにもなり得る。このようなタイプの頻繁な恐怖への曝露や，養育者との交流で頻繁に愛着ニーズが満たされないことが起こると，もうひとつの神経インパルスが起こる確率が高まり——低覚醒への切り替わり——背側迷走神経が活性化（無関心，消極的，降伏，情動やエネルギーの平坦化）され，繰り返される極度のストレス下での神経学的代謝の低下や細胞生存の低下を引き起こす（Schore, 2001, 2012）。幼少期にこのようなことが繰り返されると，子どもは脅威を予見した際に解離性麻痺状態を作り出すことで対処する方法を学んでしまう。これは2重の意味で危険だ。まず，子どもが脅威に対する機能しない反応を学ぶ——積極的な対応をしてその体験から学ぶ代わりに麻痺する

第 7 章　適応的情報処理モデルにおける解離の治療　203

──だけではなく，子どもが肯定的な情動を調整するスキルを学ぶ機会を
逸する。結果，子どもは健全な情動調整ではなく，対人関係における非機
能的な内的作業記憶をもつことになる（Liotti, 1992）。自分の体験や情動
を親が愛情をもって見守る，という子どもが生まれながらにもっている欲
求（Whitmer, 2001）が満たされなくなる。親の愛情のこもったまなざし
を求める子どもは満たされないというような環境で育たなければならない
なら，子どものパーソナリティ内には，別々の自己状態が育つことになる。
数年後，大人になったその子どもは，自分のパーソナリティ内に異なる自
己状態を存在させているかもしれないし，いくつかの自己状態は重複し，
中には互いの存在に気付いていることもあれば，互いの存在に対して完全
な健忘状態にあるかもしれない。そうなると，それらの自己状態への意識
的なアクセスは，部分的あるいは不可能かもしれない。このような状況で，
パーソナリティが「分裂した」と言うのは正確ではない。なぜなら，「分
裂した」という言葉は元々それらの部分が一つだったことが前提だからだ。
多くの場合，その人は最初から完全に一貫した単一の自己感覚をもち合わ
せていない。残念ながら，養育者との間に人生初期の愛着関係を形成する
ことができず，結果，単一の自己感覚が生まれてこなかったからだ。

　幼い頃の学習は，その後の人生で記憶として認識されないとしても，パー
ソナリティ内に保持され，影響力をもつ。幼児は視覚的記憶映像を容易に
作り出す能力を前頭葉に持たないが，情動調整のパターンや，自己と他者
の非言語的評価は，この時期に習得されるかもしれない。人生最初の 2 年
間では，左脳より右脳の方が成熟のスピードは速く，成熟の範囲も広いが，
右脳は意識的な意味記憶を保持することはできない。その代わり，記憶は
潜在的で，手続き的で，深いのだ（Schore, 2012）。言語習得前に起こり，
養育者によって加えられたトラウマやネグレクトは，同定された記憶とし
てではなく，関係性の前提として「思い出される」ことがあるかもしれな
い（BCPSG et al., 2007）。そのような状況で子どもとして育った人の中で
は，これらの前提が成人後の対人関係の前提として投影されたり，人生の

基本的な前提として形成されたりすることがある。例えば，「人は信頼できない」「世の中に安全な場所などない」「誰も私のことを気にかけない」「ほかの人と一緒にいるのは苦手——嫌われているようにいつも感じるから！」という態度などがその例だ。別の例も含めることができるだろう。「人生とは孤独で，不毛で，不快で，残忍で，短い」（哲学者 Thomas Hobbes, 1951 より）。「誰もが私をやりこめようとしている！」と信じている成人は，もしかすると，幼い頃のことを正確に思い出しているのかもしれない。幼い頃のトラウマ出来事——作為あるいは不作為のトラウマ——が，個人の「世の中の地図」あるいは少なくともその個人が生きる対人関係の地図となる態度や前提を発動させる。そして，その人は40歳になってもその地図を使い，対人関係を渡り歩き，対処しようとしているかもしれない。

　このような不幸な出来事が起こると，統合した自己の発達には支障を来たし，成人後に見られる解離性パーソナリティ構造の始まりになり得るのだ。このような成育歴をもつ成人クライエントは，自分や周囲の人にとり，混乱し，ストレスがたまる方法で行動し，考えるかもしれない。特に，非機能的な内的作業記憶が他者に投影された際，関係性は歪曲され，子ども時代に経験した害を与える交流の再演の場になるかもしれない。治療では，これらの非機能的愛着体験が転移として表出される。解離性障害のクライエントを診る治療者はいろいろな形で起こりうる逆転移，特に投影同一視（クライエントが治療者に否定的なイメージを投影し，治療者が自身の成育歴やパーソナリティ構造の理由からその投影を承認するような言動をとり始めること。例．投影された怒り，フラストレーション，性的興味，治療者としての能力に対する恐れ）に十分な注意が必要である。

　幼い頃の安全ではない成育環境は，後の肯定的な体験（効果的な治療を含む）により修正できる。逆に，幼い頃の安全な成育環境は，後に経験する広範囲におよぶトラウマにより覆われる。ただ，通常は幼児期の対人関係の経験は後のそれの雛形を形成する。

解離をしている成人内のバラバラのパーツは，機能不全家族内に存在した関係性に似た特定のパターンをもっているかもしれない。パートはほかのパートとまったくコミュニケーションをとらないかもしれない；ほかのパートに対して無関心かもしれない；ほかのパートを嫌悪しているかもしれない；支配／服従関係にあるかもしれない；理想化／中傷関係にあるかもしれない。子ども時代の環境に適応するために発達したため，解離を示す人のパーツ構造には個体差があり，子ども時代に経験していた脅威や剥奪は今では存在しなくても，その影響は簡単には失われない。自己がバラバラになり，解離パーツになるのは悪影響の（非機能的に保存されたトラウマ記憶と心的防衛に次いで）3つ目にあたり，幼い頃の困難な成育環境によるものだ。これらの3タイプの影響ごとに，両側性刺激セットを代表的な記憶場面に加えることが，複雑性 PTSD の治療の重要な要素になり得る。

第8章

準備段階の基本的枠組み

　解離性障害の患者の混乱した，しばしば矛盾する内的パーツの構造を整理するよう援助するための治療的介入は多数存在する。100 年以上前にPierre Janet（1907 ～ 1965）は彼がヒステリーと呼ぶ行動パターンを示す人々，事例の説明を読む限りは複雑性 PTSD とおぼしき人々，に対応するための基本的ガイドラインを示した。こうしたガイドラインは，現在では，解離性の状態像を治療するためのいくつかの異なるモデルにおいて必要なものとして受け入れられている（Herman, 1997；van der Hart, et al, 2006）。ガイドラインの中では，別々のパーソナリティを統合する前に必ずトラウマ関連題材の処理を行い，その前には安定化が行わなければならない，とされている。潜在的に不安定化させるようなトラウマ記憶とその後の影響に取り組む前に安定化をすべきだと言うのは，筋の通った話である（**図 8.1**）。加えて，パーソナリティの統合，つまりパーツを外傷的な過去と安全な現在の区別ができる統一的なアイデンティティへと戻すことは，解離されていたパーツの保持していた苦痛が脱感作され，解消されてはじめて可能になる。もちろん，典型的には，治療というものは，順番通りに進むものではない。通常はもちろん，安定化がトラウマワークの前に必要になるのである。トラウマワークの後には，追加のトラウマの処理に進む前に，再び安定化に戻る必要が生じることが多い。過去のトラウマ出来事が認識され，統合され，脱感作されると，治療に肯定的な勢いが生ま

208　第Ⅲ部　解離性パーソナリティ構造を治療するための適応的情報処理モデル

安定化
（治療者への）愛着に対する恐怖症を減らし，愛着喪失に対する恐怖症を減らす。
自己鎮静スキル
「私は自分の記憶よりも大きな存在だ」という態度
治療計画の概要；治療の準備

「治療阻害要因」の減少
トラウマ関連題材の処理
トラウマ出来事
トラウマ関連行動や刺激（内的＆外的）
パーツ間の葛藤や恐怖症を処理する
現在に対する歪んだ知覚を処理する；将来に対する歪んだ予測の処理

これまで解離されてきたパーツの統合
つながった人生物語を持ったパーツ間の共同意識状態
これまで解離されてきたパーツの統合
セラピーのこの段階では，新たなスキルが必要になるかもしれない（例．自己主張，葛藤解決）

図 8.1　解離性のクライエントには段階別の治療は必要である（Janet, 1907）

れる。　クライエントによっては，トラウマが解消されると，自発的にパーソナリティの統合に向けた大きな進展が起こってくる。というのも，苦痛な感情を抱えるためにパーツが解離によって離れている必要がなくなるからである。包括的で成功したトラウマワークの後も，パーツ間の解離が続くクライエントもいる。そのような場合，内的に別個のアイデンティティが続いているということは，パーツが引き続き離れていることに自己愛的な投資をしていることを示しているかもしれず，かつ／あるいは，これは何らかのパーツが今も未解決のトラウマ体験を抱えていることを示しているかもしれない。

　複雑なトラウマを負ったクライエントに対して３段階の治療が必要だとする Janet の定式化は，完全に筋が通っている。しかしながら，実践においては，段階が混ざることがよくある。準備段階の一部として以下に説明されている特定の手続きの多くでも，間接的にはトラウマを扱い，セラピーを提供し始めている。もしもクライエントに「0 から 10 でいうと，苦痛

第 8 章　準備段階の基本的枠組み　209

安定化
・EMDR 第 1 段階：成育歴・病歴聴取，治療計画
・EMDR 第 2 段階：準備
・EMDR 第 7 段階：終了

トラウマ関連題材の処理
・EMDR 第 3-4 段階：ターゲットアセスメントと脱感作／再処理
・EMDR 第 6 段階：ボディスキャン（およびトラウマ記憶に由来する感覚が残っていれば処理する）

それまで解離されてきたパーツの統合
・EMDR 第 5 段階：植え付け
・EMDR 第 8 段階：再評価

図 8.2　Janet の 3 段階は，EMDR の 8 段階と重複する。しかしながら，EMDR でターゲットにするのは，解離されたパートではなく，特定の記憶である

な記憶についてどの程度考えたいと思いますか？」と尋ねたら，これは準備になるのだろうか，それともトラウマ処理段階の始まりなのだろうか？受けた性的暴行についての情報収集をしているときに，クライエントが苦しみながらもその出来事について語ることができたなら，それは Janet の言う第一段階なのだろうか？　それとも第 2 段階なのだろうか？　これは実際のセラピーセッションに影響を及ぼす必要のない，むしろ学術的な問いである。Janet の提唱した段階は，役立つガイドラインになるが，治療者がクライエントのニーズと体験を丁寧にたどることも重要である。複雑性トラウマのクライエントの準備において恐らく最も重要な要素は，治療者が，瞬間，瞬間のクライエントの体験に対して正確に共感性を示すことである。こうした治療者の特徴は，肯定的配慮とともに，治療的な進展を可能にするような相互信頼関係を構築するのに不可欠である（Truax & Carkhuff, 1967）。

　EMDR の 8 段階は Janet の段階と矛盾することはないが，異なる視点を提供している。**図 8.2** に示したように，EMDR の段階を Janet の 3 段階にあてはめることは可能である。トラウマを再体験している自己状態に対する EMDR の利点は，EMDR では一度に 1 つの具体的な記憶，または

解離された記憶断片に集中することである。制御されない状況で非生産的な「感情の架け橋」（Watkins & Watkins, 1998）をかけられて，マイナスの影響を受けてしまいやすい脆弱なクライエントでは，苦痛な記憶のイメージが次々と湧き，開けられてしまった記憶から苦痛が一度に出てきて圧倒されてしまうかもしれない。クライエントからすると，あらゆる苦痛な記憶の扉がいちどきに，解決のないまま，開けられてしまったような体験となるだろう。このような連鎖的な感情の架け橋に特に情緒的に圧倒されやすい脆弱性をもつクライエントでは，EMDRの第3段階と第4段階で，焦点を「狭める」ことで悪い結果を回避できることが多い。つまり，クライエントにはまず1つの記憶または記憶断片の処理から始めてもらい，毎回の両側性刺激（BLS）のセットの後，「いいですよ，では扱い始めた記憶の最初の映像に再び戻りましょう。今，何がありますか？」と教示することができる。いくつかのBLSセットの後，最初の映像にアクセスすることができないとしたら，それは多分，治療的な処理が起こったと考えてよいだろう。その場合，あるいは映像が前に比べてアクセスしにくくなっていたり，曖昧でぼやけていたりしたら，尋ねるべき質問は「まさにその映像にアクセスを**しようとすると**，何が得られますか？」になるだろう。言い換えると，通常のEMDR手続きの処理／再処理の要素は抑制され，代わりに特定の記憶映像にだけ繰り返し焦点をあてて処理するのである。これはシャピロのもともとのEMD（Shapiro, 1989）手続きに近い。この「狭める」手続きを使おうと使うまいと，EMDRは一般的に，記憶の個別の断片に対して焦点を当て，潜在的に圧倒的な量のクライエントの外傷後感情を抱えておくことができるという利点がある。

　解離性のクライエントがEMDR療法（あるいはそのほかのタイプの心理療法）を受けているときの主たる危険は，**解離性除反応**である。これは，現在の安全に対する見当識をもっている自己パートから，強烈な「トラウマを再体験している」自己パートへと突然に切り替わってしまうことである。これまでの章で説明したとおり，多くのクライエントでは，見当識を

もっている自己パートの状態にいても，トラウマに関連する内的体験（気持ち，記憶，子ども時代パーツ）に対する気付きがあるものである。しかし，見当識をもっているパートは，こうした非機能的に保存されている要素に対して恐怖症的な回避をもっている。トラウマ出来事が癒やされ，統合されるためには，まず十分にアクセスしなければならないのだが，まさにそこに問題があるのだ。先に述べたとおり，見当識をもっている「一見すると普通な」パートは，重大な回避防衛を抱えているかもしれず，その多くが無意識的であり，その防衛が立ちふさがって「トラウマ再体験」パーツへのアクセスを阻むかもしれない。さらに懸念されるのは，クライエントがもしもトラウマ題材にアクセスする準備ができたとしても，彼または彼女が圧倒されてしまい，解離性の除反応を起こしやすくなることである。それが起こってしまったら，治療的な体験にはならないであろう。その人は目こそ開けたままかもしれないが，治療者と一緒にはいなくなってしまう。——彼／彼女は，現在の安全という資源なしに，過去のひどい体験を再体験しているかもしれないのである。

　第1章でも検討したとおり，EMDR の効果のために必要な条件は，二重注意，つまり治療者の面接室という現在の安全とトラウマ記憶題材に同時に焦点をあてることである。クライエントに「私は私の問題よりも大きな存在だ。私には問題になる過去の記憶があるし，嗜癖もあるかもしれない。不安とうつもある。しかし，こうした体験によって自分という人間を決めつける必要はない」という肯定的姿勢があることが大変役に立つ。こうした姿勢を身につけることは多くのトラウマを抱えた個人には難しいことである。それゆえ，トラウマ処理の前にはかなりの準備が必要になるのだ。トラウマワークを試みる前に，現在見当識へのしっかりしたグラウンディングと，情緒的安全感が極めて重要である。グラウンディングは，特定の安定化手続きによって促されることが多い。

　セラピーがトラウマ処理段階に到達したら，治療者は，処理中のトラウマの苦痛が「ちょうどよい」ように，微妙なバランスを保たなくてはなら

212　第Ⅲ部　解離性パーソナリティ構造を治療するための適応的情報処理モデル

ない。そうすることで，コントロールが効いたままの状態で苦痛が処理され，解消されるのである。EMDRの入門トレーニングでは，「長いトンネルを通っているときは，アクセルを踏み続けること！」というメタファーを学ぶ。言い換えれば，EMDRの第4段階では，たとえクライエントが除反応を体験していようと，持続的なBLSセットによって変化や進展を報告している限りは，プロセスを信じてBLSをし続けよ，と言うことである。これは，昔の記憶に取り組みながら，現在見当識を保つことのできるクライエントの場合には，よいアドバイスである。しかしながら，解離性のクライエントでは，このアドバイス通りにしない方がよいことが多い。代わりとなる主なガイドラインは，セラピーと非機能的な情報の処理が適切な方向に進んでいることを確認しながら進める，ということだ。適切な方向とは，癒やしの方向であるが，通常は非常にゆっくりと進む。解離性のクライエントに対応する時は，急がば回れなのだ（Kluft & Fine, 1993）。代わりとなる有用なメタファーがいくつかある。1つは曲がりくねった山道を運転して降りる，というものだ。この運転状況において重要なのは，いかに早く進むかではなく，コントロールができているかどうかである。急激なカーブに気をつけるために時には速度を落とす必要があるかもしれないし，時には一時的に止まった方がよいことすらあるかもしれない。ひどいトラウマを負ったクライエントに対応する時に重要なのは，現在見当識と安全があるところから始めて，トラウマ題材に対して滴定のようにアクセスをかけ，必要なら速度を落として，セラピーに持続的で肯定的な勢いを保つようにすることである。寒い気候の場所に住んでいる場合には，自動車についての別のメタファーがある。冬に凍った道の上を走って町から町へと移動するメタファーである。行き先はわかっている――もう一方の町である――しかし，すぐ目の前に何があるのかと，自分がコントロールできているか，にもかなり注意を向けなくてはならない。さもなければ，簡単に溝にはまり込んでしまうだろう。高度に解離性のクライエントとのトラウマ処理もそうなりやすい。治療者側がクライエントの情緒

第8章　準備段階の基本的枠組み　213

的安全に常時注意を向けていることの優先度はかなり高い。

　マインドフルネスと言う言葉は，外傷後記憶の侵入による苦痛に対して効果的な緩衝剤として働く，穏やかな注意集中状態を描写するのに使われる。マインドフルであるとは，「可能な限り最大限，今ここの瞬間瞬間の中に，開かれた心で，ゆったりと，評価したり反応したりすることなく，どこかに到達しようとすることなく，在ること（Kabat-Zinn, 2003）」に専念しながら，ただ持続的に体験に気付いていることを指す。そしてこの専念によって，時間が経つにつれ，マインドフルネスが重要な資源，目の前の体験に自分の注意を向けてマネジメントするためのスキルになるのである。瞑想やヨガの実践を継続することは，（安静時の脳波変化や皮質容積の増加（Shapiro & Walsh, 2003）だけでなく）自己鎮静スキルを育てることがわかっている。苦痛な記憶からの高いレベルの侵入を体験している人にとって自己鎮静手続きをとることは，さらに困難である。それゆえ，最初にこうした手法を学ぶときは，より構造化されたセッティングで行うことが最善だろう。例えば，ヨガ教室や，継続的な瞑想グループなどである。マインドフルネススキルは，境界性パーソナリティ障害向けの認知介入的志向の治療である弁証法的行動療法（DBT；Linehan,1993）でも教えられている。

　EMDR治療者のコミュニティでは，肯定的で適応的な特性や感情を，気付きの中心にもってきて，クライエントが外傷後の苦痛にアクセスする際の防護を固める「資源の開発と植え付け」をするための多様な方法が提唱されている（e.g., Gonzales and Mosquera, 2012；Kiessling, 2003；Korn & Leeds, 2002；Leeds, 2002；Popky, 1994；Schmidt, 2004, 2009；van der Hart, 2013；Wildwind, 1995）。同様に，パーソナリティの構造的解離理論に基づいて臨床をしたり，この理論について書いたりしている治療者たちは，個人でも集団でも使うことのできる，とても役立つ手続きやエクササイズを提供してきた。こうしたエクササイズは,治療者がガイドし，自己内省スキルや内的な安心感を高め，時間管理を向上させ，情動的に喚

起される状況への対処力を高め，適切な対人境界の維持を向上させる（Boon, Steele, & van der Hart, 2011）。

　人生早期の愛着体験が不十分で，かつ／または反復的なトラウマ体験がある人に特に有用な別の準備手続きが，Katie O'Shea（2009）によって開発された早期トラウマプロトコル Early Trauma Protocol（ETP）である。このプロトコルの具体的手続きでは，クライエントに言語獲得以前に起こった，傷つけるような親の無関与や虐待について十分な探索を行うことを支援する。加えて，ETP は「感情リセット」手続きも含んでいる。これはクライエントの感情的反応性に含まれるゆがみを修正して，クライエントの感情システムの神経基盤を「工場出荷時状態」に戻すのである。人間の中核的感情はそれぞれ適応的な機能をもっている。恐怖は，切迫した危険や痛み，そのほかの危害に対する無条件反応である。恥（情動停止，心の中で個人的な違反や罪を探すこと）は，関心や興奮がしばしば個人の道徳規準に違反したり，ほかの誰かに捕まったり，擁護できなかったりする状況に対する固有の反応である。こうした感情には目的があるのだ。しかしながら，広範なトラウマ歴を持ったクライエントの多くでは，感情がその目的や目の前の状況とは何の関係もない時に喚起される。例えば，PTSD 患者は，たとえ切迫した危険が何もなくても，トラウマ出来事について考えるだけで恐怖を覚えるかもしれない。第 12 章でも検討するが，恥は，たとえクライエントの現状や本人の生育歴・病歴的には何の論理的な意味をなさないとしても，しばしばクライエントの臨床像の一部である。O'Shea の感情リセット手続き（Affect Resetting Procedure）は，恐怖，激怒，怒り，恥，およびパニック／悲嘆（中核的感情状態；Panksepp, 1998）といったキーワードを脱感作する手法の１つである。これらの中核的感情は，もともとそれ自体で情緒的な負荷があり，しばしばトラウマ記憶題材とつながっている。準備段階中にこのように「リセット」を経験するクライエントは，後にトラウマ記憶題材——具体的記憶またはトラウマ再体験パーツ——を扱うときにも，より大きなレジリエンスを示す。

第 8 章　準備段階の基本的枠組み　215

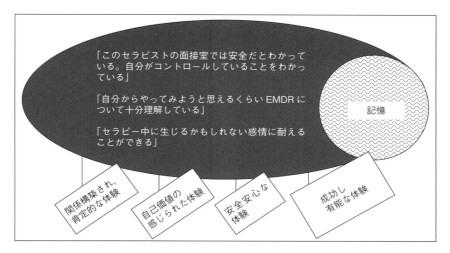

図 8.3　EMDR 準備段階中の資源の植え付け：肯定的記憶のネットワークを広げ，意識の中心にもってきて，自然な情報処理システムの機能を高める

図 8.3 に描かれているように，肯定的な精神活動や認識は，とても役に立つことがあり，自分は自分の病理よりも大きいという感覚をクライエントに与える。

エンパワメントの向上にむけたこの種のシフトはそれ自体が治療的であるが，高度にトラウマ体験を負った者にとっては，資源の植え付けだけでは，包括的治療のために十分ではない。さらに，この「植え付けされた」エンパワメントを使って，未解決の苦痛な記憶を直接的に治療するための土台にする必要がある。図 8.3 に描かれた肯定的性質に加えて，トラウマ題材にアクセスしている最中も，治療者の面接室の安全に対する見当識を維持する持続的能力は，解離的脆弱性を持ったクライエントには不可欠である。この極めて重要な資源を植え付けるための具体的手続きについては，第 13 章で詳述し，第 14 章と 15 章で例を示す。

第9章

準備：楕円を使った言語

　愛着と「パーツへの解離」の間の複雑なつながりをクライエントに説明するには，しばしば楕円の「言語」を使うことができる。こうした楕円は，セラピーセッション中に紙に描かれ，（心理学的／体験的視点からは）クライエントの自己状態あるいはパーツ，（神経学的視点からは）複雑な記憶ネットワークを象徴する。こうしたパーツが生まれるのは，似たようなテーマの出来事を繰り返し体験するからである。さらに，こうしたパーツは，その人の全体的なパーソナリティの中で互いに対しても特徴的な関係性をもっている。パーツは互いに解離していることもあれば，互いに多様な役割を担っていることもある。

　これまでの章では，パーソナリティの構造の違いを説明するために，楕円のイメージを使ってきた。同様に，楕円の絵は，肯定的および非機能的な愛着パターンや，「非機能的なパターン」と「パーソナリティ内の構造的解離」との間のつながりの形成について描き出すためにも使うことができる。楕円を使ったこのコミュニケーション手法は，自分の中に異なるパーツがいて，一部は解離しているかもしれないという考えに恐怖を覚えるクライエントに特に役立つ。あるクライエントは，彼女のパーソナリティ構造の中にある異なる部分の話をしていたときに，私に向かって不安そうにこう言った。「私，多重人格じゃないですよね？　そうなんですか？」。彼女は解離性同一性障害の診断基準を満たしてはいなかったが，大げさに解

離性同一性障害を描き出したテレビ番組や映画を数多く見ており，そのせいで解離したパーツのことを何か不気味で受け入れられないものだと思っていた。楕円を使った言葉を使うことで，彼女は子ども時代に極めて異常な環境に適応しなければならなかった普通の人であることを明らかにするのに役に立った。

1995 年に Landry Wildwind という創造的で素晴らしい EMDR 治療者が，EMDR 関連の手法で慢性的うつ病を治療するためのいくつかのアイデアを発表した。私は Wildwind の手法を応用して使ってきた結果，うつ病のクライエントだけでなく，解離したパーツや非機能的な愛着パターンをもつクライエントにも有用であることがわかった。不十分な親の関わりや，原家族内のトラウマについていくらかの情報を既に開示してくれたクライエントに対して，私はしばしば 1 枚の紙と色鉛筆数本を取り出し，非機能的な家族の中で育つ子どものジレンマを示す一連の楕円を描く。その結果としてできあがる絵の例が**図 9.1** である。

私は大抵，上の方から絵を描きながら，以下のようにクライエントに話しかける。

これからここに描きますので，それをもとに話し合うことにしましょう。まず，この絵が，親子の間がうまくいった場合にはこうなるはずだ，という状態です（紙の上の両方の隅の方に 2 つの楕円を描き，1 つには「親」，もう 1 つには「子ども」と書く）。親は子どものニーズをくみ取って，愛情や共感やミラーリングで返すのです（親の楕円から子ども楕円へと矢印を引く）。こうすることによって絆ができ，子どもが成長するための安全な場所を提供します（2 つの小さな楕円を囲むように大きな楕円を描く）。本来こうなるはずなんです。

あなたが話してくれたことからすると，あなたが育った状況はこうではなかったようです。あなたには親がいて，あなたはその子どもでし

第 9 章　準備：楕円を使った言語　219

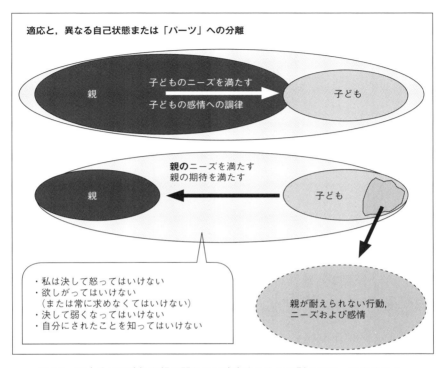

図 9.1　不十分で不適切な親の関わりに適応するために別々のパーソナリティ・パーツを形成したクライエントのために描いた絵

た（ページの下の方に，親と子の楕円をもう一組描く）。しかし，この愛情に満ちた，情動調律が行われる環境は，あなたが必要としていたかたちでは起こらなかった。そして，私が思うに，あなたは，──恐らく直感的にだと思いますが──どちらだったのか教えてください──親のニーズを満たす方法を見つけたんだと思います（子どもの楕円から親の楕円へと矢印を引く）。そうすることによってあなたが生き延びるのに足りる絆を親との間に創り出したのでしょう。

でも，子どもとしてのあなたのパーツの中には，あなたが親との間に創り出した絆の中では存在できないものもいました。そのパーツはあ

なたの両親のうち一人あるいは二人が，無視したり，つながることができなかったり，耐えられないと思ったパーツです（周囲を点線で囲んだ別の楕円が親子の絆の楕円の外側に描かれる）。例えば，もしかするとご両親は，あなたの怒りに対処できなかったり，あるいはあなたが彼らに何かについて本音を語ることに耐えられなかったりしたのかもしれません。そしてあなたはそれに適応しなくてはならなかったんです。

なので，ここからが質問です（治療者は子どもから親へとのびる矢印を指差す）。この矢印は何でしたか？　つながりをもつために，親のニーズを満たすときに，あなたがしなければならなかったのは何ですか？

　この手法を使うとき，治療者は子どもが自分のニーズを無視してつながりを保つために親のニーズに適応するためにしなければならなかったあらゆることのリストを作成する。わかりやすくするために，**図9.2**には私のセッション中の作画（左側上部）と実際のクライエントから出てきた反応（右側）を示した。この図に描かれているのは，うつの治療のために来談していた30代前半の男性の場合である。このクライエントに性的虐待歴があることはそれまで知らなかったが，この手法の構造がこの情報を開示させやすくしたのではないかと思う。このクライエントにとって，親のニーズを満たすためのやり方，いわば「同意事項」は，それぞれが直接にEMDRのターゲットとなった。

　こうした楕円が紙の上に描かれることがとても役に立つ。紙に描いてあれば，その後のセッションで，治療者もクライエントも，いろいろな適応の仕方やパーツについて話し合う際に，該当するところを指差すことができるからである。**図9.3**は子ども時代の非機能的環境によって，いかに「受け容れられる形態」の自己状態が，養育者に受け容れてもらえない側面（感

第9章　準備：楕円を使った言語　221

同意事項
1) 他の人を殴ることで父親を満足させることに同意する
2) 母親が必要としていた娘になることで母親を満足させることに同意する
3) 直接的に，そして父親に嫉妬させるために，母親が私を性的に利用することに同意する
4) 彼らの飲酒について話題にしないことに同意する
5) 家を掃除することに同意する
6) あなたたちの面倒をみることに同意する。夕飯を作り，父親が母親を殴りすぎないようにする
7) 動物たちの面倒をみることに同意する
8) 静かにして自分が必要なことで親を煩わせない
9) 親が好きなだけ怒ることを許すこと，父親の怒りの捌け口になり，母親の愚痴の捌け口になることに同意する

図 9.2　例：うつ病性障害のために治療に来ていた男性の事例のセッション記録

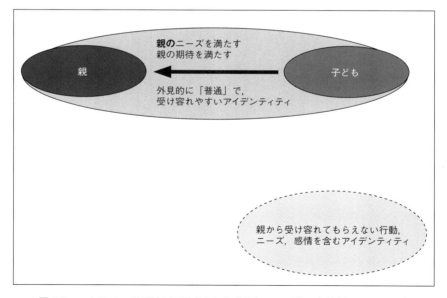

図 9.3　いかにパーツが別々に形成されうるかについて描いた楕円。パーツの中には親から見えるものもあり，外見的には「普通」に見える一方で，その子どものそのほかのパーツ——つまり注目したり受け入れたりしてもらえない性質やニーズ——は，親との絆の外側に存在する

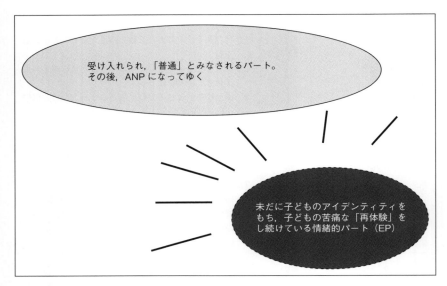

図 9.4 子どもが成長するにつれ……

情，知覚，ニーズ，記憶など）から離れて存在するようになるかを描き出している。このような環境では，子どもが成長していっても，自己内部の分断は続く可能性が高く，適応的パートは一般的に人とつながるために一見すると普通に見えることの重要性にますます集中するようになり，もう一つの自己パートは隠れたまま，両方の感情と子どものアイデンティティが持続的に「今まさに」体験され続けるのである。こうして構造的解離の理論家たちが呼ぶところの一次的解離が形成されるのである（van der Hart et al., 2006）。つまり，1つの一見すると普通のパート（ANP）がいて，1つの情緒的なパートが存在するようになる（**図 9.4**）。

　もしもその子どもの世界に，極めて異なる適応を必要とするようないろいろな環境があるとすると，別々のANPが形成されるかもしれない。例えば，家族の中で身体的あるいは性的な虐待に服従することが悲しいことに「普通」だとして，それでいて次の日に学校に行くときは別の種類の「普通」でいることが必要だとすると，こうしたかけ離れた状況に適応するた

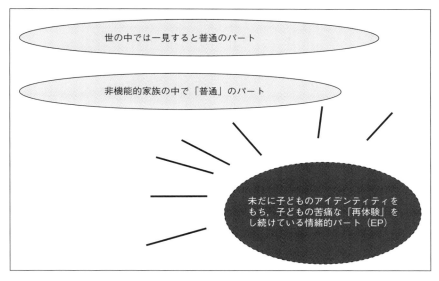

図 9.5 異なる適応的パーツが異なる状況への反応として生まれることがある

めに別個のパーソナリティのパートが形成される可能性が高いだろう。情緒的パートは，外傷的な再体験やどちらの環境でも受け容れてもらえない性質を抱えたまま，別個に孤立して存在するようになるかもしれない（**図9.5**）。

この状況では，EP が ANP へと侵入的に入り込んで来るのを避けるために，ANP と EP の間や，複数の EP の間に恐怖症的回避が生じるのは避けられない。先に述べたように ANP と EP はすべて，その個人のために機能しているのであるが，それぞれが異なる役割を担っているのである。第 2 章で述べたように，トラウマ記憶は，体験されていない経験の 1 つである。あまりにも圧倒的で苦痛だったために処理が中断され，未完了になっているライフイベントなのである。そういった出来事から EP は生まれるのであるが，それぞれの EP が抱えている処理不全の記憶は，未解決のトラウマ体験を解消しようとして表現を求めて前面に出てこようとする。しかしながら，ANP の役割は，一見すると普通で，受け容れられやすく見

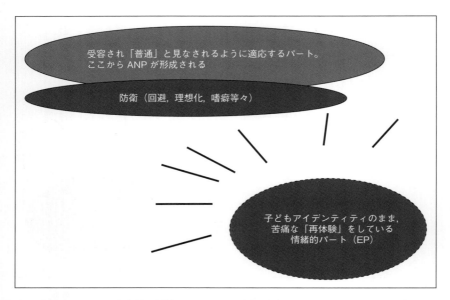

図 9.6 ANP の安全性を維持するために，防衛（回避，理想化，恥，嗜癖等々）が形成されることがある

せることを課題としている。それゆえ，EP から外傷後の映像や感情が侵入してくることを歓迎しない。適応的情報処理モデルに基づくツールを使ってセラピーをする EMDR 治療者にとっては，こうした回避を，第3章や第4章で説明した手法を使って治療的に処理することが可能な防衛であるとみなすことに意味がある。同様に，第5章で説明したように，理想化もまた，防衛的機能を果たすことがある（**図 9.6**）。

こうしたパーソナリティパターンは，いかに多様なパーソナリティ構造が創り出されうるかを説明するために，可能な限りシンプルかたちで説明されている。もちろん，臨床像は多くの場合，もっと複雑であり，多くの解離された自己状態が意識の中へと侵入してきて，外傷的な過去が現在起っているかのように体験される。加えて，臨床像には通常，ANP や複数の ANP 機能を守るために始まり，維持されている行動も含まれる。いくつかの ANP やいくつかの EP，およびいくつかの防衛に伴う，より複

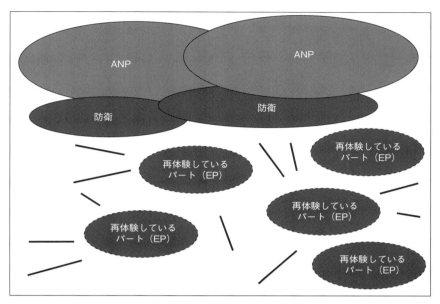

図 9.7　多くの ANP，多くの EP，そして多くの防衛が存在する場合がある

雑な状況については，図 9.7 に示した。

　楕円を用いて異なるタイプのパーソナリティ構造を説明する手法は，そのほかの状況にも適用することができる。子ども時代に親のニーズを満たしても親との絆が安定的に創れないとすると（例．親が常に朦朧としている場合や，完全に関わりを持たない場合など），子どもは自動的にさらに原始的な手段でつながりを持とうとする。多くの哺乳類で生じる反応であるが，闘うことによって支配的な階層の中でコントロールとパワーを握ろうとするのである。この様子が図 9.8 に描かれている。

　一貫した自己感覚を形成できなかった子どもにとって，親と闘うことがアイデンティティを与えてくれることがある——「悪い」人間になるという犠牲は払うものの，「自立」していて，コントロールできているという自己定義を与えてくれるのである。あるクライエントは私にこう述べた。「父はいなくなっていて，母にとってはほとんどいつも，まるで私が存在

226　第Ⅲ部　解離性パーソナリティ構造を治療するための適応的情報処理モデル

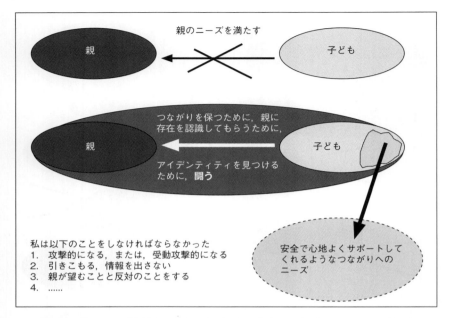

図 9.8　親のニーズを満たしてもつながれない場合，つながろうとして子どもがとる別の手段が勝利するか／闘うか／支配することである

していないかのようでした。彼女と喧嘩すると，それは私がいかに悪い人間かを証明することにもなりましたが，少なくとも私が存在していることを証明しました」。別のクライエントは怒りの制御に問題を抱えてセラピーに来ていたが，こう言った。「私が8歳か9歳の頃，父親にホースでしばかれたものでした。素手で殴られることもありました。私が15歳になると，もう大きくなっていたので，あるとき父親が殴り始めた時にホースを取り上げて，それでしばいてやったんです。それ以降，父が私に暴力をふるうことはなくなりました」。このクライエントにとっては，やり返すことが，父親との関係をより安全なものに変えてくれたのだ。しかし余計に関わってもらえず疎外されるという犠牲も伴った。

また別のバリエーションもある（**図 9.9**）。それはクライエントの親がかなり自己愛的で，あまりにも自分自身のニーズに集中しているために，

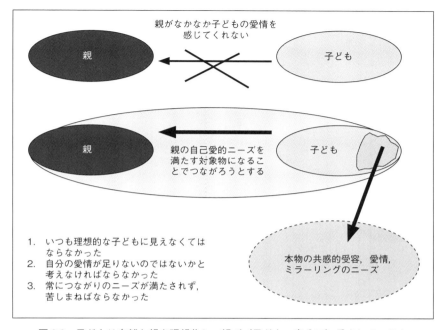

図 9.9 子どもは自然と親を理想化し，親が（子ども＝自分に）愛されていると感じていると知る必要がある。しかし，自己愛的な親は，他者からの愛情を感じることに困難があるため，自分の子どもからの愛情ですら感じられないことがある。このようなことが起ると，子どもは「自己愛対象」，つまりあらゆる意味で理想的な子どもとなって，つながりを得ようとすることがある

子どもが親の理想とする「こうあるべき」子ども像に合わせて振る舞っているとき以外は，存在を大して認識もしないような状況である。こうした状況の子どもは，表面だけのわずかなつながりだけでも得るために「自己愛対象」，つまり親のアイデンティティの付属物，にならざるを得ない。こうした状況では親の理想像に追いつくためのかなりの努力がなされ，同時に，隠され，解離された強い寂しさが存在し，理想をかなえられなかったときには無価値感を覚えることになる。このような状況で育つ子どもは，普通に直接的に示した愛情を受け取ってもらえなかったため，自分の愛情が不十分だったのではないかという歪んだ印象をもってしまうことがある。

228　第Ⅲ部　解離性パーソナリティ構造を治療するための適応的情報処理モデル

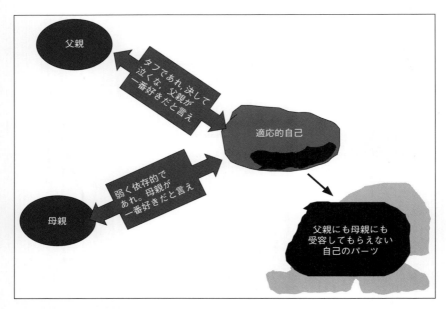

図 9.10　養育者ごとに異なる適応的自我状態が形成されることがある

　子どもは養育者ごとに異なる適応をしないとならないかもしれない（**図 9.10**）。それは離婚後にそうなることもあれば，両親の結婚生活が続いていたとしても親ごとに子どもに求めるものがかなり違っている場合にも起こる。第5章で示したデイブの事例も，このタイプの状況を描き出していた。
　そして，もしも親が解離的で，異なるパーツをもっている場合にはしばしば，子どもも親がどのパーツを示すかによって適応の仕方を分けなくてはならなくなる。このような一般的状況を**図 9.11** に示した。
　図 9.12 は，解離性障害のセラピーを受けていたあるクライエントが描いたものである。母親の内側にある多くのパーツに適応するためにいかに自分自身も多くのパーツを形成したかを描いたものである。
　楕円の使い方に決まりきった手順はないが，子ども時代の環境に対する自然で正常な適応としていかに子どもの中に別個のパーツが形成されたか

第 9 章　準備：楕円を使った言語　229

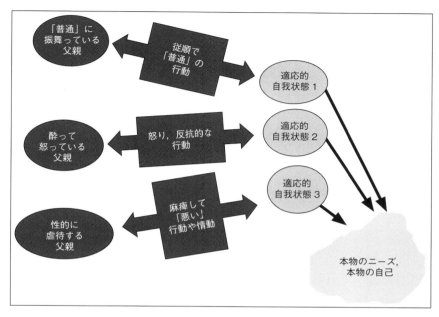

図 9.11　または，一人の養育者の内部の多くのパーツに適応するためにいかに異なるパーツを形成しなければならなかったか

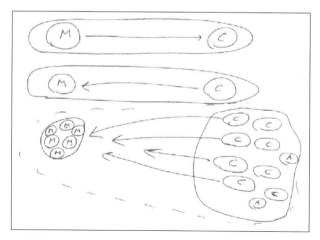

図 9.12　解離性同一性障害の 41 歳女性による描画。解離的な母親の多くのパーツに適応するために，自分がいかに多くの内的パーツ——子どもパーツや大人パーツ——を形成しなければならなかったかを描き出している

について，クライエントにも治療者にもわかる共通言語を与えてくれる柔軟な手法である。この言語はその後のセッションでも使って，該当する部分を指差すことで，特定のパートについて話し合ったり，パーツ間の関係性について取り上げたりすることができる。さらに，クライエントのパーソナリティ構造を視覚的に描き出すことができると，その構造の複雑性がかなり解消される。そうなれば，楕円を使って，次の第11章から15章にかけて説明する，「愛情のこもったまなざし」手法や，後頭部尺度／現在見当識と安全性の常時植え付け（BHS／CIPOS）といったAIPに基づくトラウマ処理手順を使うことができるようになるのである。

第10章

準備：描画

クライエントによる描画

　解離性のパーソナリティ構造をもつクライエントが自らの内側にある
パーツのシステムについて認識するようになると，狼狽することがある。
パーツについて1枚の紙に描き出すことができると，多くのクライエント
は，その内容を把握し，コントロールできるような感覚をもてるようだ。
この手法では，単にクライエントに，内的経験に関する情報を示した「マッ
プ（地図）」を描いてくれるよう頼む。「今現在体験していることを絵にし
てくれませんか？」。その「マップ」は，クライエントのパーソナリティ
構造の既知の要素をすべて表象したものの場合もあれば，特定の情緒的負
荷のかかった出来事を思い出すときに関わってくるパーツを描いたものの
場合もある。こうしたマップは表現豊かに好きなように描いてもらってよ
い場合もあれば，治療者の方から，その紙に何を描くかについて具体的な
構造を提案してもよい。これはなにも，芸術のコンクールではないことを
クライエントに理解してもらうことが大事である！　用紙の上に殴り書き
や円を描いてパーツや感情を描いてもよい。私の面接室には，白い紙の束
と色鉛筆を用意してある。結構よくあるのは，クライエントにセッション
で話し合っている内容について何らかの絵を描いてもらうことである。こ

232　第Ⅲ部　解離性パーソナリティ構造を治療するための適応的情報処理モデル

図 10.1　55 歳女性のクライエントによる自らのパーソナリティ・パーツの描画

のような絵は 1000 ワード分の価値があることが非常に多い！　治療に来た複雑性 PTSD のクライエントたちが描いた絵を何枚か，**図 10.1** から **10.7** に示した。

　図 10.1 では，4 つのパーソナリティ・パーツが描かれている。小さな赤ちゃんパートが父親による非常に早期の性的虐待の記憶を保持しており，怖がっている 3 歳のパートの頭はそのイメージでいっぱいになっている。その子どもパートは，さらに虐待されることを恐れているのだ。影は，虐待の後に完全に絶望して胎児の姿勢になっているパートを描いている。大きな頭は，ほかのパーツからの侵入に苦しめられている大人の自己である。この絵には感情に訴えるものがあり，単に言葉だけで描写するよりもたやすくクライエントの内的体験が伝わってきた。こういった絵があると，治療者とクライエントは，クライエントの内的世界についての突っ込んだ話がしやすくなる。

第 10 章 準備：描画　233

図 10.2　「いつも同じです」と述べたクライエントによる描画。特定のパーツがいつも視覚の中で同じ場所を占めている

図 10.2 は，クライエントが私に対して「いつも同じです。まっすぐ見つめると，すべてのパーツはいつも同じところにいます」と言った後に描かれた。私がそれを描くようにクライエントに頼んだ。彼女はこの絵を描きながら，それぞれのパートと，パート間の関係について説明してくれた。紙の右側上部の顔は，当初，常にクライエントを脅かす存在で，いつも彼女をひどく批判し，あら探しをするので恐れられていた。セラピーが進むにつれて明らかになってきたのは，このパートはそもそも子ども時代の実際の加害者を模して形成されたということだった。この描画中のほかの人物は，クライエントにとって特別な意味をもっていた。そして，内界についてのこの「マップ」があることで，彼女が外傷後の感情を抱える大きな助けになり，私にとっても治療的介入の順序を計画するために役に立った。

図 10.3 は複数の加害者から子ども時代に拷問を受けたクライエントによって描かれた。こうした体験に伴う戦慄を非常に鮮明に伝えている。

図 10.4 はクライエントが，私に対して「今まさに，私であると言うことがどんな気持ちがするものかが**先生にわかればいいのに**」と力をこめて

図 10.3 クライエントの描画：彼女を傷つけていた加害者の眼の記憶

図 10.4 クライエントの描画：怒鳴ったり怒ったりしている多くのパーツが存在する内的混沌の体験。パーツを 1 枚の紙に描くことで，彼女はその混沌から情緒的距離を置くことが出来るようになり，さらに，この複雑な体験を表現し，共有することができるようになった

言った時に描かれた。私が 1 枚の空白の用紙を渡すと，彼女はあっという間に 7，8 分でこの絵を描いた（**図 10.4**）。これもまた，彼女の内的世界を鮮明に表現している。多くの声が話し，大きな音がしていて，混乱し，

第10章　準備：描画　235

図10.5　クライエントの描画：1つのパーソナリティ・パートは「外に出ている」が，嫉妬からほかのパーツを「壁」の向こうにとどめている

混沌としている。これは多くの内的解離障壁が突然崩壊し，たくさんの解離性パーソナリティ・パーツが話をしているものの，互いに耳を傾けることはしていないときに起こることがある体験である。この描画をすることはクライエントの役に立った。混沌を1枚の紙に描くことで，クライエントも私もそれを見つめることができ，たくさんの声を1つの騒がしいコラージュのようにとらえることで，クライエントは落ち着くことができたのである。そして繰り返しになるが，その描画は私に彼女の内的世界がどうなっているかという重要な情報を与えてくれたのである。

　図10.5では，自分の中のあるパートが声をコントロールしていて「外に出る」特権をもち，一方でほかのパーツたちは「壁」の向こうで身動きがとれなくなっている。外に出ているパートがコントロールを手放そうとしないのでほかのパーツたちが「外気を吸う」ことができなくなっている様子を表現しようとしてクライエントが描いたものである。いくつかの不幸な内的パーツの耳が大きく，不満をためながら，語られている内容に耳をすませているのが見て取れる。この描画は解離の治療においてしばしば起こる状態を反映している。1つのパートが前面に出ていて，声を発する立場を手放したくない状況である。というのも，もしも内側に戻ってしまっ

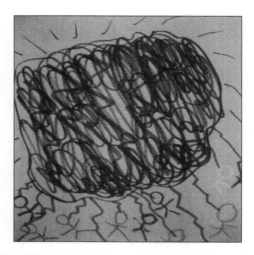

図 10.6 解離の問題を抱えたクライエントが「今，あなたには恥はどんな風に見えるんですか？」という問いに答えて，セッションの始めに描いた絵

たら，もう二度と出てくることができず，永遠に追放されてしまうのではないかというとてつもなく大きな恐怖を抱えているからだ。もしも子どもパートが，セラピーセッションの終わりに大人パートが戻ってくるのを許さない場合は，大きな問題になりうる。その子どもが「トラウマ時間」の中で行き詰まってしまうかもしれないし，子どもは家まで運転して帰ることはできないし，次の予約時間のクライエントが待合室で待っているかもしれないのである。もしもそういうことが起こったら，治療者が子どもパートに説得するように保証してあげることがしばしば役立つ。「心配しないで！　あなたを忘れたりしませんよ！　次のセッションには，忘れずにあなたに出てくるように頼むようにしますから。約束します」。第15章では，解離を示す戦闘帰還兵の事例が提示される。その中で若い「兵隊」という情緒的パートが，現在見当識をもつ一見すると普通のパート（ANP）にコントロールを渡すのを拒否する場面がある。このセッションでは，時間的プレッシャーがなかったのと，ANPとEPがどちらも「外に出て」いて共同意識状態にあったので，生産的な治療的対話をすることができた。

第10章　準備：描画　　237

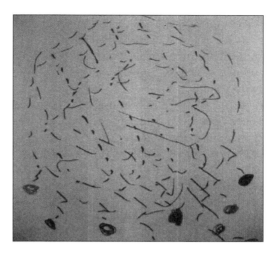

図 10.7　「今，恥はどんな風に見えますか？」という問いに答えて同じクライエントが，セッションの終わりに描いた絵

　最後の2つの絵（**図 10.6** と **図 10.7**）は，自分に対する強い恥の感覚に取り組んだ解離のクライエントとのセッションからのものである。このセッションでは，慢性的な「悪い人間」感覚の源となった特定の出来事にターゲットをあてて取り組んでいた。これらの絵は，EMDR で使用される0から10の自覚的障害単位や1から7の認知の妥当性といった数値尺度に加えて，クライエントたちが自分の進歩を表現し，認識する方法の例となっている。私はセッションの始めにクライエントに「恥はどう見えるのか」を描いてくれないかと頼んだ（**図 10.6**）。**図 10.7** は同じセッションの終わりに，同じ質問に応えてクライエントが描いた絵である。2枚目の絵の方がポジティブであることはたやすく見て取れる。しかし，まだ小さく不鮮明なシミのようなものが複数あり，恥の感覚が痕跡として残っていることを示している。それでもなお，こうした絵があることで，治療的な進展を示す追加の視覚的証拠があるため，このクライエントには役に立った。

　図 10.8 は，ある日，クライエントが持参した彫像である。父親からの

238　第Ⅲ部　解離性パーソナリティ構造を治療するための適応的情報処理モデル

図10.8　セッションとセッションの間に，ANPの子どもEPに対する恐怖症的な回避を表現するためにクライエントが段ボール紙で創った彫像

　性的虐待を未だに「再体験」している非常に幼い子どもEPに対して，彼女の「大人」の自己——ANP——が示している強い回避に私たちは焦点をあてて取り組んでいた。この彫像をつくることは彼女にとって，そして私にとっても治療的に助けになった。というのも，彼女の内的な子どもの受容vs回避という葛藤についての追加情報を与えてくれたからである。見てわかるように，彼女の「大人」パートが「子ども」パートを心の中から追い出しており，そのことをどちらもよく思っていなかった。この彫像を彼女が作ったのは，その子どもパートについて考えたくないという強い衝動を理解するための取り組みを少し始めたものの，まだその衝動と関連する記憶が残っているときだった。私たちはANPに残っている回避防衛を解消するためのターゲットとしてこの彫像を使った。
　これらはクライエントが視覚的，非言語的にコミュニケーションをとる

ことができる方法である。こうした絵を描くために色鉛筆を使うことは，子どもパートをもつ解離的なクライエントにはとりわけ有用だ。子どもは絵を描くのが好きだからである。最初はセラピープロセスにかかわるのを嫌がっている子どもパーツが，こうした描画を通して，かなり熱心に参加してくれるようになることもある。加えて，絵は，各パーツの態度・性質やパーツ間の関係について，視覚的イメージというある種の言語を提供してくれる。先述したように，内的パーツの描画は内的な対話を促すことができるのである。例えば，「『やっぱり虐待なんて起こらなかったということにして先に進んでいきたい』とこのパートが言うと，こっちのパートは何と言いますか？」というように。

解離のテーブル手法，または，会議室手法

これは George Fraser（1991, 2003）が最初に開発したアプローチであり，トラウマを再体験している極めて不安定なパーツを安全に同定し，それにアクセスし，描写し，パーツ間の関係性を理解するだけでなく，保護的な情緒的距離をとれるようにクライエントを援助するために描画を用いる，これまで示したのとは別の方法である。会議室のイメージは，トラウマ出来事を処理し，トラウマを再体験しているパーツを再統合するための具体的作業に入る前の準備段階中にクライエントに紹介することができる。EMDR 治療者である Sandra Paulsen（1995）と Kathy Martin（2010）は，解離のテーブル・テクニックをいかに AIP 手続きの中に統合するかについて，素晴らしい発信をしている。異なるパーソナリティ・パーツが互いに相容れないアイデンティティをもっているクライエントを援助するために，どのようにこの手法を修正して使っているかを，ここで具体的に解説する。こうしたパーツたちは互いのことを大体わかっている，つまり部分的な解離をしており，パーツ間の関係性は，恐怖症的回避や怒り，支配／

服従，無関心，気付いていないなど，多様な性質をもつ。異なる状況下での，異なるパーツの活性化は，個人の行動のまとまりと一貫性を失わせ，混乱させるので，その人がセラピーにやってくることになった問題に本質的に関係していることが多い。

　この手法は，一般的に，とりわけ困難な記憶またはトラウマを再体験しているパーソナリティ・パートが同定された後に使われることが多い。以下のような言い方でクライエントに導入することができる。

　　治療者：想像力を使ってある部屋を思い浮かべられるか試してみましょう。大きな座り心地のよい椅子がある，想像上の部屋です。椅子はテーブルのまわりにあります。（治療者は大きな長方形のテーブルを描く。背もたれと肘掛けのある椅子を表す小さい長方形をテーブルの周りに置く）　想像力を使って，そんな，居心地のよい部屋を思い浮かべることができますか？

　　壁には大きなテレビのスクリーンがあります。（治療者は，テーブルの一方の端に別の長方形を描く）

　この手続きの間，クライエントの現在にとどまる能力に応じて，そのスクリーンは空白でも，映像が流れていても，静止画またははるか遠くで撮られた白黒のスチール写真が映っていてもよい。

　　さて，あなたがその部屋の中に入っていくのを想像できますか？　そして，どうぞその感じのよい椅子の１つに座ってください。いいですよ。

　この要請で，典型的にはクライエントの ANP にアクセスがかかる。次のステップは，ほかのパーツを部屋に連れてくることである（つまり，特

定の記憶に関わっているほかのパーツを背もたれ肘掛けつきのほかの「椅子」に座ってもらう）。このステップは，それ自体でパーツ間の解離距離を減らすことを促し，それゆえ，パーソナリティの統合の始まりともなりえる。ほかのパーツをどのように同定するかの一部は，クライエントが焦点を当てている問題が何かによって決まる。例えば，クライエントが成人であり，セラピーの焦点が8歳の時の父親からの性的虐待という子ども時代の出来事を解消することにある場合，治療者は以下のように提案するかもしれない。

　　　ではこの居心地のよい部屋への入り口を見ます。入り口には8歳の女の子がいて，それはあなたなのです。彼女が部屋に入り，心地よい椅子の一つに座るところをただ，見ていてください。彼女がどんな風に見えるかに気付いてください。そのくらいの年齢の女の子がどんな風に見えるかはご存じですね？　彼女がただ，ほかの椅子のところまで行って，座るところを見ていましょう。

　クライエントの中にはこのイメージによって感情が喚起され過ぎる者がいる。こうした事例では，もっとコンテインメントを提供するやり方で解離のテーブルを使うことができる。35歳のある女性は子ども時代の性的虐待のサバイバーで，自分の解離的なパーソナリティ構造に気付いていたが，同時に自分の子どもパーツをとても恐れていた。セラピーの後半では，自分をエンパワーするようなやり方で解離のテーブルを活用できていたが，初期のころは，ANPの恐怖が大きすぎて子どものEPについて考えることすらできなかった。私たちは以下のようなやり方で進めた（**図10.9** 参照）。それは，彼女が自分のパーソナリティ構造をそんなに恐れなくてよいようにしつつ，解離のテーブルのイメージをあまり脅かさないようなやり方で彼女に紹介するためだった。以下の手続きにより，彼女は自分の中の矛盾する反応やなぜそれがそんなにも混乱をもたらしたのかに対

242　第Ⅲ部　解離性パーソナリティ構造を治療するための適応的情報処理モデル

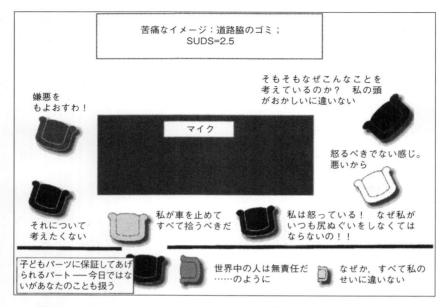

図10.9　低いSUDSをターゲットにしたときの解離のテーブルのイメージ

する理解を深めることができた。

　私は彼女に0から10の自覚的障害単位（SUDS）を説明し，1，2かせいぜい3程度に苦痛な何かを思い浮かべられるかを尋ねた。彼女は言った。

> **クライエント**：はい，できます。今日，ここまで運転してくるときに，誰かが道の横に大きなゴミ袋を投げ捨てて，ゴミがそこら中に散らばっているのに気付きました。今それについて考えると，嫌な感じです──大体，2.5くらいです。

　彼女は解離のテーブルの大まかな構造をわりとたやすく視覚化することができた。私たちは，道の横に捨てられたゴミの映像をテレビスクリーンに映した。それ以上進む前に，3方を囲まれた長方形（椅子を意味する）をスクリーンに向けて描き，彼女の中には，このセッションのあいだ中，

私たちが**ゴミから来る苦痛に**だけ集中するように見張っていてくれるパートはいるかどうか尋ねた。さらに（彼女の子ども時代のパーツたちが背景で耳を澄ませているとみなし），私は言った。

> **治療者：**このセッション中は，あなたが感じているこの軽度の苦痛について話し合うことができます。そうすることによって，将来のセッションで，今はまだ考えるには大きすぎると感じられるようなより大きな状況に取り組むための準備になります。あなたの中で，今まさに耳を澄ませている小さなパーツたちがいるのであれば，今日のワークについては先に進むのを認めてくれるように頼んでもらいたいのです。彼らにはそうしたければ見ていてもらって，でも彼らが抱えている感情をあふれさせてあなたを圧倒することはしないでいてもらいたいのです。このセラピーでは，必要なことはすべて行いますが，ステップを１つずつ踏んでいく必要があるのです。

次に私は彼女に「彼らに聞こえたと思いますか？」と尋ねた。彼女は「そう思います。先生が話しているときに，自分が少しリラックスするのを感じましたから。もしかすると彼らは聞いていたのかもしれません」。彼女と私の両方が，礼儀からだけでなく，敬意をもってこうした子どもパーツの存在を認めることが重要だった。それは実際的な理由からも必要だったのである。もしも子どもパーツのどれかがこの取り組みに反対すれば，作業がブロックされてしまうかもしれないからだ。

椅子やテーブルやテレビスクリーンが既に紙の上に描かれ，スクリーンには「道路わきのゴミ」が映っている状態で，私たちは以下のように先に進んだ。

> **治療者：**そのゴミのことを考えると，最初に思い浮かぶことは何ですか？（**クライエント：**気持ち悪い！　です）わかりました。ではも

う一度見てください。今見ると，２番目に思い浮かぶのは何ですか？
（**クライエント**：それについて考えたくない）　了解です。ではもう一
度見てください。最初に頭に浮かぶことは何ですか？　（**クライエン
ト**：私，車を止めて拾うべきだわ）

　私たちはこのようにして進め，次の椅子のパートは言った。「私は怒っ
ているの！　どうしていつも私がほかの人の尻ぬぐいをしなくてはならな
いの？」。次の椅子にいるパートは「私は怒るべきでない。それは感じが
悪いから」と言い，その次は「そもそも，なんでこんなことを考えている
のかしら？　私，頭がおかしくなったに違いないわ」と言った。このクラ
イエントは不安定になりやすそうに見えたため，彼女の反応ごとに，両側
性刺激（BLS）のセットを加えることはしなかった。彼女は自己構造が紙
面に描かれ，いろいろなパーツや視点の違いを見ることができただけで，
役に立ったようだ。ほかのクライエントでも，似たような構造で進めたこ
とがあるが，その時はパーツの名前を言うだけで活性化される交感神経系
の興奮を減らすために，クライエントの反応ごとに１つ以上の BLS セッ
トを加えた。

　このクライエントは，解離のテーブルのイメージの助けを借りて，子ど
も時代のパーツが出現することに耐えることができた。このシンプルで，
軽度の苦痛を伴う状況によって多くの視点が活性化されることに気付くこ
とができた。出てきたのは，はるかに苦痛な外傷後の題材に関連して，人
生・生活上に現れた基本的なテーマと同じであった。おかげで，その後，
コンテインメント手法として使用できて，はるかに苦痛度の大きい特定の
記憶をターゲットとした EMDR を使う土台となるような認知的構造を手
に入れることができたのである。

　初めて解離テーブルを使ったときは，なぜ，現在のストレスや過去の出
来事に対する自分の思考と感情が，あまりにも混乱していて相矛盾してい
るのかを理解し始めることができたという意味で，大きな助けとなった。

そして，いくつかのパーツに重要な対話が既に始まっていることに気が付いた。例えば3番目の椅子と4番目の椅子の間，5番目と6番目の椅子の間である。この対話をさらに進めて，不適切な自責や怒り，そして，いかに無責任な人々が時に人を傷つけるかについての悲しみを解消していった。これは，もちろん，子ども時代においても大きな問題であった。しかし，セッションをこのように構造化することで，彼女は子ども時代の問題を脇に置き，脱感作体験をして，2〜3程度の軽度の苦痛を1以下にまで処理することができた。この体験は，その後のセラピーの中でエンパワーしてくれる資源となり，彼女はついには同じ解離のテーブルの構造を使って，自分の中の子どもパーツそれぞれについての気付きを深め，共感的対話を通じてパーツ間の和解を助け，特定の子どもEPたちが抱えていたトラウマ体験を処理することに成功したのである。

　この手法は特定の記憶映像が同定されれば使用可能である。既に自分のパーツ構造を認識しているクライエントの中には，治療者が単に以下の質問をするだけで足りる者がいる。「それ（苦痛な記憶）について考えると，誰がいますか？」。次に，治療者は，トラウマ出来事につながっているパーツに部屋に来て椅子に座るよう，頼むことができる。そのほかのクライエントでは，自分のパーソナリティ構造に気付いていないが，クライエントの全般的な臨床像からその自我状態やパーツが明らかかもしれない。多くの混乱や情緒的苦痛が生じるのは，互いの存在に十分気付いておらず，互いに葛藤状態にあるパーツのせいかもしれないのだ。「時々，自分が不十分な10歳児のように感じるの！」という言葉は，より幼いパートがいることを示していることがある。あるいは，クライエントは内的な批判者について話したかもしれない。常に中核的なANPに対して批判する存在である。特定の記憶の苦痛に別のパートがどういうわけか，つながっている場合，治療者は，そのパートにも部屋に入ってきて椅子の1つに座ってもらうよう提案することができる。もしもANPが別のパートのことを恐れているようであれば，現在見当識と安全の常時植え付け（CIPOS）手続き

（後の第13章から第15章にかけて説明される）が役に立つことが多い。ANPに，怖いパートを数秒単位で短く，チラ見をしてもらい，すぐに目をそらしてもらうのである。子どもパーツたちは，このプロセスに参加したくても，恐怖が強過ぎてできないことがある。そういう場合は，そういうパーツにはテーブルの下にもぐって聞いてもらったり，あるいは解離テーブルのある部屋のすぐ外から聞いてもらったり，想像上のテレビモニターを通じて何が起こっているかを見ていてもらうこともできる。解離テーブル手法のこうしたあらゆるバリエーションは，情緒的安全に対するクライエントのニーズを共感的に尊重しながら行われるべきである。

　もしもクライエントが治療者と一緒にいることで，二重の注意と情緒的安全感を維持できるなら，最も感情的な椅子から養分を与える記憶（つまりそのパートが形成された記憶）へと感情の架け橋手続きをすることが極めて効果的である。クライエントが現在見当識と情動的安全感を保ちながら，この養分を与える記憶にアクセスできるのであれば，EMDR標準プロトコルの第3〜7段階を使用することができる。そしてこの処理が終わると，最初のターゲット，つまり会議室のスクリーンに映ったターゲットの苦痛ははるかに減っているはずである。

　解離のテーブル手法では，自己のパーツは紙の上の絵として描かれ，それは紙とインクにすぎないため，クライエントはそうしたパーツが抱えている感情から安全な距離をとることができるのである。この手法のこの側面は，クライエントの情緒的安全感を高め，クライエントは内的に存在する解離パーツたちの全体像を俯瞰してみることができるようになる。1枚の紙の上にパーツが集合し，それぞれが独自の別個の特徴的な感情や別個の視点をもっているのを見ることで，クライエントは，あらゆるパーツも1つの，統一的なパーソナリティ，つまりは自分のパーソナリティの要素であるという事実を垣間見ることができるのである。セラピーの開始時には断片化されており，本当の「自己」の感覚を持たないクライエントに対しては，治療者が以下のように言うことが役に立つ。

あなたはこの椅子に座ることがどんな感じなのかを知っています。そして，こっちの椅子に座ることがどんな感じなのかも知っています。そして怖いかもしれないとしても，こっちの椅子に座るのがどんな感じなのかも知っているのです。こんな質問を考えてみるのも興味深いかもしれません。――どの椅子に本物の自分が座っているんだろうか？

こんなことを考えてみましょう。本物の自分と言うのは，あなたの中にある場所で，これらの椅子の一つひとつが見える場所のことであり，そして各椅子に座っている心の状態のことなのだということを。それが本当のあなたなのです。

　これがクライエントに脅威になりすぎるなら，以下のように言うことが助けになることがある。

スクリーンに映っている，トラウマ記憶を代表する映像を見ているとき，それぞれの椅子にはあなたの何パーセントがいるのですか？

　この2つ目の手法が使われるとその「パーセンテージ」はセラピーがうまく進んでいくにつれ変化する可能性が高い。イメージの中には，1つの椅子を予備として入れておくことがしばしば役立つ。その椅子については治療者が提案する。その椅子には，その出来事の解決を表現するような視点，例えば「それはもう本当に終わったんだ」や「私は純真な小さな子どもだったに過ぎない。私のせいではなかった」，私は難しい状況で最善を尽くした」が座る。クライエントは最初，「あの椅子には誰もいません」と言うかもしれない。しかし，セラピーが進んでくると，たぶん，より大きな「パーセンテージの自分」がそこに配置されるので，セラピーのプロセスを承認してくれる。

図10.10 クライエントの中には閉じた部屋のイメージが苦しい者もいる。「解離テーブル」手順はクライエントが心地よく感じるイメージなら，何を使ってもよい（例．暖かい天気の良い日に，個人宅の快適な裏庭に椅子があるところ）

　この手法では，居心地のよい部屋，テーブル，そしてスクリーンのイメージは役に立つが，必要と言うわけではない。クライエントが心地よく思えれば，どのようなイメージを使っても構わない。囲まれている快適な裏庭で座ってパーツ間の話し合いをしてもよいし（**図10.10**），あるいは美しい牧草地であってもよい。あるいはパーツが全員，治療者の面接室にやってきてもよい。主たる必要事項は，想像上の会議場所自体が，最初から安全で心地よい場所として定義されていることである。

　この手法は，パーツが少ししかない場合にも有用である。このイメージは，トラウマに対して大人の状態はある反応をするが，子どもの状態がかなり異なる反応をする場合に使うことも多い（**図10.11**）。しばしば生じる，かなり素敵な結果は，大人の自己が処理を通して子どもの自己に対して思いやりに満ちた受容をするようになり，愛情を覚えるようになることである。解離のテーブルイメージに促されることで，それがセラピーにおける

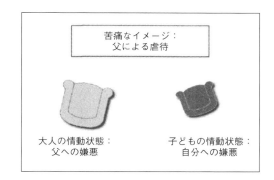

図 10.11 解離のテーブル・テクニックは，トラウマに関わっているパーツが 2 つしかないときでも使うことができる

癒しの瞬間になることが多い。

　こうした描画や，彫像や，テーブルは，Janet の「第 1 段階：準備」なのだろうか？　それとも「第 2 段階：処理」なのだろうか？　前にも述べたが，この時点で Janet のオリジナルの概念化が崩壊するのである。というのも，こうした手法やそのほかの手法は，トラウマ解消の準備にもなれば，解決の始まりにもなるからだ。各段階の境界がぼやけてくるのは，効果的なセラピーにおいては，情緒的に安全な体験と苦痛な記憶への滴定されたアクセスの間のゆらぎが繰り返されるからである。引き続く章では，「愛情のこもったまなざし」手続きや，CIPOS 手法，そして，こうした介入を説明するための事例提示によって，第 1 段階と第 2 段階の境界の曖昧さが，さらに明らかになってくるだろう。

第11章

愛情のこもったまなざし：
1つのパートが別のパートを
「見つめる」こと

　愛情のこもったまなざし手続きは，単純に言ってしまえば，見当識のあるパート——典型的には一見すると普通のパート（ANP）——に，情緒的パート（EP）——トラウマ出来事を再体験している幼いパート——の視覚的イメージを思い浮かべてもらうことである。しばしば，こうしたパーツ間には恐怖症的怖れがある（van der Hart et al., 2006）。ANP には EP が抱えている苦痛が圧倒的かもしれず，かつ ANP の主たる機能，つまり日々の課題をこなしながら，一見普通に見せるという機能に，EP が破壊的な影響を与えるので EP を恐れているかもしれない。反対に EP は，ANP の判断にさらされるのを怖れ，ANP からアクセスされないように隠れることが多い。

　ANP は EP に対してだけでなく，特定の記憶や，トラウマに関連した行動（例えば怒り，性的興奮，養育へのニーズ，そして恐怖そのものすら）に対する恐怖症をもっていることが多い。もしも困難な子ども時代に，パーツたちを互いに解離させておくために恐怖症的回避が必要だったとすると，トラウマ記憶や関連した行動はすべて，ANP にとっては交感神経系の興奮につながりうる。この種の問題のためには，当初，解決不能な内的葛藤を解消し始めるために集中的な両側性刺激（BLS）のセットを使うことができる。適切なターゲット設定をすれば，パーツたちは（a）前より

もお互いの存在に気付くようになり；(b) 愛情のこもったまなざし手順を使うことで前ほどお互いを恐れなくなり；(c) 治療者が導く内的対話を通して敵対している立場を和らげることがある。BLS セットの一般的効果は恐怖を減らし，意識の中心にある何らかの記憶へと連想をつなげていくことにある。もしもクライエントが内的パーツ間の葛藤に焦点をあてていれば，最初は高いレベルの恐怖があるかもしれない。集中的な BLS セットはこの葛藤につながっている交感神経の興奮を減らし，その結果恐怖が減り，加えて，追加的な連想や情報が得られ，葛藤から和解へと移行するのに役に立つことがある。どちらのパートも本来は，その個人の適応のために形成されたのである。それゆえ，相互の恐怖症的怖れを収めることができさえすれば，パーツ間の葛藤の適応的解決は，ほとんど常に可能である。言い換えれば，クライエントが内的な葛藤に気付いているときにBLS を組み合わせると，パーツ間の葛藤に満ちた対話の中に，関連する新しい情報を呼び込む傾向があるということだ。それによって恐怖に基づく内的な論争を，癒やしになる会話へと変えることができるのである。

　「愛情のこもったまなざし」という言葉は，この手続きのアウトカムを説明しているが，それはある意味，「愛情のこもったまなざしへの妨害物をすべてクリアにする」手順と呼んでもよいほどだ！　内的対話に焦点をあてると，クライエントは内側にある異なる視点やパーツはすべて，たとえ今はパーソナリティの中で逆向きの目的を果たしているとしても，もとはそれぞれ，人生・生活の困難に対する必要な適応であったことに気が付く。

　二人の仲のよい友達同士が，意見の合わないトピックについて話し合っているところを考えてみよう。それぞれが，自分の視点を表明しつつも，相手の視点にも注意深く耳を傾けるなら，癒やしとなる解決（または少なくとも，「同意しないことに同意する」という解決）が得られる可能性は高くなるだろう。最終的には，一人がもう一人にこう言うかもしれない。「あなたがどうしてそういう気持ちになるのかがわかった」あるいは，「あな

第 11 章　愛情のこもったまなざし：1 つのパートが別のパートを「見つめる」こと　　253

たがどんな体験をしているのかわかった」。相手の問題が「わかる」というのは，理解しているというメッセージと，受容すら伝える。お互いに対する思いやりに満ちた承認——相手の視点を「わかる」こと——は人の間の葛藤や意見の相違を解消する助けになるが，同じ原理原則が個人内部のパーツ間の葛藤についてもあてはまる。基本的に，人生・生活の多くの領域では，個人間のアイコンタクトは，本質的に愛着や絆につながっている。大人においては，アイコンタクトがきちんととれないことは，一定程度の用心深さや対人関係において自己防衛的に距離をとろうとしていることを示唆している。赤ちゃんと養育者の間の健康な愛着要素の 1 つは，相互のアイコンタクトである。どちらにも相手の目を探し，お互いに心地よく落ち着くようなまなざしを送り合いたいという生来の傾向があるのだ（Schore, 2012）。いろいろな意味で，アイコンタクトはつながりのために不可欠な要素なのだ。

　個人間に葛藤がある場合とある意味似ているが，内的パーツ間の葛藤は，包括的な会話，視点の交換，それも話すだけでなく，共感的に傾聴してもらえることを通じて癒やされる。愛情のこもったまなざし手順はクライエントが，一歩一歩，この種の癒やしになるようなつながりをもてるようになり，その後は，当初は互いに葛藤状態にあるパーツたちが会話するようになることを援助するための手法である。2 つの大きく異なる状況で特に役に立つ。1 つは，パーツたちが互いに直接やりとりするには恐怖（または怒り，絶望）が**大きすぎる**場合。もう 1 つはパーツ間の解離による距離が大きすぎてパーツ間の感情のやりとりが当初あまりにも**少なすぎる**場合である。

　かつては，ターゲットに対して BLS セットを使ったときのパーツ間のこの種の対話を描き出すのに，逐語録を提示していた（Knipe, 2007a, 2009b）。本章を含む残りの章でも，最初はパーツ同士に接触を図ってもらい，次にそれぞれの視点を語ってもらい，そしてパーツ間で葛藤から和解につながるような対話をしてもらうためにいかに愛情のこもったまなざ

254 第Ⅲ部　解離性パーソナリティ構造を治療するための適応的情報処理モデル

し手続きを使うことができるかを，事例を提示しながら説明したい。この癒やしとなる対話がどの程度，和解と葛藤の終了につながるかによって，パーツたちが保持しているすべてのトラウマ記憶の苦痛の処理とパーソナリティの統合に向けた次の道が開けるかどうかが決まる。

当初，二重注意が不可能な状況

　苦痛な記憶（明確な記憶があり，解離を伴わない単回性の出来事）に対してEMDRの標準手続きが使われる場合，クライエントには単に「その出来事について考えてください」と言うだけである。第3段階の質問では，自覚的障害単位（SUDS）と連結する視覚映像，認知，情動と身体感覚のベースラインを確立する。こうした質問は，処理を完全で包括的にするために，トラウマ出来事のすべての要素を気付きの中にもち込むためにとても有用である。これは二重注意，つまり現在の安全と過去のトラウマを同時に気付きに含めること，を維持できる個人を対象にしているときには，かなり安定的に使うことができる。

　しかしながら，先述したように，この二重注意は，複雑なトラウマを負った多くの個人にはかなり難しい。大変なトラウマ歴をもつ人では，トラウマについて考え始めた途端，瞬時に苦痛に圧倒され，現在の安全性に対する見当識を失いかねない状態になってしまうことがある。このような状況では，第3段階の質問をすることは適切でないかもしれない。

　例えば，ある男性は，性的暴行のことを考え始めると，「解離の断崖絶壁」の縁に立たされてしまう。彼は治療者の面接室にいるという見当識を維持しようと必死になるかもしれない。その時点で既に苦痛な情報が過剰になっているので，そこで第3段階の質問をしてしまうと，さらに苦痛な情報を増やしてしまう可能性がある。治療者が「その出来事を代表する映像，あるいはその出来事の最悪の場面を思い浮かべることはできますか？　そ

第11章　愛情のこもったまなざし：1つのパートが別のパートを「見つめる」こと　255

れについて考えたときに自分について思う，否定的な思考は何ですか？
それについて考えると，身体にはどのような感覚がありますか？」と聞く
ことは，おそらく援助的でも賢明でもないだろう。こうした質問は多くの
クライエントにとっては，「ターゲット記憶の設定」のために役に立つ。
しかしながら，情動の洪水にきわめて脆弱な人々にとっては，こうした質
問によって現在と過去への気付きのバランスを大きく崩し，二重の注意を
不可能にしてしまうのだ。

愛情のこもったまなざし手続きのステップ

　愛情のこもったまなざし手続きは，通常のEMDR第3段階の質問の代
替選択肢とすることができる。ステップは以下のとおりである。

ステップ1. 大人のクライエント（つまり，現在見当識をもつパーソナ
　　リティ・パート）がはっきりした現在見当識と安全感を治療者の面接
　　室の中でもてるように援助する。そのうえで，現在見当識をもつパー
　　トに，怖がっている子ども時代の出来事を，**子どもではない別の人物**
　　が外から見ているように視覚的に浮かべるように言う。例えば，治療
　　者はこんな風に言うかもしれない。「今日（こんにち）の大人の自分
　　としてこの椅子に座りながら，ただ，その子を見ることができます
　　か？」

ステップ2. クライエントが「はい」と言ったら，治療者はオープンで
　　許容的な言葉，例えば「ただ，その子を見ていて。見るときは，ただ
　　視野に入ってくるものを見ていて」などと言いながら，眼球運動をす
　　る。治療者の言葉の遣い方が，子どもを判断せずに受容していること
　　を伝える。このタイプの無条件の受容は，恐らく，その子どもがトラ
　　ウマ出来事の時点で必要としていたことなのである。この時点でしば

しば，大人の自我状態が子どもの感情を感じ始める。そこで，治療者としては，大人が現在の安全を感じながら，こうした感情を抱えることができるようにしなくてはならない。時にはこのプロセスの途中で，時々一時停止して，クライエントが現在の安全性の見当識を保てるようにする必要がある。後の第13章から第15章で説明するCIPOS手続きもまた，クライエントに現在見当識を保ってもらうために追加して使うことができる。

ステップ3： よくあるのは，大人のクライエントが，当初，この子ども時代の自己のイメージを受け入れないという反応を示すことである。子どもに対するこうした否定的反応は，防衛を反映している（特に恥防衛。第12章で扱う）。恥防衛は切り離された，怖がっている子どもの自我状態が保持している苦痛な感情から解離的な距離を保つために存在し続けている。場合によっては，その防衛に伴う肯定的な感情に焦点を当てるようクライエントに頼むだけで，防衛を処理することができる。例えば，治療者はこう尋ねるかもしれない。「今日（こんにち）のあなたは，その子ども ではないということがわかっていることには，どんないいことがありますか？　あなたは馬鹿（または弱い，病的，無力，考えが甘い，など）ではないことをわかっていることには，どんないいことがありますか？」。この質問に答えて，クライエントは何か以下のようなことを言うかもしれない。「今日（こんにち）の私という人間なら――強くなれる（または自己主張できる，よい判断をする）！」。クライエントの反応がなんであれ，治療者は「それについて考えて」と反応し，短いBLSセットをして，肯定的な自己陳述を資源として植え付けることができる。非常によくあるのは回避衝動／恥を与える反応が減ってくることだ。思いやりをもって子どもを見つめることに対する抵抗が下がってくる可能性が高い。クライエントは以下のようなことを言い出す可能性がある。「あの子がかわいそう」や「あの子はどうしようもない（勝てっこない）状況にいるわ」。

第 11 章　愛情のこもったまなざし：1 つのパートが別のパートを「見つめる」こと　257

ステップ 4：クライエントが自由に子どもを見つめることができるようになったら，このように尋ねることができる。「その子を見るときに，その子の気持ちもわかりますか？」。通常は，その子どもの気持ちが今ではわかることをクライエントは認める。そしてこの時点からクライエントは，トラウマを受けた子どもの気持ちを共有し始める（感じ始める）。現在の安全性についての見当識を保った状態で，BLS セットが続くにつれ，子どもの恐怖は消える可能性が高く，子どもとのつながりや思いやりの気持ちが高まる可能性が高い。

ステップ 5：クライエントが思いやりをもって子どもについて話すようになるにつれて，治療者は以下のように尋ねる。「その子を見ると，あなたはその子についてどのように感じますか？」。これは重要な質問であり，しばしばとても強力な肯定的反応が得られる。この子どもパートは，かつては怖がられていたとしても，今となっては内側の子どもを愛情と敬意をもって見つめることの可能性を大人として発見して驚くかもしれない。そうなると，パーソナリティの子どもパートが，この愛情と承認を体験できるようになるのである。つながりを強めるためにクライエントに質問してもよいだろう。「彼女にはあなたの声は聞こえるんですか？」。ほかの質問としては例えば「あなたが大人として知っていることの中に，その子の役に立ちそうなことはありますか？　その子が知らない何かは？」。クライエントが質問にどのような回答をしようとも，治療者は「それと一緒に」と反応し，眼球運動セットを追加することができる。この内的な対話は，典型的には癒やしになる解決に至るまで続く。

ステップ 7：もしもクライエントが，子どもが「私たちが見ていることを怖がっている」や「怖がっていることを私たちに批判されるのではないかと心配している」と言ったら，そのときには，シフトさせるために大人の自己に対して以下のような質問をする。「あなたは実際，大人としてその子を見て，批判したいと感じますか？」。この質問へ

258　第Ⅲ部　解離性パーソナリティ構造を治療するための適応的情報処理モデル

の回答が「はい」なら，ステップ３に戻る必要があるかもしれない。子どもの生活状況の現実についての認知的情報を編み込むことによって，批判的な大人の視点の厳しさを和らげるのに役立つことが多い（例．**治療者**：「その子はひどい目にあっていると思いますか？」）。

例：苦痛が「大きすぎる」ときの介入としての「愛情のこもったまなざし」手続き

　ロニーは43歳の男性で，妻への暴力によって逮捕された後にセラピーにやってきた。彼は自分の行動をかなり恥じていたため，暴力の最中にどのような心の状態だったかにアクセスすることが最初はとても難しかった。4回目のセッションの頃には，自分の中に不適切にわき上がる強烈な怒りの感情について話すことができるようになった。私たちは EMDR の第３段階から第７段階を使って，強い「いらつき」を喚起した最近の状況をターゲットにした。そのセッションで彼は，自分の怒りがもっと基礎にある無力感や愛されない感じをカバーしてくれていたことに気が付いた。翌週になると，怒りのコントロールがよくなったこと，妻は暴力という反応を受けて当然ではなかったと思っていることを報告した。こうした認知的な洞察が得られたにもかかわらず，彼は引き続き同じ感情を感じていた。私は別の引き金状況（いくつかあった）について考えてもらい，身体の中の怒りに気付きながら過去へと時間をさかのぼるよう言った。彼は多くの出来事，職場での怒り，過去のパートナーとの関係，そして原家族内での出来事について，感情の架け橋（Watkins & Watkins, 1998）をすることができた。私は怒りについての最早期の記憶は何か尋ねた。すると彼はいくらか言いにくそうに，2才か3才頃の鮮明な記憶イメージを話してくれた。彼はベビーシッターの家にいて，おしめを替えられているときに泣いていたという。シッターは「泣き止みなさい」と言って怒鳴り，彼が泣き止まないと，彼の睾丸を凄い力でつねったという。ロニーはそのシッター

が後で母親に対して「息子さんは今日，とても悪い子でした。もう二度と預かりたくありません」と言っているのを聞いた。すると母親も息子に対してひどく怒ったので，彼はシッターに何をされたのかを親に話すことができなかったのである。この出来事以降，両親は別のベビーシッターを見つけることができなかった。そのため，彼の記憶では，母親は仕事を辞めざるをえなくなった。この出来事以来，家の収入が減ったのは彼のせいであると両親に繰り返し責められたことを彼は話してくれた。

　クライエントはこの出来事を話しながら，見るからに震えていた。彼の心の状態を確認するため，私は尋ねた。「今，何が起こったかを考えると，0 から 10 の数字でいうとどのくらい苦痛に感じていますか？」。彼は言った。「25！　本気で頭にきています。誰かを殴ってやりたい。あんなこと，起こるべきじゃなかったんだ！」

　私は彼にこの記憶をいったん脇に置いて，ただ，面接室の安全な静けさに気付くために戻ってくるよう，頼んだ。彼は面接室を見回し，窓の外の樹木を見ることで，「かなり」そうすることができた。私たちはそれまでに「安全で心地よい場所」を創ってあり，さらに，扱う準備ができるまでトラウマ記憶をしまっておける「コンテイナー（容れ物）」のイメージも創ってあった。しかし，彼は言った。「これをコンテイナーに戻すことができないんです」。私は彼に，安全に現在にいることに気付きながら，同時に，そのひどい出来事が起こった時の小さな子どもだった彼をただ見ていることはできるかどうかを尋ねた。彼はしっかりとした口調で，「できます」と答えた。そこで彼にこう言った。「あなたの注意をあのベビーシッターからそらせて，それが起こっているときのその男の子をただ，見てください。ただこの子を見て，何でも見えるものを見てください」。このような焦点をあてた状態で BLS セットを繰り返していくと，この出来事の情報処理が生じた。彼はその子どもにもの凄い恐怖と恥の気持ちがあるのを見て取ったのである（このベビーシッターはかなり意図的に，子どもに恥の感情をもたせようとしていたからである）。彼はさらに，後日，親に怒り

260　第Ⅲ部　解離性パーソナリティ構造を治療するための適応的情報処理モデル

をぶつけられたときにどんな気持ちになったかも処理した。大人の自分を視覚化して，この男の子に話しかけたり，内側の子どもに向かって彼がどんなによい子で純粋かを伝えたりすることまでした。彼は通常のEMDR第3段階を迂回したため，あらかじめ自分についての望みの肯定的認知（PC）は同定していなかったが，以下のようなセラピープロセスがセッションの終わり頃に生じた（ビデオ録画から起こしたこの逐語録中の［EM］は，眼球運動のセットを意味する）。

　　治療者：今日はどんなことがわかりましたか？

　　ロニー：あの記憶があまりにもリアルで！　（**治療者：**今はどうですか？）　まだ覚えています。でも，もう過去のことに感じます。（**治療者：**今，またもう一度それについて考えると，怒りとか無力感が残っている感じがありますか？）　いいえ。それよりも今はもっと悲しくなった感じです。あんなに何年も制御できない怒りがあったので。［EM］実際，なんとなく平和な気持ちです。［EM］ティッシュをいただいてもいいですか？　（**治療者：**つらいですよね）

ロニーはうなずき「ええ」と言った後に続けた。「でもこれを乗り越えたいです。何年も，なんとか乗り越えられないかとやり方を探してきました。薬は役に立ちません」（**治療者：**こちらに来た最初の日のことを覚えていますか？　これがあなたの助けになるかについても，あまり期待していませんでした）　そうです。でも今となったら，どうやったら私の仕事でおさまっていられるのかわからないです。（**治療者：**具体的にはどういうことですか？）　今はとあるサービス業についています。でも自分はそれよりもはるかに潜在能力があると思います。でもこれまでは，もっといいものを求めることに恐怖があったんです。（**治療者：**私たちが話し合ってきた出来事と，もっとよい仕

第 11 章　愛情のこもったまなざし：1 つのパートが別のパートを「見つめる」こと　261

事を探すことへの恐怖は何か関係がありますか？）　あります。私は大きな混乱の中で生きてきました。でもその混乱がかなり解消しつつあって，前に比べるとはるかに怒りのコントロールができるようになってきたのが自分でわかります。以前はただ激怒していました。なのでよい仕事に見合うだけの力があるとはどうしても思えませんでした。（**治療者**：それが今は変わってきたんですか？）　はい。間違いありません。[EM]

　この特定の記憶の SUDS レベルを尋ねると，彼は最初「ゼロとは言えないので『1』というしかないです。あまりにも長らくこの記憶とつきあってきたんで」と言った。

　これはブロックする信念（Knipe, 1999a）であるように聞こえた。この言葉を論駁するのではなく，シンプルに，この記憶に関連した苦痛が完全になくなってもよいかを尋ねた。彼が「はい」と答えたので，BLS セットを追加し始めた。

　ロニー：もう痕跡にしかすぎません。0.5 でしょうか。（**治療者**：その痕跡というのは何ですか？）　今もまだ身体的に感じますし，覚えているからです。[EM] あの痛みは消えました。もう感じません……0ですね……今はとてもおだやかな気持ちです。

　時間がなくなったので，この時点でセッションは終了した。次の週のセッションで彼はこの記憶が引き続き解決していることを話してくれた。加えて，般化が起きていた。彼曰く，小さなことでイライラさせられないのは，奇妙で，しかしとてもポジティブだと述べた。いくらか早すぎたが，ロニーのセラピーは終了した。というのも数週間後，彼が近くの州へと引っ越したからだった。そこに移れば，もっとよい仕事に就くための資格を取れる訓練プログラムに入ることができるとのことだった。その後，彼の妻から

聞いたところでは，彼はトレーニング修了後も引っ越し先にとどまったため，ほどなくして妻の方がそちらに合流した。このセッションのおかげで，彼はそれまでの怒りと恥の重荷を相当程度におろすことができ，結婚生活でもよりよい配偶者となって，自分のことをはるかに良く思えるようになったのであった。

例：苦痛が「少なすぎる」ときの介入としての 愛情のこもったまなざし手続き

　二重注意刺激なしで扱うかも知れない2つ目の状況のタイプは，あまりにも強い防衛がありすぎて，現在見当識をもつパートが別のパートが保持している未解決の苦痛のひどさを認識するのを妨げている場合である。あるいはそのバリエーション，つまり治療者の面接室で話しているパーソナリティ・パートが，特定の記憶と現在の苦痛な気持ちや知覚のゆがみの間につながりがあることに気付いていない場合である。どちらの状況においても，分断があるにもかかわらず，未解決の外傷後苦痛が，多様なやり方で侵入的に想起されることがある。クライエントは同じテーマの頻繁な悪夢をみるかも知れない。あるいは子ども時代の特定の人物について話すときに，思いも寄らぬほどの強い感情を示すかも知れない。あるいは，なぜ嫌いなのかもわからずに，自分が特定の感情をもつことについて，顕著な自己嫌悪を覚えるかも知れない。この臨床像の一部として，クライエントは子ども時代のつらい体験を話しつつも，同じ出来事のインパクトについては過小評価するかもしれない（例.「特に気になりません」や「そのことについては，本当のところあまり覚えていません」）。もちろん，生きていくプロセスの中で，人は確かに物事を乗り越えていく。セラピーがなくても，心の自然な情報処理システムが苦痛な記憶を完全に解消することはしばしばある。しかし，そうならず，未解決の苦痛が深く埋められてしまうクライエントもいる。外傷後の情動はその人の中にあるままで，現在の

第 11 章　愛情のこもったまなざし：1 つのパートが別のパートを「見つめる」こと　263

生活に歪んだ影響をもたらすのだが，面接室の中で話しているパーソナリティ・パートはその感情に気付くことができないのである。すると，セラピーの課題は，パーソナリティ構造の中で苦痛が保持されている場所に，細い糸ほどのアクセスを形成し，今度はそのつながりの糸をコミュニケーションのチャンネルへと広げ，癒やしの対話ができるようにすることだ。

　例えば，20 代後半のリンダはいくつかの主訴を抱えてセラピーにやってきた。自尊心が低く，自己主張ができず，近い関係の人に対して自分のニーズを主張することができない，という主訴を抱えていた。彼女は効果的に EMDR を使い，同棲中の彼氏との間で自己主張した方がよい状況をターゲットにすることができた（「私は言いたいことを言ってはいけない」という否定的認知がセッション中に「私は，自分と相手両方に対する完璧な敬意をもった言い方で，気楽に本音を言うことができる」という肯定的認知に置き換えられた」という）。そしてその結果，彼女は前よりも気持ちよく，「いいえ／ダメ」と言い，自分のニーズを口にすることができるようになった。

　EMDR によるワークに入る前の，最初の何回かのセッションでは，彼女の家族歴を話し合い，私は通常のインテイクの質問を行い，その中には，過去に性的虐待を受けたことがあるかという簡潔な問いも含まれていた。この質問に対し，彼女は「いいえ」と言ったが，この最初の EMDR セッションが終わると，彼女はほとんどさりげないと言ってもいいような言い方で追加情報を出してきた。義父から，かつて性的に不適切なことをされたことがあるという。それは彼女が 13 歳の時のことだったが，ちょうどその不適切な触り方を義父がし始めたとたんに，母親が部屋に入ってきたのだという。「それが起こったことは気にならないんです。たくさんの人にとってはおおごとだというのもわかっています。でも私はそれについてたいして感情がわかないんです。母はその後すぐに義父と離婚して，私はそれが嬉しかった。なぜって義父とうまくやっていくのは本当に難しいことだったので」。さらに，その出来事については，翌日，義父が出て行った後に

母親といくつかの言葉を交わして以来，その話を母親としたことは一度もなかったという。この出来事について話していると彼女が言った。「私はこのことに煩わされたくないんです。でも煩わされているのかもしれません。だって，どうしてもこのことについて話したくないんですから」。

　彼女は自分の回避防衛に気付いていると話していたので，第3章や第4章で説明したような手続きでそれをターゲットにしてもよかったのだが，しかし，この記憶に直接アクセスできた方が役に立ち，それが安全かつ可能だと感じられた。そこで私は彼女に，その出来事がかなり昔である15年も前に起こったことをわかりつつ，現在，私の面接室にいて完全に安全であり，今ここにいることを感じることはできるかを尋ねた。そしてこの気付きを維持したまま，「まさにそれが起こった時」の彼女のことを思い浮かべられるかを尋ねた。彼女はこれをしつつも，安全な現在についての気付きも維持することができた。私はこの後，「ただ彼女を見て，見えるものを見てください」と教示して，最初の眼球運動のセットを開始した。その後15分間に何が出現したかというと，まずは寝たふりをしている幼い自分の顔に浮かんでいた戦慄が見え，次に，母親が部屋に入ってきたときの子どもの安堵した顔が見えた。彼女は，廊下の先で義父と母が言い争っていたこと，その晩に義父が出て行ったこと，翌日の朝にそのことについて母親と短く言葉を交わし，「父親は戻ってこない」とわかったことなどを思い出した。この処理において，彼女は大人の自己として語り，幼い自己に対して「あなたのせいではなかったのよ。彼があんなことをした原因はあなたの側には何一つなかったのよ」と言った。さらに，出来事が起こった当時，何が起こったかについて，もっと母親と話す必要があったことに気付いた。しかしそれをしなかったのは，母親から「あの出来事は口にするものではない」という非言語的なシグナルが発せられていたからだった。母親は数年前に癌で死亡していたため，その出来事があった当時に母親が十分そばにいてくれなかったことについて気付きにくかったのである。彼女はイメージの中で母親に話しかけているところを浮かべることができ，

第 11 章　愛情のこもったまなざし：1 つのパートが別のパートを「見つめる」こと　265

13 歳当時に満たされなかったニーズだけでなく，出来事が起こった後に
もっとたくさん話すことを母親が許してくれればよかったのにという願望
を言葉にすることができた。その後のセッションで彼女は，いかに母親自
身が情緒的問題を抱えていて，この出来事の時もそのほかの出来事の時も，
気が散っていて上の空だったかを，共感をこめて語った。リンダはそのよ
うな状況に対して，自分のニーズを軽視することによって適応しなければ
ならなかった。そしてこの適応，つまり常に自分のニーズを後回しにする
ことが，いかに今現在の人間関係においても続いているかに気が付いた。
この洞察と，EMDR ワークの中で自己主張を身に着けたことは，彼女を
エンパワーするのにとても役に立った。

　子どもは養育者から禁止命令——「この家族ではニーズ（または恐怖や
怒り）について話すことは許されない」——を受けた場合，許されないニー
ズや感情がきわめて自然に喚起されるような状況に接すると，問題が起こ
る可能性が高い。子どもは回避防衛や否認をすることによって適応するこ
とがあり，その結果，大人となった現在の生活の中で問題が起こり，子ど
も時代の出来事を標準的な EMDR で扱おうとしてもアクセスが極めて難
しくなったりするのである。こうしたクライエントでは，セラピー開始時
に，通常であれば苦痛だと思われるような記憶に対して，奇妙なほどに感
情が動かないのが観察される。外傷後の情動はまだ存在しているかもしれ
ないが，そのパーソナリティの中では意識的にはアクセスできない。時に
は以下のように尋ねてみることで，切り離された感情を保持している自我
状態またはパートにアクセスできることがある。「子ども時代，怖い思い
をした経験はありますか？　大抵の子どもは，どこかの時点で何かを怖が
るものです。あなたが怖いと思った時のことを思い出せますか？」。ある
いは「怒りを感じたことはありましたか？　何か不公平なことが起こった
時に腹が立ったりしませんでしたか？　当時は自分の怒りを誰にも話さな
かったかもしれませんが，怒りを感じた時のことを思い出せますか？」。
または「本当に何かが必要だったとか，欲しかったけれど，どうしても手

266 第Ⅲ部 解離性パーソナリティ構造を治療するための適応的情報処理モデル

に入れられなかったことはありましたか？ その欲求不満を抱えて生きていくしかなかったときはありましたか？」。このようにして同定された記憶に対しては，切り離された情動にアクセスして解決するのに，愛情のこもったまなざし手続きを使うことが，しばしば役に立つ。

愛情のこもったまなざし手続きは，柔軟に多様な臨床像に対して横断的に使うことができる。ある50代の男性は，通常の社会的状況の多くの場面で，手が震えるという長らくの問題を抱え，かなりフラストレーションがたまっていた。手の震えは彼にとって恥ずかしいことで，もう何年もの間，誰かと交際したいと思っても，その問題が大きく不満を引き起こす壁として立ちはだかっていた。彼は27歳の時に，除隊後の初めてのデートで自分にこの問題があることに気付いた。兵役中，彼は武器弾薬を運ぶために航空機に積み込むという非戦闘兵としての職務についていた。ある時，彼の不手際で扱っていた爆弾が坂道を転がり落ちた際，それを見ながら，爆弾が今にも爆発して自分もほかの数人も死ぬ羽目になると確信したという。爆弾は作動可能になっていなかったので，実際には爆発しなかった。彼はこの出来事を私に話してくれた際，自分は怖くなかったと述べた。「結果的には大丈夫だったから」というのである。しかし，そう言っているにもかかわらず，彼の手は震えていた。愛情のこもったまなざし手続きを使ってこの出来事に焦点をあてたところ，この問題と，爆弾の出来事よりもはるか前に起こった出来事との間のつながりに気付くことができた。彼が子どもの頃，父親はよく，第二次世界大戦中にエンジン2機が炎上している空軍機に乗って海をいかに横切ったかの話をしてくれた。父親は，そのような状況下でもまったく怖くなかったと言うのであった。クライエントはこの物語を聞き，恐怖を感じることは，どんなに危険な状況においても一切許されないことを学びとして受け取ったのである。彼はこのセッションの終わり頃には，父親の語っていた物語のメッセージの影響で，とてつもない恐怖を呼び起こす状況への対処がうまくならなかったことに気付いた。彼はデートを含む，新しい状況で自分がいくらか神経質になるのを許

第 11 章　愛情のこもったまなざし：1 つのパートが別のパートを「見つめる」こと　267

すことができるようになった。結果的に，EMDR の使用といくらかのロールプレイを通して，そうした状況への対処もはるかに上手になった。さらに，手の震えもそれについてのストレスもかなり減ったのであった。

　別の例は，ある 50 代前半の専門職の女性の例である。彼女はいろいろな点で成功した人生を送っていたが，時々，自己批判の嵐に見舞われていた。そして自分に対する批判的態度はいくつかの理由から「神経症的なものではないが，正当化される」と考えていた。理由の 1 つは「判断が悪いから」というものだった。自分に対する否定的な感情につながるような原家族体験を数多く同定することができたが，「彼らのことは責められません」というのである。彼女は続けてこう言った。「私の人生は出だしからつまづいていたんです。17 歳で妊娠したので，長らく苦労する羽目になりました。私はそのことで自分に腹を立てています」。自分に怒りを感じているという彼女の言葉は，内的パーツ間に未完了の話し合いがあることを示していた。「自分に腹を立てている」パートは私の面接室にいたため，ほかのパートを見つけるために彼女に質問をした。「では，この 17 歳の女の子が，今まさに，思い切って彼氏にセックスをさせようとしているのが見えますか？　その瞬間，彼女がどんな状態なのかを見てください。ただ，まさにその瞬間にいる彼女を見て。何に気付くか見ていてください」。彼女は若い頃の自分がその状況にいる姿を鮮明に思い浮かべることができたので，この 17 歳の自己イメージに BLS を組み合わせた。最初，彼女は若い自分に対して非常に批判的な態度を示した。しかし，この若い女性を「見つめる」ことに焦点をおきながら BLS セットを続けるうちに，批判的トーンは弱まり，女の子が若い男性に慣れていないだけでなく，愛情のあるつながりに飢えていることに気付くことができた。それは混とんとした，自分のことしか考えていない家族からは得られないものだったのである。クライエントは，「どんなことを彼女に言ってあげると役に立ちそうですか？」と尋ねると，最初のうちは説教口調でこの若い自分に話しかけていた（「馬鹿なことをするんじゃありません！　もっと分別をもちなさ

268 第Ⅲ部 解離性パーソナリティ構造を治療するための適応的情報処理モデル

い！」)。しかし，セッション内で対話を重ねるうちに，この若い女性に対して思いやりを示すことができるようになり，少しずつ許せるようになってきたのである。その後，彼女は自己批判の基盤となっているいくつかの似たような出来事に対する標準的な EMDR 処理へと進むことができ，処理はうまくいったのであった。

　愛情のこもったまなざし手続きという，トラウマを負った若いパートを視覚化して，それを「見つめて」もらっているところに BLS セットを繰り返し，そのことによってパーツ間の内的対話を癒すという方法は，現在見当識と安全性の持続的植え付け（CIPOS）と容易に統合して使うことができる。CIPOS については，第 13 章から 15 章にかけて説明する。

第12章

恥による防衛を治療する

　多くのクライエントにおいて恥は，物質依存，慢性的怒り，うつや全般的な社会的引きこもりといった，その他の臨床像の背景に隠れている。その他のクライエントでは，慢性的な恥は，全く隠れておらず，セラピーにやってきた当初から極めてわかりやすく表面に出ている。セラピーに来たクライエントが，原因となる能力や行動の問題を抱えていないにも関わらず，非常に低い自尊心や，自信のなさ，不十分で悪人で欠陥がある人間だという自己概念を示していたら，その否定的自己評価が防衛目的を果たしている可能性に治療者は注意すべきである。防衛とは，トラウマに関連する苦痛を隅々まで意識するのを防ぐ，何らかの精神的活動である。恥や自責はよい気分をもたらしてくれない。しかし，とても幼い子どもにとって，また，大人にとっても，恐ろしい体験を強烈に再体験するよりは，自分の欠点を探すほうがマシだと感じられる。養育者の役割を担っている大人からトラウマを与えられた子どもにとっては特に当てはまる。家族内で虐待されたりネグレクトされたりした子どもは，自分を責める理由を心の中で探さざるを得なくなる。背景にある態度は（明瞭なときも，目立たないときもあるが），「こんなことが起こるなんて自分が悪いに違いない！　ママやパパが悪いわけがない。きっと，自分は良い親のいる，悪い子なんだ。気にかけてくれない悪い親のいる，良い子なんかじゃない」である。後半の考えは，多くの幼い子どもたちにとっては，考えるのも恐ろしいことだ

ろう。自分を責めることは，必要とする肯定的な（不正確なのだが）親像を守るためにも必須なのだ。加えて，コントロール不能の状況下でコントロール感を抱くという幻想を子どもがもち続けることを，自責は可能にしてくれる。非現実的な方法でこの想像上の恥に対する埋め合わせをしようとする。「いつも完璧にする。そうすれば，お父さんもお母さんも私のことを好きになり，優しくしてくれるはず」。

Silvan Tomkins（1991）と Donald Nathanson（1992）によれば，恥は生まれつき備わっている基本感情で，学習されるものではない。進化または，サバイバルという肯定的な目的が恥にはあるからだ。その目的というのは，興奮や興味，脅威や怒りなどの感情を擁護したり，維持できなくなったりした時に，それらの感情をシャットダウンさせることである。もちろん，恥は以下のような状況でも起こる。例えば，良心の呵責を感じるような行動をした時，悪いことをしているのが見つかった時，自分が大事にしているモラルを破るような行為をした時，擁護できない袋小路に陥った時。その状況が明らかに持続不可能で，行き場がなくなる時，自動的に恥が活性化され，不適切な感情である興味をブロックし，その人が今までしていたことを止めさせるのだ。その場にそぐわない，適応的でない興味，関与，熱意を一瞬で消滅させる反射メカニズムである。つまり，必要に応じて「ブレーキを踏み」方向転換し，修復する。このように，恥は適応的な目的をもつ。袋小路の活動や関与にストップをかけるので，エネルギーの保存とも言える。しかし，多くのクライエントが抱える恥（感情および自己概念）は，とても非適応的な場合がある。恥は論理に耳を貸さず，治療的な介入に耐性を示し，客観的に見てまったく関係ない道徳上の罪として生じることもある。

恥とプライドの間には相互関係が見られる（例えば，第5章で述べた非現実的な自己の理想化）。事例で説明しよう。私の事務所はコロラド・スプリングスのアメリカオリンピックトレーニングセンターの近くにある。数年前，どうしてもサイクリングの強化選手に選ばれたいと熱望している

クライエントがいた。有能な選手ではあったが，オリンピック出場は夢の
また夢だった。強化選手枠をめぐる第一次予選すら通過できなかったこと
は，彼の自尊心を大きく傷つけた。彼は不当に自分を責め，何がダメだっ
たのか，どうするべきだったのかを思い悩むことに多大な時間を費やした。
そこで，自分に対する否定的な自己評価をターゲットに EMDR を行った。
生まれ育った家族がオリンピック出場に対して非常に高い価値を見出して
いたこともターゲット（第5章で紹介した理想化の防衛を解消する手法を
使用）とした結果，夢に敗れたことへの悲しみを感じながらも自分を受け
入れることができるようになった。この変化により，彼は成功を味わえる
ほかのことに自分のエネルギーを向けられるようになった。小さい頃から
の夢は叶えられなかったものの，結果的には，自分にとって可能なこと，
どれだけ頑張ってもムリなこと，それぞれに気付けるようになったことは
彼にとってよいことだった。そして，それから数カ月後，治療終結する時
点では，到達不可能な目標を達成しようとしていた緊張から解放され，彼
は安堵していた。

　数年前，アイデア商品店で，バンパーステッカーを見つけた。皮肉であ
ることは間違いない。「あきらめることを覚えてからずっと気分がいい」
と書いてあった。しかし，よりよい言い回しをするならば，大志の中には
自滅的なものもあると気付く方がよいということであろう。治療者として，
私たちはクライエントが彼らの未来に希望をもてるように力を注ぐ。しか
し，場合によっては，非現実的，あるいは達成不可能な何かに対する情緒
的な愛着を手放せるようにクライエントを助けることが最も有益な治療的
介入になることもあろう。オリンピック選手を目指していた男性が抱えて
いた問題は，Nathanson が提唱している恥の概念をよく表している。つま
り，恥とは肯定的で進化的な目的をもつ情動で，非現実的で非生産的（あ
るいはより生産的なものへ移るため）な映像や活動における興味をシャッ
トダウン──ぺしゃんこにさえ──させる。人生には，時に「越えられな
い壁」にぶち当たり，現実に降伏しなければならないことが，悲しいかな，

272 第Ⅲ部 解離性パーソナリティ構造を治療するための適応的情報処理モデル

ある。不可能な状況に直面した際，努力を止めることは適応的である。
Nathanson による定義はこのような恥がもつ肯定的な機能を意味してい
る。恥の体験全体を見渡すとそこには「私はどんな過ちを犯したのだ？」
という疑問が頭を駆け巡ることも含まれる。興味・興奮の麻痺，衰え，エ
ネルギーが無駄に消費された感覚，頭を垂れて肩を落とした姿勢もあるだ
ろう。

　恥は言葉による否定的なアイデンティティへのレッテル，あるいは自分
について抱く思考，または，直感的な体験かもしれない。恥の体験は身体
中からエネルギーが失われるような感覚で，「自分の邪悪さ」，無価値，降
参あるいはあきらめ，を「知られている」状態だとクライエントは語って
いる。また，この感覚は頻繁に，「至るところ」で感じられ，ある特定の
部位ではなく，身体中にある，とクライエントは語るだろう。

　ポリヴェーガル理論を開発した Stephen Porges によると，これらの恥
の身体感覚は副交感神経の背側迷走神経が活性化した状態と似ている。

　ポリヴェーガル理論（Porges, 2007, 2009）によると，環境の異なる条
件は迷走神経──第 10 脳神経で自律神経の興奮を調節──から異なる反
応を引き起こす。迷走神経は，脳幹から身体に向かって張り巡らされてお
り，心臓，食道，肺，そのほかの臓器につながっている。この神経は，自
律神経系を制御し，個人が知覚した環境条件に即した情動状態を特定する。
安全が知覚されると，腹側迷走神経が活性化され，落ち着きや他者とのつ
ながりが感じられる。気楽で，情緒的に安心できる人たちと一緒にいるこ
とで得られる心地よさとなる。また，この気持ちは，自然を楽しんでいる
際にも生じるようだ（Paulsen & Lanius, 2010）。これこそが，EMDR 治
療者が目指すもので，「安全な場所」「心地よい場所」として開発する資源
からクライエントに得てもらいたい感情なのだ。

　逆に，危険が察知されると，交感神経が活性化する。典型的には警告，
驚き，恐怖，怒りが経験される。交感神経の興奮は随意筋の緊張を高め，
消化器官への血流を抑制し，潜在的な危険に対処できるよう準備を整える。

第 12 章　恥による防衛を治療する　273

交感神経の興奮は，闘争か逃走か反応として知られているが，実は現在の危険を警戒するための「すくみ反応」も含まれている。副交感神経の腹側迷走神経は，強く作用した場合，脅威刺激に対する個人のレジリエンスを高める（つまり，交感神経の興奮を抑制）。このような腹側迷走神経系の興奮——交感神経の中程度の興奮を圧倒する腹側迷走神経の能力——は，系統的脱感作手続きの原型のようだ（Wolpe, 1958）。つまり，不安に駆られた患者はまず深いリラックス状態になり，次いで，系統的に恐怖の元となっている想像上の恐怖対象物に直面化するのだ。

　差し迫った死や身体の硬直は副交感システムの背側迷走反応，つまり，身体活動や身体エネルギー，場合によっては呼吸すらも，シャットダウンさせる。背側迷走神経の興奮は，Nathanson の恥の概念（つまり，到達不可能な興味や興奮を即座にぺしゃんこにし，「私はどんな過ちを犯したのだ？」という疑問が頭を駆け巡る）と記述的に重なる。また，学習性無力感（Seligman & Maier, 1976）——繰り返し，回避不能な痛みに曝されることで痛みを避けるための選択肢に注意を払わなくなること——との重なりも見て取れる。背側迷走神経系の副交感神経の興奮は，差し迫った死，捕獲，身動きが取れなくなった状況下に対応するための生まれながらに備わった自動反応で，すべての哺乳類に起こる。身体が降伏状態——筋緊張が解け，呼吸数が下がり，死んでいるように見える，「死に真似」——に陥る。捕食動物が小さな獲物を捕らえると，例えばキツネがウサギを捕まえると，獲物は死んでいるように見えるかもしれない。捕食動物が死んでいるように見える獲物を口から話した途端，瞬時に，獲物は立ち上がり，ブルッと身体を震わせ，走り去り，生き延びる。

　この背側迷走神経の興奮は，養育者からの虐待を経験したクライエントの PTSD の一部として観察される。反応の強さは，当時，即座に塞がれたそのほかの情動の強さに関係しているのかもしれない。さまざまな事情からこれらの情動は持続することができなかったのだ。事例で説明する。低い自尊心，これまで自分のことを「抑うつ的な人格」だと思ってきた

40代後半の女性がいる。自分は「エネルギーが低い」人間で，興味をもつことや何かにコミットすることに問題を抱えている，と考えていた。治療が始まった頃，大変言いにくそうに，父親からの性虐待歴を語った。時間の経過とともに，それについて語れるようになり，虐待についての治療に取り組んだ。最初の虐待は彼女が6歳の時に起こった。父親は家族のもとを去っていた（大人になったクライエントは，父親には女性がいたのではないかと推察していた）が，気が変わったので家に戻る，と娘と妻に伝えた。6歳当時のクライエントは，父親の浮気など想像もしておらず，父親が戻ってくることを単純に喜んだ。父親が戻ってから数日後，父親のひざに座りたかった彼女がそうしたところ，彼は不適切に彼女を触り始めた。6歳の女の子は，唖然とし（後に振り返り語るが）深く恥じた。彼女の経験は以下のようにまとめることができるだろう。自分を恥じる——普通の6歳女児としての興味と興奮のシャットダウン——という反応は強烈だった。なぜなら，父親の帰宅による強い喜びを即時停止しなければならなかったからだ。これらすべての情動反応は，事件当時，無意識レベルで生じていたが，恥の感情だけは出来事の後も続き，彼女の自己認知に強い影響を及ぼした。自分の身に何が起こったのかを鮮明に想起できるようになり，同時に，二重注意（過去と現在の両方）を維持できるようになったため，標準EMDRの第3から第8段階を問題なく使用することができた。彼女の否定的認知（NC）「私は何もしなくても悪い」は肯定的認知（PC）「私がいい人間であること（無垢な子どもだったこと）を知っている」に替わることができた。

　別の事例を紹介する。この女性も慢性的に低い自尊心を抱え，自分の無価値を証明する多くの「証拠」を挙げることができた。この自己評価の起源を探ると，子ども時代に行き着き，特に7歳からの出来事が彼女を強く悩ませていた。それは子猫を繰り返し，故意におぼれさせるという記憶だった。自宅の納屋で子猫を見つけた彼女はとても嬉しかった。しかし，大好きだった祖母はその子猫を袋に入れ，7歳の孫娘と一緒に近所の池へと向

かい，その袋を水に沈めなさい，と怒りながら彼女に強要したのだった。治療では，この出来事を扱い，その結果，クライエントは 7 歳の自分を思いやりと受容の心で見ることができるようになり，同時に祖母を許すこともできた。彼女曰く「私の祖母はとてもつらい人生を歩んでいました。何度も流産を繰り返し，酔っ払い，暴力を振るう祖父のもとを去らなければならなかったのです。もしかすると，祖母はこの出来事を通して，時には強い態度を持たなければならない，と教えたかったのかもしれません」。クライエントが語る祖母像が正確であるかどうかは不明だが，少なくとも，新しい理解により祖母に対して肯定的な感情をもつこと，子ども時代の自分を許すこと，そして，この出来事を解消すること，はできた。そして，この処理を通して，あのひどい状況を理解するためには，自分がすべて悪いからだ，と思って生きるしか理に適う説明がなかった，と理解するに至った。この洞察を得て以降，悲しい気付きではあるが，あの出来事に関連する混乱や恐怖，無力感をうまく処理することができた。また，この処理が成功することで，祖母と母にまつわる同様の出来事を想起するようになったが，それらも解消することができ，その結果，子ども時代の困難に対する深い認識と同時に，現在の自分に対する明確で適切な価値を見出せるようになった。

　これらの事例から恥の感情は子ども時代の外傷的な乱れの一部であることを示してくれる。とても肯定的な感情を抱いている最中に，急に予期しないショッキングなトラウマに見舞われた挙句，その出来事が大切な人によってもたらされていると，特にそうなるようだ。子ども時代に端を発する心的外傷後ストレス障害（PTSD）は，不安障害であるのと同様に，とても高い確率で，恥の障害，または，「シャットダウン」障害と言えるだろう。

　子どもの人生早期にこのような背側迷走神経の「シャットダウン」反応を起こす経験が頻繁に存在していたならば，それがたとえ言語習得前の出来事であったとしても，子どもが成長するに従い，自分を恥じる情動に彩

られた自己概念が形成される。その子は不合理ではあるものの恥が基盤となる広範な認知のアイデンティティとともに成長し，恥の感情を直接感じながら，あるいは他者を責めることで恥をほかの感情で覆いながら生きる。年月が流れ，「私は役立たず，でも，周りから問題ないと思われるように振る舞わなければならない」という認知を反映する非機能的な対人関係スタイルを身に着けた大人になる。あるいは，成長したその子は，常に抱いている不十分な感じや価値がない感じ——どれほどそれが不合理なものであったとしても——を和らげたくて，治療者に助けを求めるかもしれない。後者の場合，クライエントは自分の欠陥を「証明」するための証拠を次々に挙げる，という「おかしな議論」にそれが象徴される。「私はこんな間違いやあんな間違いを犯した。ある人と一緒だったとき，こんなに無神経だった，やっぱり私は間抜けなのよ！」。治療者の自然な反応は「自分に厳しすぎるように思いますよ。職場ではいい仕事をしているし，人には親切だし，配慮ができる人です」。このように，噛み合わない議論が生じる。クライエントは自分がどれほどダメな人間かを説き，治療者はクライエントがどれほど良い人かを説く。時には，クライエントが治療者から肯定的なフィードバックや褒め言葉を引き出すときにも同様のパターンが見られる。このようなやりとりがみられるケースにおいては，クライエントが防衛的な恥を抱えていることが多い。治療者とクライエントの間に，投影同一視が生じていることもある。このタイプのやりとりは，治療者とクライエントの間ではなく，クライエントの中で起こるべきタイプのものである。クライエントは，自分の中に現状にほどほど適応したパートをもっていて，そのパートは治療から効果を得たい，と望んでいる。ところが，過去のトラウマ出来事から生まれ，恥にまみれ，身動きがとれなくなっている別のパートも同じクライエントの中に存在している。通常，このような奇妙な議論が生じるときは，クライエントが無意識に，自分の楽観的で自己肯定的なパートを治療者に投影しているのである。そうすることで，クライエントの内部で起こっている「私は大丈夫なの？　それとも大丈夫じゃない

の？」という葛藤を単純化できる。治療者はクライエントの中に存在する楽観的なパートの投影を受け取る。なぜならば，治療者は基本的にクライエントが大丈夫だ，と思っているため，クライエントから投影されたことを言語化しているに過ぎない。クライエントも内的な葛藤を単純化する機会を得る。そして，自分を恥じる部分が表面化し，言い返したり，場合によっては態度で示したりすることもある。このようなやりとりは多種多様な形で行われる。「私はひどい奴なのです——いいえ，そんなことはありません」または「いい人なんて存在しません——いいえ，人は基本的に善ですよ」。これらのような両極化されたやりとり——決着がつかない議論——はクライエントのパーソナリティに存在するパーツ同士のやり取りなのだ，ということが明確になるまで，治療が前に進むのを邪魔する。

　既に述べた通り，親による虐待やネグレクトから引き起こされた恥によって自己定義された思考として，子どもは恥の感情を抱く。そうすることで，子どもは大切な理想の「ほどほど良い」親像を維持できるからだ。この親像は事実とは異なるかもしれない。しかし，子どもが愛着の絆を求める気持ちは強く，それ以外の要素は無効にされる。同様に，性暴力の成人被害者の中には，不正確で，筋が通らないにもかかわらず，自分を恥じている人がいる。自分を恥じるという行為には，自己の外側にあるものを，望ましく肯定的なイメージのまま維持する，という機能があるのかもしれない（例.「ほどほど安全」な世界という幻想；悪いことは常に予防され，不作為で，コントロールできない，予測不能な恐ろしいことは起こらない）。性的暴行の場合，恥じるべきは加害者であるはずなのに，よく見られるのは，とても強い恥の感情を被害者がもつことだ。例えば，暴行被害の後，「公園の中を歩くべきではなかった。あんな服を着るべきではなかった」という思いを非常に強い怒りとともに抱いているかもしれない。あるいは「ドアの鍵はひとつではなく，3つつけるべきだった」「○○するべきだった。××するべきだった！」と。同様のことは，恐ろしいことが起こるのをただ見ているしかなかった帰還兵にも見られる。彼らは，強烈な，不合理な

恥を自分に対して抱いている。その出来事の責任はまったくないのは明白であるにもかかわらず。あるいは，自然災害後，自分が言うことを聞かなかったために，部屋を掃除しなかったために，あの地震（あるいは津波，竜巻）が起こった，起こしたのは自分ではないかと小さな子どもが心配する。つまり，ひどい出来事が生じた後には，自分の行いとはまったく関係ないことであるにもかかわらず，自分を責める人がいるのだ。そして，それは外傷的出来事の間，自分が無力だったことへの気付きから生まれるのだ。

　罪悪感と恥はまったく異なる。罪悪感は，何か間違ったことをした，自分の価値観から外れてしまった，という気付きに対する適切な反応である。しかし，恥は「私は何か変だ」であり，罪悪感は「ミスを犯した」なのだ。恥は「私がミスだ」であり，広範なアイデンティティになり得るのだ。

　犯罪（例．暴行，窃盗，他人に意図的に害を加えようとすること）の加害者が治療にやって来ることがある。自ら望んで治療に来ているかもしれないし，裁判所命令かもしれない。このような場合，治療目的のひとつは，自分が犯した罪への罪悪感に気付き，抱けるようになることだろう。ここでいう罪悪感とは，神経症的な罪悪感ではなく，その人が犯した罪に対する真正の罪悪感をいう。本当の罪悪感に気付けたなら，自分が犯した過ちを正したいという気持ちが生まれ，その作業を通して正当な自尊心が芽生えるだろう。

　このことが私にとり，とても明確になったのはあるクライエントとの関わりからである。これまでの人生でずっと抱いていた価値のなさと自分の悪さについて扱いたいと 50 代の女性が治療にやって来た。この感情の起源をたどったところ，性的な虐待を受けただけではなく，両親や同胞からひどい扱いを受けてきた背景が浮上した。何セッションもかけ，出来事を一つひとつ標準 EMDR で扱い，素晴らしい結果をもたらした。他人から向けられる悪意ある行為は自分のせいではないこと，自分はそんな扱いを受ける悪い子どもでもなかったことに気付いた。そんなある日，面接室に

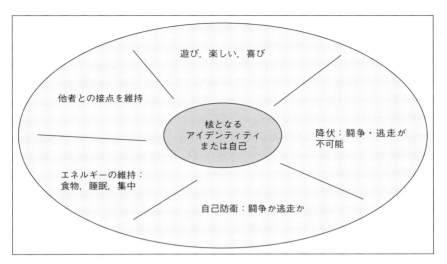

図12.1 「十分いい」子ども時代の環境下では，生まれながらの行動システムは十分統合され，「中核」あるいは自己である執行自我状態の下で，行動的反応パターンとして育つ

入るなり，こう言ったのだ。「今週，私が何をしたのかお話しします。警察署に出向き，自首しました」。彼女は，長年勤めてきた会社で横領をしていたのだ。彼女の試算によると総額は8万ドルから10万ドルだった。小切手を切り，請求書を支払い，帳簿を管理するのが彼女の仕事だった。彼女曰く，自首しなければ決して見つかることはなかった。しかし，治療が進むにつれ，自首したくなったというのだ。逮捕され，起訴され，賠償金を支払い，（初犯だったため）保護観察となった。当然，解雇された。しかし，これらの結果に彼女は満足していた。良心の呵責はなくなったからだ。このクライエントの例は，罪悪感と恥の違いを明確にしてくれる。彼女は恥を扱うために治療を求め，治療が彼女を罪悪感へと導いた。その結果，彼女は必要とされるやり方で誤りを正したのだ。

　恥の情動は，解離性パーソナリティ構造の発達と本質的に関連しているのかもしれない。**図12.1**はすべての子どもは生まれながらにある種の行動システムをもって生まれることを示している。行動システムとは，生き

280 第Ⅲ部 解離性パーソナリティ構造を治療するための適応的情報処理モデル

残るために必要な精神活動と行動が発達する可能性のことをいう。例えば，ほとんどすべての子どもが生まれもっている行動システムには，言語習得の傾向がある。この図は，子どもの環境によりこれらの行動システムがどう現実化し，形作られるのかをメタファー的に示したものである。子どもは，自分の面倒を見てくれる養育者に愛着を示す準備をもってこの世に生まれてくる。生まれたその日から痛みと不快には自動的に反応する——泣いたり，痛みの原因から身を遠ざけたりする。子どもはいろいろなことができるよう学ぶ用意ができている。遊べるように，楽しみがもてるように，食べられるように，集中できるように。もし，子どもの環境に葛藤や邪魔がなく，これらの行動システムの発育を促すようであるならば，核となるアイデンティティ（単一の一貫したアイデンティティ）が生まれ，そのアイデンティティがさまざまな状況下での思考や行動を管理する。そのような経験を通して，子どもは，自己として，人生の各状況下でどの行動システムやどの行動を取るのが適切であるのかを学ぶことができる。

　しかし，養育者から恒常的な虐待やネグレクトがあると，愛着の行動システムと自己保護の行動システムが真っ向から対立する事態が発生する（**図12.2**参照）。つながりへの欲求と害や痛みから逃げる欲求が衝突するのだ。このような状況下では，子どもの自己感覚はとても弱くなり，中には単一の自己感覚がまったく育たないケースもある。各欲求を満たすには，異なる自己状態は独立した状態で育まれなければならないのだ。養育者から虐待された子どもがしっかりとした，ひとつのアイデンティティを育てるには，多くの障害を乗り越えなければならなくなる。養育者との愛着関係は，食料，家，毛布など，生き延びるための必需品を提供してもらうためにも不可欠である。同時に，身体的な痛みやひどい情緒的苦痛から自分の身を守る必要が子どもにはある。そのため，子どもに残された道はないに等しい。子どもが見つけられる解決策が，意識レベルではなく，自動的に生れる。そうすることで，子どもは目の前に繰り広げられる外傷的な出来事から完全に解離し，加害行為を行う養育者との愛着関係を維持できる

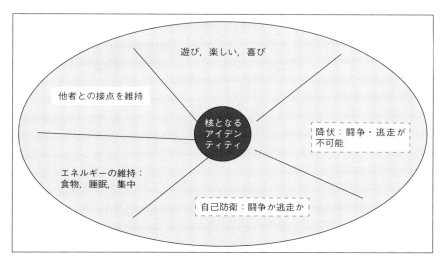

図 12.2 養育者からの虐待，あるいはネグレクトを受けた子どもは，単一の中核アイデンティティを形成することができない。生得的な心地よいつながりへの欲求と自己保護の欲求が葛藤状態に陥る

ようになるのだ。加害者でもある養育者との愛着が継続されるのは，加害者がしたことに対する意識上の気付きがないからだ。その結果，それから数十年後に，治療を求めてやって来たとしても，その際には子ども時代の虐待については知らないということが起こる。

人生早期において養育者の手により虐待やネグレクトが行われていた場合はなおさらだ。EMDR 関連の手法は，クライエントがまず，もち続けている自分を恥じる否定的な認知に関する**認知的**理解を深め，次に，それに付随する「悪い」という**身体感覚**を解消する。過去の執筆（Knipe, 2009b）や発表（Knipe, 2010）の中で，これらの手法を事例とともに紹介した。

よくあるのが，ある特定のトラウマ出来事に関連した恥の感覚はあるが，その人のパーソナリティの広範囲にその影響が見られないことがある。その場合は，標準 EMDR だけでも効果が期待できる。最初，恥はその出来事に関連した自己についての否定的認知として表出されるだろう。例えば，その恐ろしい出来事が起こったことに対して不適切な責任を負っていた

り，価値がない，悪い，と感じているかもしれない。しかし，処理がうまく行くと，これらの NC は PC に取って代わられ，適切な分量や形の責任を負えるようになり，自己受容も進むだろう。このようなケースでは，標準 EMDR プロトコルの第 3 段階から第 8 段階を用い，特定の，十分想起できるトラウマ出来事をターゲットにすればよい。

　しかし，さまざまな状況下で広範囲の恥を感じている場合，そして，恥の源がその人のアイデンティティの中核に潜んでいる場合は対応が異なる。これらの感情の起源はアクセスすることができない出来事がきっかけとなっており，現在への見当識をもっているパートと過去のひどい体験を再体験している別のパートの間に心的防衛が存在しているか，この 2 つのパートの間に解離があるからかもしれない。つまり，強烈な恥を体験しているものの，その恥の源を理解したり，近づいたりすることができないのだ。例えば，「それについては語れない。考えることもできない」，または，「父があんなことをしたなんて信じられない。何が起こったのか頭に思い浮かびます，でも，本当に起こったとは到底信じられない」，などがその例だ。回避あるいは理想化防衛が外傷性記憶へのアクセスを阻んでいるのだ。このような状況では，自己非難が問題を解決する。そうすることで，トラウマ体験の一部，あるいは全部が頭から追い払われるからだ。ただし，その代償は，元々の出来事が生じてから続く極端に低い自尊心とそこから派生する恥である。恥のアイデンティティには正当な理由がない。そして，自己非難が必要だったことについて，より現実的なやり方で検討し，考えること，そして，ひどい未解決な外傷的動揺を「解決済み」にするのを両側性刺激のセット（BLS）は可能にしてくれる。最後に，元々のトラウマ出来事の全容が明らかになった時，標準 EMDR プロトコルが治療を成功へ導いてくれるだろう。

第13章

CIPOS手続き

現在見当識と安全性の持続的植え付け（Constant Installation of Present Orientation and Safety：CIPOS）（Forgash and Knipe, 2001, Knipe, 2002, 2007a, 2010）は，EMDR の癒しパワーをはるかに広いクライエント人口に広げることのできる手続きである。現在状況の安全性についての見当識を維持する能力を育て，強めることができれば，その個人は高度に苦痛な記憶題材にはるかに安全にアクセスできるようになる，という原理の下で作用する。これまでの章でも説明したように，解離性のパーソナリティ構造をもち，かつ／または並大抵でない困難な記憶をもつ人々は，解離性除反応，つまりトラウマ題材にアクセスしたときに生じる「トラウマ再体験」と情緒的安全感の喪失という体験への脆弱性をもつことが多い。言い換えると，圧倒的に苦痛な記憶題材が，恐らくそれまでは解離されているのだが，その人の意識へと洪水のように流れ込み，現在の安全性の見当識を圧倒せんばかりに脅かすのである。そうなると，クライエントは目こそ開いていても，体験的にはそこに充分いない，という事態になってしまう。その人の思考は，不幸で感情を圧倒する人生経験につながった完全に異なる時間と場所にいるのである。このようなトラウマ題材の侵入を続けさせてしまうと，クライエントに破壊的な影響を与えるだけでなく，治療者に対する信頼を損ない，自分の情緒的問題は絶望的なまでに解決不可能であるという誤った印象を与えてしまいかねない。このようなことは，

本質的には，二重注意が欠落しているから起こるのである。解離性除反応を起こしている人に標準的な EMDR 手続きを試みようとすれば，状況が悪化する可能性がかなり高い。例えば，ほとんど現在見当識を失い，子ども時代のひどい瞬間を再体験している最中のクライエントに対して，「その体験の最悪の部分を示す映像は何ですか？」と尋ねるのは，賢明でないだろう。第 3 段階でする質問群はさらなる苦痛な感情を喚起しかねないが，その時点でクライエント側は既にこれ以上は無理という状態にいるかもしれないのである。それでも治療者が第 3 段階の質問群への回答を得ようとして，その後に第 4 段階（圧倒する出来事について考えているところに両側性刺激を加える）を始めれば，さらに一層苦痛な題材が意識へと呼び起こされてしまうかもしれない。BLS は体験の統合を促し，パーツ間の解離障壁を崩すことで苦痛な題材をこれまで以上に意識へと引き出してしまう（Paulsen, 1995）。これが起こっている最中に現在見当識を保てるクライエントでは，BLS を使うことによって，癒しと統合を必要としているあらゆる要素を意識へと呼び寄せることができる。しかしながら，現在見当識を失いやすい脆弱性をもつ人は，安全弁を準備しておかない限り，こうした手続きで簡単に圧倒されてしまう。二重注意が十分にないと，クライエントが現在いる状況よりも，記憶の方がリアルに感じられる可能性があるからだ。十分な情緒的安全なしにトラウマにアクセスすることは，単にひどい出来事を再体験させるだけで，よいセラピー体験がないのと同じである。**図 13.1** は，解離性除反応をまさに起こそうとしているクライエントが，恐怖や回避や迫りくるコントロール喪失の中でどのように感じる可能性があるかを描き出している。

　このような状況では，これまでの章で説明してきた多くの手法を使用することができる。かなり脆弱性の高い人に対しては，CIPOS 手続きをほかの手法と組み合わせることによって，クライエントが情動的安全感と安全な現在への見当識を維持するのを援助し，苦痛度の高い記憶題材を処理するのを可能にできる。この手法は，第 8 〜 10 章で説明した準備段階や，

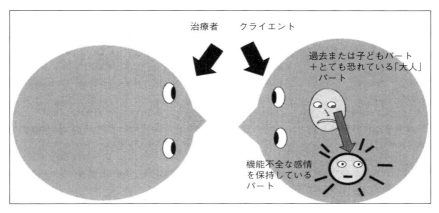

図13.1 ANPまたはパーソナリティの大人パートが，トラウマを再体験しているEPを極端に恐れているときは，安全にEPを治療するために，BHSとCIPOS法がしばしば使用可能である

　第3〜6章で説明した防衛をターゲットにして解消する方法，第11章で説明した愛情のこもったまなざし手続きの置き換えになるものではない。こうした一連の手続きは明確化のために別々に説明されたが，ほとんどの場合，クライエントに合わせて，組み合わせて使われる。

　CIPOS介入は，短期記憶（Short-term memory：SM）という，容易に観察可能で，別の現象である作業記憶（working memory：WM）と実質的には重複する記憶現象を活用する。作業記憶というのは，人が意識の中でいくつかの情報を同時に保持するとき，例えば2桁×2桁の数字の掛け算をしようとしたり会話しながら電話番号を調べたりするような場合に，使用される。EMDR療法の効果の理論的説明の1つは，BLSセットが作業記憶をいっぱいにすることにより，強固かつ非機能的に貯蔵された苦痛な記憶題材の典型的な想起のされ方を邪魔して緩めることにあるとされている（de Jongh, Ernst, Marques, & Hornsveld, 2013）。短期記憶は作業記憶よりも単純な現象である。数秒間意識の中で維持される記憶痕跡を指す。例えば，あなたはこの文章を読みながら，何か音が聞こえるかもしれない——外で往来する車や室内のエアコンの音などが聞こえる——だが，重要

286 第Ⅲ部 解離性パーソナリティ構造を治療するための適応的情報処理モデル

度が低いために容易に無視される。しかし，数秒間は意識下に作業記憶痕跡が残り，想起可能な状態に保たれる。数秒後，こうした短期記憶は「減衰」し，もはや想起できなくなる。崩壊するまでに記憶痕跡が維持される時間は，3 から 30 秒であり，その長さは記憶される感覚や情報の複雑性による。例えば，ある研究（Peterson & Peterson, 1959）では，単純な言語情報（3 重文字や無意味綴り）の想起は，3 秒後に高く，6 ～ 9 秒後には中程度で，15 秒後には極めて低くなった。CIPOS 手順はこの短期記憶現象を有効活用している。解離的な人が現在見当識のある状態から，トラウマについて考える状態へのシフトするとき，現在見当識の短期記憶は，2 ～ 20 秒間（時間は解離性除反応への脆弱性の高さによる）は維持されるため，その間であればアクセスしやすい。

　これまでの章で議論してきたように，効果的な EMDR のための必要条件は，二重注意，つまり現在の安全と苦痛な外傷後記憶題材へのアクセスを同時に行うこと，を維持できることである。こうした二重注意は，重度のトラウマや解離性のパーソナリティ構造のために治療を受けている人の多くにとって，非常に難しい。治療者の面接室の安全性に見当識をしっかりもっていても，苦痛な記憶にアクセスしたり，あるいはトラウマを再体験しているパートが現在見当識をもつパートと入れ替わってしまったりすると，二重注意が失われてしまうかもしれない。CIPOS 介入は，トラウマ題材に入り込んでもらった後に現在見当識に戻ってもらうのを繰り返すことによってこの問題を扱うようにデザインされている。この手法では，何秒ごとに戻るのかはクライエントごとに個別化するが，現在見当識が短期記憶に残っていてアクセスしやすい程度に短い時間で切り替える。トラウマ記憶に数秒入ってから戻ることを繰り返すことによって，クライエントは，ほかの時であれば極めて困難な行動をとることになる。複雑性 PTSD をもつ人々の多くが語ったところによれば，あまりにも簡単にトラウマに入り込んでしまうため，自分で止めることができない，まるで磁石のパワーに吸い寄せられるようなありさまであるという。あるクライエン

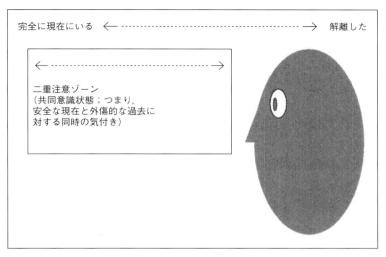

図 13.2 安全にトラウマ処理を行うために必要な二重注意ゾーンを示してある

トは,「私はここにいたいと思っているのに,あちらへと引っ張られるんです」と言った。現在の安全性の見当識はいったん失われてしまうと,戻るのは極めて難しいかもしれない。その人はトラウマ状態――トラウマ世界――に何時間も,何日も入り込んだままになってしまうかもしれないのだ。CIPOS はクライエントが重要なスキル,つまりトラウマから出て現在に戻ってくるのがますます楽にできるようになるスキル,を学ぶことを可能にする1つのやり方である。スキルが身に着けば,今度は,そのスキルが本人を強くしてくれるため,治療的処理のために記憶題材に再び入り込む能力を高めてくれ,記憶の治療的解決への扉を開くことになる。

　CIPOS 手法は,本質的に後頭部尺度(Back of the Head Scale:BHS;**図 13.2**)の使用とつながっている。後頭部尺度は,セッションの始めと必要に応じてその後も,瞬間ごとに現在の状況の安全性についての見当識がどの程度あるかを測定する方法である。この尺度が必要なのはなぜかというと,しばしばクライエントの顔を見ているだけでは,簡単にはわからない情報だからである。クライエントの中には,今ここにいなくても,見

かけ上は完全に現在にいるかのように見える者もいる。生活の中でそうすることは，一見すると普通のパート（ANP）のスキルセットの1つとして身に着けたのである。逆に，クライエントは激しく嗚咽し，あたかもトラウマ記憶の中でさまよっているように見えても，実際にはそのような感情を示し（処理しつつも）完全な現在見当識を保っているということもあるのだ。

　以下は後頭部尺度（BHS）を使う際の言い方である。

　　治療者：ここから（その人の顔の前，35cm くらいのところ）ここまでずーっと続く線を考えてみてください。線の端（治療者は顔の前の線の端のあたりを指し示す）はこの部屋に私といるということを完全に認識している状態を指します。あなたは私の言うことに楽に耳を傾けられるし，自分の思考で気が散ることもない状態です。そして線のもう一方の端，つまり頭の後ろあたりの端は，たとえ目は開いていても心の中では完全に過去の記憶に入り込んでいる状態を指します（トラウマ記憶に触れるだけでもクライエントによっては，現在見当識を下げかねないので，私は単に尺度の説明を穏やかで，淡々と伝えることが多い）。つまり，外側のこの辺（指を揺らして示す）が完全に今ここにいる状態で，頭の後ろあたりのもう1つの場所が記憶に入り込んでいる状態を指します。では，今，この瞬間にどこにいるのかを指で示してもらえますか？

　多くの解離的なクライエントは，後頭部尺度が便利な言語であり，自分の精神生活の極めて重要で馴染みのある側面を表現し，伝達するのに役に立つと思うようだ。あるクライエントは私に言った。「いつ自分が今ここにいて，いつ自分が白昼夢にひたったり，何か動揺することを考えていたりしてほかの人の言うことに注意を向けていないかは，常にわかっています。このラインはとても馴染みのあるものです。それについて話せること

は助かります」。どの瞬間であっても，たとえ解離していて後頭部のあたりにいたとしても，自分が線上のどこにいるのかは，ほとんど常に同定できるようだ。

　このラインは，そうなると，クライエントが二重注意を体験しているかどうかを査定する方法になる。二重注意をもつことができているかどうかによって，BLS セットを使ってトラウマ処理に進んで大丈夫かどうかがわかる。解離傾向の高いクライエントでは，大抵，顔の最低 7 〜 8cm 前に指が来る状態でないと，トラウマに焦点化した作業が進まない。また，この線上のどこにいるかを報告してくれる時のクライエントの声のトーンに耳を傾けることも重要である。あるクライエントは，顔の前 15cm くらいのところを指差しながら，悲しい声で「まだこの辺なんです」と言った。別のクライエントは，線上の同じ位置を指差しながら「私は今，線のこの辺です！」と明るい調子で言った。2 人目のクライエントの方が，1 人目よりもはるかに処理への準備ができている可能性が高いだろう。

　後頭部尺度は，セラピーセッションのどの時点で使ってもよい。クライエントの現在見当識のレベルを査定したり，クライエントが現在にとどまれているという事実に注意を向けてもらったり，過去と現在のバランスが崩れてトラウマ再体験への入り込みが大きすぎるときに見当識を取り戻してもらったりするために使用することができる。

　CIPOS 手法は，二重注意状態にクライエントがいるときに使用することができる。以下がそのステップである（**図 13.3**）。

1. まず，クライエントは CIPOS 手法が役に立つかも知れない理由と手順を知る必要がある。予備的ステップが必要になることが多い。先に，クライエントが長らくトラウマ題材を回避してきたことを扱う必要があるのだ。自分の記憶に対する恐怖を減らしてそれを抱えていられるように援助するための準備手法，第 8 〜 10 章で説明したような手法，が役に立つだろう。第 3, 4 章で説明

290　第Ⅲ部　解離性パーソナリティ構造を治療するための適応的情報処理モデル

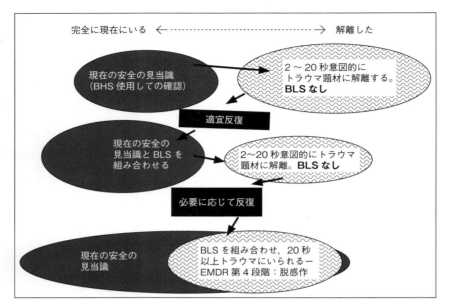

図 13.3　CIPOS 法 —— 手続きの順序

したような手法を使って特定の回避防衛に焦点をあてることも役に立つことがある．通常，こうした回避衝動を抱えているのはANP である．

2. CIPOS を使用する前に，以下に説明するようなステップを，クライエントに説明しておくことが役立つ．各ステップごとに何が起こると思われるかを具体的に伝えつつ，最終的に苦痛で困難な記憶がどのように解決していくと考えられるかを伝えるのである．通常は，クライエントにもよくわかるような伝え方をすることが可能だ．クライエントに，過去の困難な出来事のうち，かつては考えると苦痛だったが今となっては「ただの記憶」，つまり苦痛もなく思い出せるような出来事について思い出してもらってもよいだろう．この説明は，今も「熱い（苦しい）」記憶についても同じことが起りうるという治療者からの保証の信憑性を高める資

源となりうる。こうした情報は，それ自体で，トラウマ負荷のかかったパーツへのアクセスをすることへのクライエントの不安を軽減することにも役立つのである。

3. CIPOS手法を使い始める前に，ANPだけでなく，内的システム内のほかのパーツにも許可を得ていた方がよい。

4. 初めてCIPOSを使うときには特に，可能なら90〜120分のセッションをとっておいた方が賢明だろう。そうすることによって，記憶の思い出せる側面と，解離されたかも知れないそのほかの側面の両方について，扱いを進めるための時間的余裕をもつことができる。

5. クライエントが，「客観的」現実（客観的安全性も含めた治療者の面接室内の状況）を認識していることを確認する。今ここの現実についての認知的見当識は，安全感を伴う必要はないが，クライエントの知的理解の中では明確であるべきだ。言い換えるなら，治療者が「クライエントの味方」であり，パーツたちが何を言ってもクライエントを判断したり，責めたり，大きく誤解したりしないことをクライエントが明解に理解している場合にのみ，先に進める。

6. トラウマ題材にアクセスする前に以下の一部あるいはすべてを使ってクライエントの現在見当識を強化しておく：

・「私の部屋にはいくつのティッシュ箱がありますか？」「今，外で車が通り過ぎたのが聞こえましたか？」「あそこの壁にかかった2枚の絵が見えますか？　あなたはどちらの絵の方が好きですか？」「面接室にある植物には水やりが必要でしょうか？」「このカーペットの模様に間違いがあるのがわかりますか？」。治療者がなぜこうしたおかしな質問をするのかクライエントに聞かれたら理由を説明してもよいだろう。「こうした質問はどれも，あなたが面接室の現実への見当識を維持できるよう援助するためにデ

ザインされているんです」。

- クライエントがこうした質問に回答したら，治療者は「それについて考えて」と言い，BLS の短いセットを加えてクライエントの現在見当識を強化する。短いセットの目的は，クライエントが現在状況のリアルさとともに長くいることを可能にし，そのリアルさを BLS で強化することにある。

- 治療者はこう言うこともある。「今，あの記憶の中にいるよりも，今，ここにいた方がよい理由は何ですか？」。クライエントの回答が何であれ，BLS で植え付ける。あるとき私がこの質問をするとそのクライエントは，「ものすごく間抜けな質問ですね！」と言った。それ以来，私はこの質問群がいかに「まぬけ」かに触れつつ，紹介することにしている。

- 特に効果的な介入の 1 つは，クッションや，まるめたティッシュや，ペンで「キャッチボール」をすることである。放り投げられた物体の軌跡を追っているときは，トラウマ再体験にとどまることが不可能なようだ。何かをつかまえるためには，現在見当識を要する。定位反射が活性化されるのだ。このように「キャッチボール」をして遊ぶと，ものの数秒でその人は見当識を取り戻す。しかも，この手続きは，後頭部尺度と組み合わせることにより，後頭部尺度の線上を行きつ戻りつする能力を，クライエントがもっていることを本人に示すのに役立つ。

- 多くのクライエントにとって，単純な算数の問題を解くことは，覚醒効果があるようだ。恐らく，算数というのは，ほとんどの人にとって大脳左半球の言語野の機能だからであろう。同様に，クライエントに別の身体活動をしてもらってもよいだろう。例えば，治療者と一緒に椅子から面接室のドアのところまで歩き，椅子のところに戻り，ドアに戻り，また椅子にもどり等々である。覚醒は，手の平に水を 1 滴たらしたり，氷をつかんだりしても起こりやす

第 13 章　CIPOS 手続き　293

いようだ（Linehan, 1993）。あるいは 1 つおきに 10 まで数えてハミングするなどである（Gallo, 2007）。

・BHS はクライエントが二重注意状態にあるかどうかを査定するために使用することができる（**図 13.2** 参照）。

7.　現在見当識が十分確立したら，治療者が時間を測るので，記憶イメージの中に極めて短時間（例．恐らく 2 〜 10 秒のみ）入ってみることはできるかを尋ねる。例えば

治療者：あと少ししたら——今はまだです——ですがあと少ししたら，目を閉じてあの記憶の中に数秒ほど入ってみるのはどうでしょうか。8 秒だけとか。私が時計で時間を計ります。（治療者は腕時計をした腕を上げて，このことを明解で具体的に示す）　8 秒たったら，「では目をあけてこの部屋に戻ってきてください」と言います。

　あるクライエントにとっては 8 秒くらいがちょうどよいし，別のクライエントにとっては長すぎる。もっと少ない秒数を望むクライエントがいても問題はない。というのも，クライエントには恐らく何秒くらいまでなら安全に耐えられるかについての直感的感覚があるからである。クライエントの中には，長い秒数で自分を試したいという人もいる。そういう場合，この手続きのポイントは，何秒耐えられるかを証明することではなく，単に，苦痛な記憶の再体験から出てくるという練習をいくらか積むことにあることを伝えることが大事である。練習により，クライエントはこの極めて役に立つ能力を急速に身につけることができる。

　この手続きは本質的には，慎重に制御された解離プロセスである。さらに，逆説的介入にもなっているため，これ自体で，クライエントの ANP が苦痛な記憶や解離されたパートに対してもっている態度を変化させることができる。多くのクライエントは，「自分はコントロールできる」または「自分はコントロールを失った解離状態にある」という，人生経験を通

294 第Ⅲ部　解離性パーソナリティ構造を治療するための適応的情報処理モデル

じて培われた信念をもっているが，これらを同時に経験することは不可能
である。この手続きを通して，クライエントは解離記憶の「引きつけ」に
直面しつつも，情緒的コントロールを維持するという体験をするための１
つのやり方なのである。

8. 同意された秒数が経過したらすぐに治療者はクライエントに，や
さしいが断固とした声で繰り返し「今，部屋にもどってきてくだ
さい」と言い，クライエントが目を開けて部屋を見るようになる
まで続ける。再びクライエントの目が開いたら，治療者は励まし
を与える（「いいですね」「そうです」），そして CIPOS 介入を再
開する。その時の言葉は例えば「今，どこにいますか？」と尋ね，
回答に対して BLS セットを加えるのである。場合によっては，
クライアントの返答から，彼または彼女がまだトラウマ記憶に支
配されているのがわかることがある（例.「彼と一緒にいるわ！」）。
そのようなときは，たいてい，治療者が以下のように言うだけで
足りる。「あなたは今，現実にはどこにいますか？」。CIPOS 介入
はこのようにして，クライエントが後頭部尺度を使って，自分が
再び，治療者の面接室の現在の現実に戻ってきたことを報告でき
るようになるまで続けられる。この時点で，ステップ５を繰り返
すことができる。

9. この手続きが進むにつれて，クライエントは「現在にとどまる」
能力をつけていき，苦痛な記憶に直面化することへの自信を深め，
情緒的にコントロールできるという感覚をもてるようになってく
る。このことが，標準的 EMDR プロトコルの脱感作手続き，つ
まり，トラウマ題材と BLS を直接組み合わせることへと道を開
くことになる。

CIPOS 手法は EMDR の癒やしのパワーをはるかに広いクライエント群

——解離性除反応に脆弱だったり，トラウマ題材を極めて恐れていたりしても，トラウマについて数秒間であれば，短期記憶を通して現在見当識を失わずに考えることができる者——へと，広げることができる。複雑性PTSD をもつ多くのクライエントが含まれてくるだろう。この手法が使われる時は，クライエントが同意された秒数後に「戻ってくる」能力を治療者は綿密にモニターする必要がある。私の経験や多くの同僚の報告によれば，CIPOS を使うのは，トラウマ題材に入るのを 2 秒以上耐えられるクライエントに限定するというのが，慎重なガイドラインだろう。もしもクライエントが，わずか 2 秒もトラウマ記憶に入って問題なく戻って来られないのであれば，この手法を使うべきではない。この手続き中は，現在見当識やトラウマ題材に直面化することへのエンパワメント，あるいは自分のパーソナリティ力動に関する洞察に関して，クライエントから表明されるあらゆる報告に耳を傾けることである。そういった報告が聞かれたら，短い（5 〜 8 往復）の BLS を使ってこうした報告に含まれる肯定的感情を強化する。クライエントが現在見当識と安全を取り戻す能力を身につけ，前よりも楽にできるようになってきたことを，ことあるごとに認め，承認する。

　CIPOS は多様な状況で使用可能である。解離テーブル（Fraser, 1991, 2003）のまわりに自己パーツが座っているようなら，中にはほかのパーツを見るのを怖がっているパーツもいるかもしれない。恐怖を感じているパートは，CIPOS ステップに従って，怖いと思っているパートを見るのを最初は数秒から始め，段々と恐怖を克服していったほうが楽かも知れない。多くのクライエントが言っているのは，怖い EP——例えば加害者を模倣している内的パート——をよく見てみると，そのパートは実際は加害者ではなく，場合によっては，単に怖がったり怒ったりしている子どもパートであることに気付いたということだ。クライエントが，トラウマ状況にいるより幼いときの自己イメージを見ることはできるが，その子どもの感覚記憶にフルにアクセスするのを怖がっているときにも CIPOS を使うこ

とができる。こうした時にはクライエントに「その子どもの身体の中に
＿＿＿＿秒だけ入ってみて，その後，また子どもをただ観察することにもど
ることはできますか？」と聞いてもよいだろう。CIPOS のまた別の応用
法は，クライエントが身体の一部やその感覚に気付くのを怖がっていると
きの使い方である。例えば，あるクライエントは自分の手の感覚をフルに
感じることを怖がっていた。というのも，その気付きは，子ども時代早期
の性的虐待の中でさせられた行動の記憶と結びついていたからである。解
離パーツをもつ別のクライエントは，自分が子ども EP の状態の時に鏡を
見るのを最初は怖がっていたため，CIPOS を使うことが，子どもの EP
と実年齢を理解している ANP の間にあるギャップを埋めるのに役に立っ
た。

　第 14 章は，臨床実践の中で最も頻繁に出会う CIPOS の適用について提
示する。それは，解離的なクライエントが ANP にいるときに，トラウマ
再体験をしている解離した EP からの強烈な外傷後感情が侵入してくるの
を体験する状況である。その章では，LOPA 手続き（第 5 章で説明した）
を使って，いまだに非機能的肯定感情を伴う防衛的・自己破壊的な行動に
かられている解離された子どもパートを治療する方法も示す。

　第 15 章では，高度に解離的なベトナム帰還兵の治療を解説する。この
事例では，トラウマを再体験している EP と，その EP に対して非常に回
避的な ANP の両方を，現在見当識のある自己の観点から見つめる。
CIPOS 手続きを使って ANP がトラウマ記憶を克服し，EP が見捨てられ
恐怖を克服するのを援助した結果，この 2 つのパーソナリティ特性の和解
と明らかな統合が生じたのであった。

第Ⅳ部

事例

第14章

ヴェロニカ

・解離されたパートが保持していた極度に苦痛な記憶に対する現在見当
　識と安全性の持続的植え付け（CIPOS）
・非機能的行動に情緒的投資をしている解離されたパートに対する肯定
　的感情レベル（LOPA）手続き

　本章では，重度の解離性障害を抱えた女性のセラピーの中の特定の2
セッションを解説する。2セッションの内の1つ目のセッションでは，圧
倒的に困難な記憶題材をターゲットにして解消するためだけでなく，パー
ソナリティ内の異なるパート間の治療的対話を促進するのにCIPOS手続
きを使った。2つ目のセッションでは，強烈な肯定的感情を手放してもら
うためにBLSを用いた。この強烈な肯定的感情は，幼い情動的パートが
保持していた心的防衛だったが，一見すると普通のパート（ANP）に問
題を引き起こしていた。どちらのセッションでも，それまで非常に困難だっ
た内的葛藤を解消するための援助をするのにBLSセットの癒やし効果（つ
まり恐怖の減少，肯定的で現実に即した情報への認識の向上）が重要であっ
た。
　ヴェロニカは2004年に，58歳の時に私の治療を受け始めた。主訴は，
大人の「一見すると普通に見える」パートと，父親からの性的虐待を再体
験し続けている子どもパーツたちとの間の解離的分断によって生じたうつ

病とパニック障害の治療のためだった。当初の臨床像に対しては，幼児期から4歳半まで続いたさまざまな虐待に対処しなければならなかった，いろいろな年齢の子どもパートが存在していた。彼女のセラピーは2つの別々の時期に行われた。最初のセラピーは2007年に終了し，次のは2009年から2010年まで続いた。前半のセラピーについては，Forgashと Copeleyによる「*Healing the Heart of Trauma and Dissociation with EMDR and Ego State Therapy*」の第6章，愛情のこもったまなざし（Knipe, 2007a）に掲載されている。2つ目のセラピー期間ははるかに短かったが，こちらが本章の焦点である。2010年のEMDRIA大会で発表した。ヴェロニカは2つのセッションからの音声記録の逐語録を本章に掲載することを許可してくれた，クライエントの寛大さに感謝している。彼女に頼まれた言葉をここに掲載する：「苦痛な感情からリカバリーへと進んだ私の旅路について読んだ治療者たちが，クライエントたちを助けるために私の経験を使ってくださることを願っています」。

ヴェロニカは私との最初の面接の前にも，22年間，セラピーを受けていた。何人かの熟練した思いやり深い治療者たちにかかり，そのセラピーは非常に役に立った。しかし，彼女は解離性障害としての治療を受けたわけではなかった。その結果，パーツ間の分断と回避は持続的に彼女の自尊感情を損ない，自分のアイデンティティに関する頻繁な混乱とパニックを引き起こしていた。最初の2004年から2007年にかけてのセラピーでは，子どもEPに対する強烈な回避から生じている問題を解決することができた。その後，虐待に関連したひどい映像に対する恐怖を脱感作し，次にパニック発作を治し，そして父親からのオーラルな性的虐待を想起させる特定の食べ物に対する恐怖症を相当に軽減することができた。

このワークの後，彼女は言った。「もう父のことは怖くありません。私の中のあの小さなパート（彼女はそれを「ミミ」と呼んでいた）は，今は私と一緒にいます」。この時点で，私たちはセラピーセッションをそれ以上続けるのはやめることにした。

15 カ月後，彼女から電話があり，予約を入れてほしいとのことだった。電話口で彼女は言った。「今も父のことは怖くありません。今それについて考えても大丈夫です。前に先生のところに通っていた頃，先生があるとき，その出来事の最悪の部分は何ですかと尋ねたので，その部分に取り組みました。取り組んだ内容は今も大丈夫なままです。今もミミは私と一緒にいます。でも先生，私たちは結局，最悪の部分の中の最悪の部分については手つかずのままだったんです！」

最初の時期の取り組み結果の 1 つは，彼女の唾液腺の活動性の実際の変化として現れた。父親からの性的虐待に取り組んだ後に彼女は，長らく口が乾く感覚を経験していたことに気付いた。オーラル虐待をターゲットにした何回かの集中的な EMDR セッションの後，彼女は喜びと驚きをこめて報告した。「唾液が戻ってきました！」。どうもそれまで，彼女は口の中が濡れることに無意識的な恐怖があったようだ。その恐怖がかなり弱まった結果，唾液腺が機能できるようになったらしい。しかしながら，セラピーを打ち切った後，彼女の問題が完全には解消していないことが明らかになった。電話で彼女が言ったのは，唾液や口の中の感覚に気付くたびに恥ずかしく，嫌悪感と吐き気を覚える度合いがひどくなってきたということである。（内側の小さな女の子の視点で彼女は言った）「あのことが起こって以来，あらゆる悪いものが私の中に入ってしまって，どうしても消すことができないんです！」。彼女曰く，こうした感覚やイメージは強烈で，身体のエネルギーを根こそぎ奪い，ひどい時には視覚までぼやかせるという。私は彼女が面接室まで運転してこられるのかを心配したが，大丈夫だと自信をもっていたため，2 時間の面接予約を入れた。

何が起こっていたかというと，彼女が記憶映像に頑張って成功裏に取り組んだ結果，それまで意識の外にあった苦痛な記憶題材が呼び寄せられたのである。解離的なパーソナリティ構造をもつクライエントの治療においては，こうしたことは珍しいことではない。最初のワークは完了したままだが，そのワークがうまくいったことで，追加の記憶題材が意識に上って

くるのである。このことが起こったら，だからといって過去のセラピーにおける取り組みが無効になるわけではないことをクライエントが理解することが重要だ。

時には，治療者が前のセッションの記録を取り出し，クライエントが前に取り組んだ内容と残っている記憶や問題が何なのかを確認できるようにすることが役に立つことがある。それはまるで，小さな記憶や内的パーツたちがセラピープロセスを見ていたかのようだ。一部はうまく解決を得られたであろうし，ほかの者たちは後ろの方にいて，「私も，私も！」と手を振っているのである。ヴェロニカは，かつての治療エピソードの経験をもとに，まだ残っている口の中の不快な体験を解決できるだろうという希望をもって，連絡してきたのである。

面接が始まると，少し話しただけで，彼女は再びたやすく治療状況になじむことができた。しかしながら，彼女は言った。「私に湧いてくるこの感覚は本当にひどいです。吐きたくなります」そして「それについて本気で考え始めると，自分がどこかに行ってしまいます」という。この解離反応が面接室で始まった時は，10秒かそこらの間に比較的容易に戻ってくることができた。しかし，「いなくなってしまう」脆弱性は，私たちが彼女の問題を援助するのであれば，標準的なEMDRというよりはCIPOS手法を使う必要があることを示唆していた。

図14.1から**14.5**まで，この記憶題材を治療するプロセスが示されている。その後にこのセッションの逐語録が出てくる。私はセッションの始めに質問をして，取り組むべき記憶を同定し，次に後頭部尺度（BHS）を使ってヴェロニカの現在見当識（vs記憶への解離）の程度を調べた。この逐語録中，BLSと書いてあるところは，「それについて考えて」や「それと一緒に」と言って，その後に両側性の聴覚刺激を入れたところである。数秒という短い時間，BLSなしでトラウマ題材に入ってもらったところは***で示されている。

第 14 章　ヴェロニカ　303

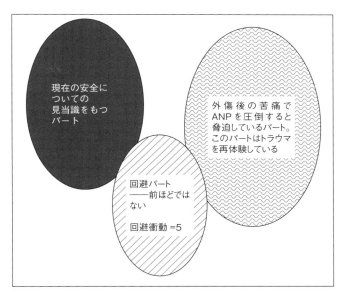

図 14.1　ヴェロニカはセッションの始めには中程度の回避を示していたが，防衛を認識してからはそれを脇に置くことができた

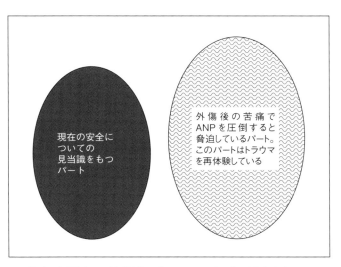

図 14.2　彼女は回避なしだと脆弱に感じているが，先に進もうとしており，現在の安全に対する気付きを維持することができている（後頭部尺度を用いた査定に基づく）

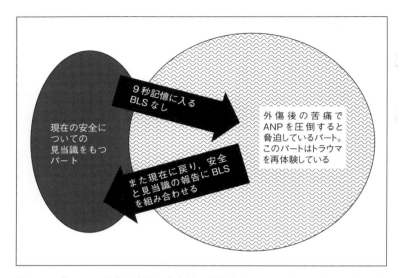

図 14.3 私たちは現在見当識と安全性の持続的植え付け（CIPOS）手法を開始した。彼女はトラウマ題材に 9 秒入り，現在見当識へ戻ろうとする。「なげっこ」や簡単な算数問題を通じて，現在見当識を取り戻すことができた。後頭部尺度で査定した

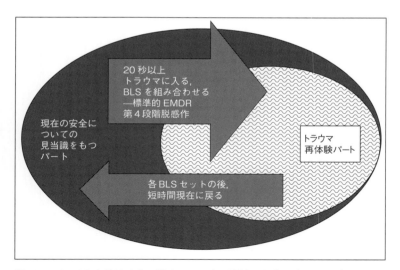

図 14.4 CIPOS を続ける内に彼女はトラウマ記憶から出てくることができるようになり，そのおかげで安全にトラウマ記憶にもっと長い秒数，戻る能力が身についた。これを続ける内に，記憶の苦痛度も下がってきた

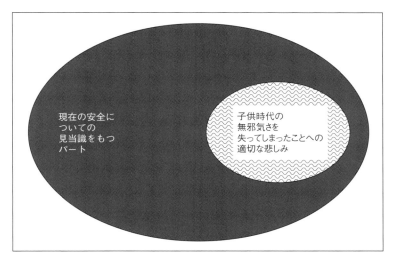

図14.5 セッションの終わりには恐怖，回避，コントロール喪失感は消えていた。いくらかの悲しみは残った。というのも虐待は実際に，子供時代の無邪気さを失わせてしまったとても悲しい悲劇的な出来事だったからだ

治療者：その最もつらいパート，父親にされたことの最悪の部分に行くように言ったなら，私が何について話しているかわかるでしょうか？（ヴェロニカは「はい」とうなずく）　最悪の部分の中の最悪の部分に関しては，もしも線がこの辺（顔の前15インチあたりで2本指をふる）から頭の後ろのこの辺まで引いてあるとすると，あなたはどのくらいのところにいるでしょうか？　線のこの辺（顔の前15インチくらい）はあなたが完全に私と今ここにいるということ，そしてあなたの頭の後ろの端はこの記憶を完全に再体験していることを示します。（ヴェロニカは覚えていないけど，再体験している）　はい，ではどの辺にいるか指差してくれますか？（ヴェロニカは，線の真ん中あたりを指差す）　ではこういうことをしてください。あなたの小さな熊をここで投げっこしてもらうんです。（ヴェロニカはぬいぐるみを投げ）　すごい，すばらしい！　さぁ熊がそちらに行きますよ！　ではもう一度，確認してみましょう。あなたは今，その線上のどのへ

んにいますか？（ヴェロニカははるか外側のあたりを指差し，再び現在見当識をフルに取り戻したことを示した）

次に，私たちは CIPOS 手続きを始めた。私は尋ねた。「何が変わりましたか？」。彼女の回答は現在見当識の資源だったので，それを BLS で植え付けした。

治療者：何が変わりましたか？（**ヴェロニカ**：今本当にここに先生といます。でもそのことについて考えていませんでした）　ちょっと間をおいて，その違いについて考えてください。音を今からつけますから。（**[BLS] 開始──左右交互の聴覚トーン**）そして，この辺いるとどんなところが違うかに，ただ気付いていてください。（**ヴェロニカ**：この辺にいると前ほどつらく感じません。それについて考えている時ですら，この辺にいるとそんなにつらくないです）　いいですね。ではそうやって少し楽に感じながら，音にただ耳を傾けて。

治療者：今日，どんな風に時間を使うことができるかについて考えてみましょう。1 時間半あります。（**ヴェロニカ，皮肉っぽい声で**：何ができるっていうの？）　最悪の部分の最悪な部分について話すこともできるし……（**ヴェロニカ**：それとも？！！）　それか，ほかの何についても話すことができますよ！　（**ヴェロニカ，微笑んで**：なら，最悪の部分の最悪の部分について話しましょう！）

このことについて冗談を言えるということは，彼女が引き続き，現在と私たちの関係性の安全性に見当識を保てていることを示している。にもかかわらず，彼女は回避への願望を示しているので，私たちはこの反応に焦点をあてた。

治療者：わかりました。この質問は前にもしたのですが，0 から 10 までの数字でいうと，最悪の部分の最悪の部分について考えたくないという気持ちはどのくらいですか？　それについて話したくないという気持ちはどのくらいですか？　ほかのことについて話した方がいいという気持ちはどのくらいですか？

ヴェロニカ：もちろん，ほかのことについて話した方がいいのはその通りだけど，でもよくなりたいんです。早く気分がよくなりたいんです。なので，たぶん，半々というところです。恐らく約 5 です。それを尋ねたんですよね？　0 から 10 で？　7 まででしたっけ？　10 までのことですよね？　わかりました。本気でやりたいんです。今日は強い気分です。

　彼女の言葉と力強い声は，トラウマ題材を直接処理しても，回避が大きな妨げにはならないであろうことを示していた。不快な気分を「負わされている」解離パーツに直接的にアクセスする際，中程度レベルの回避であれば，脇にどけておけることが多い（Schwartz, 1995）。
　強い気分だというヴェロニカの言葉は，肯定的な資源なため，私たちは早速それを BLS セットで強化した。

治療者：いいですね。それについて考えながら，ただ音に耳を傾けてください。今日，自分は強い気分だということに気付いてください。
［左右交互の聴覚トーンの BLS］

今，何を考えているか言ってもらえますか。（**ヴェロニカ：**本当に悲しいことでした。彼がやったことは）　それと一緒に［BLS］（**ヴェロニカ：**あの時の自分は本当にまだ小さくて，彼はあんなにも大きかったことを考えています）　それと一緒に［BLS トーン］

308 第IV部 事例

彼女がこの潜在的に圧倒する可能性のある虐待記憶へのアクセスを始めたため，二重注意が損なわれていないかどうかを確認した。

治療者：またこの質問をさせてください。あなたは今，線上でいうと，どこにいますか？

ヴェロニカは悲しい顔をして，おでこの前あたりを指差した。私たちは再び，彼女のぬいぐるみでキャッチボールをした。

ヴェロニカ：また外側に戻ってきました。（**治療者：**今，線上のどこにいますか？） ここです。（彼女はほとんど治療者の指に届かんばかりの外側を指差した）（**治療者：**ここにいたんでしたね。今はここにいる。どうやってわかりますか？） 違う感じがするからです。違う気分なんです。かすんでもやがかかった感じがしないんです。夢の中にいるような感じもしないんです。

キャッチボールのおかげで彼女は速やかに現在見当識を取り戻すことができたため，同時に BLS を与えることなく，トラウマ題材に数秒ずつアクセスすることで安全に進めることができた。

治療者：では今から少ししたら，あることをするようにお願いします。９秒ほど目を閉じて最悪の部分の最悪の部分へと一気に入ってもらいます。（ヴェロニカは目を閉じる）*** 私は時計で時間を計っていますし，話し続けるので，ここに私がまだいることがわかります。そしてあなたが最悪の部分の最悪の部分に入っていくときに，そこでどんなことに気付くかに気付いてください……では目をあけて戻ってきてください。（ヴェロニカは目を開ける） あの外を走るトラックの音が聞こえますか？ （**ヴェロニカ：**はい……でも目の焦点が合いません）

目を閉じていたからですか？（**ヴェロニカ**：違います……戻ったから）

　彼女の眼の焦点が合わないことは，高度の解離が起こり，現在見当識が失われた可能性を示している。そこで，再びBHSで解離の程度を査定する。

　　では，今ここに戻ってきてください……線で言うと今，どの辺にいますか？　ただ確認してみてください。（ヴェロニカは顔の真ん前を指差す。離れ具合が足りない位置である）　わかりました，では少し時間をとって，あなたがしっかり戻ってこれるようにしましょう。（**ヴェロニカ，小さな声で**：どうやってここから外に出ていけばいいのかしら？　ほとんど見えません）

　トラウマ世界に入ったことによる視覚のゆがみは，今や覚醒させるためのキャッチボールを使うことも妨げていた。そこで，私たちは別の方法を使った。

　　治療者：わかりました。では，私が何本の指を立てているか教えてくれますか？（治療者は指を立てる）　5本……プラス5本（**ヴェロニカ**：イコール10）　プラス2（**ヴェロニカ**：12）　マイナス5（**ヴェロニカ（笑う）**：7？　難しいわ）

　　ヴェロニカ（しばしの間の後）：出てきました！

　　治療者：さて，出てきたところで，あなたがそうできるって結構いいことだと思いませんか？　そうすると，あの記憶に戻っていくことの自信もつきますね。（**ヴェロニカ**：はい）　それについて考えて。「私は戻ってこられる」という感じを楽しんでください。[**BLS トーン**]

310 第IV部 事例

「私は戻ってこられる」という肯定的資源を植え付けているのである。

治療者：外に戻ってこられることがわかったところで，10秒ほど記憶に戻ることはできますか？ （**ヴェロニカ：**はい） 私が10秒を測りますから，気付くことに気付いていてください。では目を開けて戻ってきてください。今，いかがですか？ （**ヴェロニカ：**戻ってくるのは大変です。すぐに戻ってこられないといけないんですよね？） いえ，そんなことないですよ。ここでやっていることの前提は，出てくるのは大変なことだということです。だからこそ，中に入るのは短い秒数だけなんです。そうすれば大変だとしても，あなたは外に戻ってくることができますから。これをしましょう。これ（まるめたティッシュ）をキャッチできますか？ （ヴェロニカはそれをキャッチし，私たちは2往復ほどキャッチボールをした）（**ヴェロニカ：**戻ってきました！） では，また聞きますが，30秒ほど前あなたはまだ内側にいました。でも今は外に出ています。何が変わりました？ 何が違うか教えてください。（**ヴェロニカ：**部屋にあるあらゆるものに気付いています。かすみがかかった感じがしません） 今，線上のどの辺にいますか？ （ヴェロニカは私の指の近くのあたりを指す） ほとんど完全に外側です。わかりました，いいですね。では質問です。ほとんど完全に外側なのはどうやってわかるんですか？ どうにかしてそれがわかっているはずなので。

ヴェロニカ：なぜって頭がクリアだし，目もよく見えるようになったし，外側の音に気が付いています。完全に内側に入ってしまうと，ほかのことは何も考えも聞こえもしません。先生が何か言うときは別ですけれども。先生の声には耳を傾けていますが，ほかのものは何も存在しないです。（**治療者：**外に出たのはどうやってわかるか話しているんですね） すべてが聞こえて，車も，飛行機も聞こえて，樹々も

見えるし，面接室も，醜い絵も（指差す），素敵な絵も見えます（笑う）。

「出ている」ことがどうやってわかるかについての説明は，肯定的資源なので，植え付けをする。

> **治療者：**また今から音をつけますので，今自分が外にいることに気付きながら，音に耳を傾けていてください。そして，今，外に出ていること，そして音が聞こえることにはどんなよいことがあるかに気付いていてください。よくやれていますよ。［BLS トーン］（**ヴェロニカ：**はい。今回の方が楽でした）　そのことに気付いたのは，いい感じですか？（**ヴェロニカ：**はい）［BLS トーン］今回の方が楽だったということに気付きながら，音に耳を傾けてください。そんな風に戻ってこれるというのは――素敵なことですね。それはよいことです。

ヴェロニカは，当初に比べて，現在の安全へのアクセスができるようになったように見えたので，二重注意刺激を使った介入が可能かどうかを判断するために，質問をした。

> **治療者：**もう少ししたら，あることをしてもらえるか尋ねます。あなたの気付きの半分をここにおいて，自分が今日という日を生きていることに気付き，残りの半分の意識では最悪の部分の中の最悪の部分に入ることにしてください。スクリーンを 2 つに分ける感じで。（**ヴェロニカ：**わかりました。やってみます）　やってもできなかったら，私に言ってください。やってみるとどうなりますか？（**ヴェロニカ：**眼は閉じない方がいいみたいです。閉じると記憶の中に完全に入り込んでしまうので）　わかりました。では眼は開けたままで，そうすれば自分が本当はどこにいるのかわかりますから。眼は開けたままで，できるかやってみましょう。できましたか？　まだ音はつけていませ

ん。(**ヴェロニカ：**できました）　では音をつけますよ。[**BLS トーン**]今，何がありますか？　あちらにいながら，同時にこちらにいると，いかがですか？　あちらにいるんです，本当にいるんだけれども，こちらにも本当にいるんです。

(**ヴェロニカ：**本当に怖いです）　そうですね，なのでこちらに戻ってきましょう。ずーっとこちらに戻ってきましょう。(窓の外にいる）カラスの鳴き声が聞こえますか？　(**ヴェロニカ：**はい。あれはクロムクドリモドキ──鳴き声を真似する──声をかけると返事して鳴くことがあるんです）　では準備ができたら，また記憶に戻ってください。今，何がありますか？　その最悪の部分について何を言ってもいいですよ。(**ヴェロニカ：**嫌悪感を覚えます）　それと一緒に[**BLS トーン**]今，何がありますか？　(**ヴェロニカ：**なんだか吐き気がします……自分がかわいそうで。幼い自分がかわいそうで）　自分に対して思いやりをもつのはいいことです。そんなことが起こったのは，悲しいことでしたね。(**ヴェロニカ：**ええ。本当に悲しいです）[**BLS トーン**](**ヴェロニカ：**半々の感じでいました）　それと一緒に。それができる能力があるというのはよいことです。[**BLS トーン**](**ヴェロニカ：**記憶に戻るのが前よりも難しくなりました。前ほど強力に感じないんです。きっとうまくできていないんですね。私がきちんとできていないってことなのかしら？　どう思われますか？）　上手にやれていると思いますよ。前ほど強烈に感じなくなったと言うことは，解決しつつあるって事を意味していると思います。(**ヴェロニカ：**半々でいる方が楽です）　いいですよ。可能な限り，入り込んでください。

ヴェロニカ：前ほどあちらにはいなくて，こっちにいる分の方が多いです。ミミもそこから引っぱり出してしまいました。そうしたいので。それで彼を見ています。[**BLS トーン**]彼はなんだか不気味な感じ。(**治**

療者：線上でいうと今，どこにいますか？） 外に出ています。線上のどこにいるのか聞かれた途端にビューンっと一気に外に出ちゃった。先生の指のところまで飛び出ました。（**治療者**：そうやって一気に出てこられるというのはよいことですか？） はい。最初に始めたときと比べると出てくるのがかなり楽になりました。（**治療者**：そうですね。そのとおりです。そうすると，また記憶に戻るのも楽になりますね。楽に出てこられるのがわかっていますから。記憶に戻っていく事への自信がつきます。出てこられるのがわかっているので。そのことを心にとどめて，もう一度，記憶に入っていきましょう。今，何がありますか？） まるで，片足は入れているんだけど，全身の半分までは入っていない感じ。必要なら彼を蹴飛ばすのにちょうど足りるくらい！［**BLS トーン**］（**治療者**：では完全に外にいる状態から，最悪の部分の中の最悪の部分に入り込みましょう。そうすると今，何がありますか？） ただ，かすかにそこにいます。前はかすかに外にいる感じだったのと同じ。今は，あちら側にかすかにいます。もっとぼやけています。前ほど入り込めないです。もっと入り込んだ方がいいですか。もっと深く？

治療者：可能な限り深く入り込んでください。でも，あまり深く入れないというのであれば，それは構いません。再び入り込もうとするとどうなりますか？ あなたが言っていた，あの口の中の感覚とか，その感触について考えようとするとどうなりますか？ （**ヴェロニカ**：もう二度とあのことについては考えたくないです。あんなことについて考えたくないっていうのは，あまりにも正常なことだと思います）そうですね。それについて考えるのがどれほどあなたにとって大変なことか，わかっていますよ。でも，前にも言ったことですが，意図的に今，それについて考えることができると，それが役に立つのです。（**ヴェロニカ**：わかりました） 今，意図的にそれについて考えること

ができるかどうか，やってみてください。何に気付きますか？（**ヴェロニカ**：一部については手放せるようになったみたいです。一部は脇にどけてしまったけど，まだそこに居座っている部分もあります）わかりました。では残っているものに取り組みましょう。最悪の部分の中の最悪の部分，その感触，に戻ると今，何がありますか？

ヴェロニカ：コントロールができなくて，力もなかったから，余計に怖かったんです。だって無力なんですから。どうしていいかもわからなくて。闘って疲れ果てるだけなんです。（**治療者**：それと一緒に）[BLS トーン]

ヴェロニカ：先生は今日，誰を扱っているんですか？　私？　ミミ？（**治療者**：違いがあるんですか？）　わかりません（**治療者**：興味深い点ですね。ミミは今，ここにいますか？）　クマ（ぬいぐるみ）と遊んでるの。ちょっと生意気になっているの。でも，ここにいるのは私って感じてるわ。（**治療者**：そうすると大人のあなたと，ミミがここにいるんですね。二人が同じ身体を占めるのは可能なことなんですか？）はい。（**治療者**：それはなんとなくこれまでにない新しいことだけど，でもこれでいいなって感じ？）　はい……うん。（**治療者**：興味深い？）すごく興味深い。（**治療者**：これから音をつけますから，ただ二人が一緒にいるのがどんな感じかに気付いていてください。あなたがあなただし，あなたの方もあなたなんだ）[BLS トーン]　数年間，起こったことが，半世紀も人を滅茶苦茶にするって考えるとつらいです。（**治療者**：そうですね。それと一緒に）[BLS トーン]

ヴェロニカ(幼いパートに話しかけながら)：もうそこにはないからね。ほんのちょっとも残っていないからね。あの人はいなくなっちゃったし，もう二度と，決して，あなたのそばに現れることはないからね。（**治**

療者：あなたがそう言うのを聞いて，ミミはなんと言っていますか？）

ヴェロニカ（子どもの声で）：ほんとう？

ヴェロニカ（大人の声で）：ええ。本当よ。私を信じて。

治療者：では，あなたとミミは，ただ音を聞いていてください。[BLS トーン] あなたが信じてほしいと言うと，ミミはなんと答えますか？

ヴェロニカ（子どもの声で）：私が馬鹿なことを考えたりやったりしても怒らないって約束してくれる？　このままの私のことを愛してくれるって約束してくれる？（**治療者：**なんと答えてあげますか？　正直に言ってあげてください）

ヴェロニカ：そうできるといいなと思う。精一杯やってみるわ。

治療者：今，あなたが誠実に心から言っているのは伝わっていますか？

ヴェロニカ（大人の声で）：はい。[BLS トーン] ベストを尽くすけど，私も完璧な人間じゃないから。その内，うっかりしてあなた（子どもであるミミ）のことを馬鹿だなと思ってしまうこともあるかもしれないけど，でもそういう時でも本当に馬鹿なのはあなたじゃないのよ。馬鹿なのは彼の方，それか大人の私が馬鹿なことをしているときなの。だって，４歳とか，５歳とか，３歳の子がすることが馬鹿なんてことはありえないのよ。

治療者：あなたがそう言うのを聞いてミミは何と言いますか？

316 第IV部 事例

ヴェロニカ（子どもの声で）：楽になった。

ヴェロニカ（大人の声で）：残っていたものもほとんどなくなったと思います。なくなったと思う。なくなったと思うわ。（**治療者**：それと一緒に。それを確かめて，それに気付いていて）［**BLS トーン**］今日は前よりもミミと統合された感じがします。［**BLS トーン**］

ヴェロニカ（大人の声で）：ミミを私の心の中に入れたという感じじゃないんです。ミミが大人の私を彼女の心に入れたんです。ミミがここにいると，もっと本物の私という気持ちになります。私たち，一緒にいるんです。それが本物という感じ。よい気分です。

　このセッション以降，かつて「最悪の部分の中の最悪の部分」の映像や口の中の感覚につながっていた恥や恐怖が戻ってくることはなくなった。彼女は再びとても自由に感じ，自分自身や自分の人生についてとてもポジティブに感じることができるようになった。しかし，前に揺り戻しがあったため，念のため，1週間後に追加のフォローアップセッションの予約を入れておくことにした。次のセッションでも，彼女は前のセッションで取り組んだ内容についてかなり解消した気持ちでおり，口の中の感覚が引き金となっていろいろ考えることもなくなっていた。4週間後にももう一度会ったところ，取り組んだ「最悪の部分の中の最悪の部分」は解消されたままだったのだが，医師の診察を受けたところ，新しい問題が追加されていた。前の年に，かなり体重が増えていたのだが，医師に前糖尿病状態であると言われ，ベースライン血糖値を決めるために血液検査（A1C 検査）を受けることになったのである。彼女には，体重増加の原因がわかっていた。毎日，**1リットルから2リットル**のソフトドリンク（大抵はカフェイン添加されたコーラ）を飲んでいたのである。彼女はそれを，望まない衝動の問題であると単純に考えているようだった。「やめなきゃいけない，

少なくとも減らさないといけないのは，わかっているんです。でもどうしてもそうできないんです」と彼女は言った。

　彼女はソフトドリンクを飲むのをやめる必要があることに圧倒されている感覚を覚えながら事情を話してくれた。しかし，前のセッションで口の中の感覚について扱ったことと，この問題がどのようにつながっているかについては少しも気付いていないようだった。単なる望ましくない衝動の問題だととらえていた模様である。

　私たちはまず，コーラを飲むという行動を，Popky の DeTUR 法（第6章で解説）を使って直接扱うところから始めた。まず，エンパワーメント，成功している感覚，糖分の多い飲み物を消費する衝動に駆られず，糖尿病になる危険もなく，望みの体重（セッション時より約36kg 少ない体重）になっている将来の一日の肯定的資源を同定し，植え付けた。そしてコーラを飲みたいという強い衝動を引き起こす特定の状況的引き金を同定し，ターゲットにした。DeTUR 法を使ったこのセッションと引き続く2セッションで彼女はある程度，強さでは9〜10から5〜6まで，衝動を下げることができたが，決してゼロにはならなかった。それだけでなく，セッションとセッションの間のコーラ消費量は，高いままだったのである。

　その理由はどうも，大人の自己とミミという子どもの自己の和解があったものの，糖分の高い飲み物を飲むことを巡って，パーツ間に新たな亀裂が起こっていたからのようだった。以前セラピーで取り組んだ結果自体は維持されていた。出来事の「最悪の部分の中の最悪の部分」の感覚や映像についての苦痛度は相変わらずゼロだった。しかし，彼女のソフトドリンク消費の極端さや，この行動の結果もたらされている健康問題の大きさを考えると，何か記憶の中に，まだ処理されていない題材が残っている可能性が高いと思われた。言い換えると，適応的貞応処理モデルの前提に従えば，この持続的な非機能的行動の背景には，きっと隠された外傷後苦痛かつ／または心的防衛があるに違いなかった。

　この問題について細かく話し合っている内にわかってきたのは，彼女の

318 第Ⅳ部 事例

ANP が，今や望んでもいないのに，コーラを大量に飲みたいという強烈な衝動の**侵入**を体験しているということだった。言い換えると，彼女の大人の自己は，状況を現実的，客観的に見つめた結果，甘い飲み物を飲むのをやめる準備ができていたのである。しかし，切り離されたミミのパートはかなり違う意見をもっていた。ミミのパートは未だに強い衝動を感じていただけでなく，その問題を扱うことに何の関心もないようだった。

それゆえ，この問題は，望ましくない衝動というよりは，かつて解離されていた（今では意識化されて別々の自我状態となっている）パーツ間の葛藤であるように思われたため，この問題の概念化の仕方をシフトさせることにした。この問題は彼女の子どもパートが理想化された行動に対して過剰投資している，つまりコーラ消費に関する理想化防衛があるとして概念化された。

約 2 年前に行われた一連のセラピーの中で，彼女はあるとき，虐待の後，父親がしばしばソフトドリンクを飲ませてくれたことに触れたことがあった。当時，彼女も私もこれが大したことだと思わなかった，そこに何かつながりがあるかもしれなかった。つまり，彼女は早い時期にどうにかして虐待の苦痛を減らすための防衛として甘い物を使うことを学んだ可能性があった。早期に学習したため，未だに彼女の生活に強力で非機能的な影響を与えている可能性があった。

以下は，このセッションの録画から起こした逐語録である。第 5 章で説明した LOPA 手法を使って，非機能的で**肯定的な**感情を保持しているパーソナリティ・パートをターゲットにする具体例となっている。**図 14.6** は，このセッションの開始時にパーツの構造がどうなっていたかを描き出している。理想化防衛をしているのは，主に，子どもパートのミミである。

> **ヴェロニカ**：何が起こるかわかっています。医師のところに行って AIC 検査を受けて，インシュリンを打たないとならなくなるんです。でも嫌なんです。コーラが必要。ペプシか。何もかもつらすぎる。（**治**

第 14 章　ヴェロニカ　319

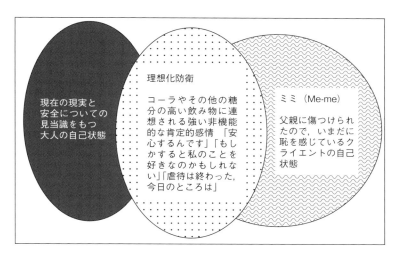

図 14.6　本章の 2 つめのセッション逐語録の最初の時点でのヴェロニカのパーツ構造。甘い飲み物が理想化されていた。なぜなら，それはトラウマが起こっていた頃のいくつかの「肯定的」な情報（例．その日の分の虐待が終わったこと）を示してくれていたからである

療者：それはお父さんに関係あるんですか？）　わかんない。まるで，父のことは前ほどつらくない感じだから……なんで飲むのかわからないんです……たぶん好きだからじゃないかしら。必要だから……でもペプシのことをどうにかしないと，医者に怒鳴られると思います。彼女は心配してくれているんです（肩をすくめる）。それだけ。いや，怒鳴られたりしない――単にがっかりされると思います。

治療者（子どもパートに話しかける）：ミミ，お父さんがああいう悪いことを全部した後に，冷蔵庫のところに行って，ペプシをくれたときにどんなだったか覚えている？　それがいつのことだったか，覚えている？　**（ヴェロニカが「はい」と言うためにうなずき，子どもっぽい声で答える：少なくとも少しはましになった。それしかましにできることはなかった）**　今，できるかな？　彼が何をしているか見たときの場面を心に浮かべることができる？　その映像を思い浮かべる

ことができる？　（**ヴェロニカ，子どもの声で**：キッチンの中？）　そう。お父さんが冷蔵庫からペプシを出してくるところ。（**ヴェロニカ**：子どもの声で：そうね，お父さんは私のことを好きなのよ。少なくとも少しは。ひどいことをしたとしても，少なくとも埋め合わせをしようとするんだから）　そう。じゃ今からミミにやってもらいたいことがあるんだけど――できるかどうかやってみるだけでいいからね――これから音をつけるから，お父さんがペプシを取りに行くのを見たときに自分がどんな気持ちだったかを考えてもらいたいんだ。[**BLSトーン**]

ヴェロニカ（子どもの声）：ペプシを取りに行くまではすごく気持ち悪かったけど，少なくともペプシは助けになったの。（**治療者**：それについて考えて）[**BLS トーン**]

ヴェロニカ（大人の声）：あのおかげでお父さんはいい人なんだ，悪い人じゃない，だってペプシをくれるんだからって思ったんです。まるで，ご褒美をくれるというのとはちょっと違うんだけど，全部をましにしてくれた。少しだけど気にしてくれていることを確かに示していたから。そう思うことができるから。ペプシを飲むと，思うんです。「お父さんは気にしてくれている」。でも父があの別のことをすると，私の事なんて気にしていないって思うんです。私のことが大嫌い！でも私のことを愛している！　それですべてがごちゃごちゃになります。でもペプシやルートビア，お父さんがひんやりした素敵な瓶に入れてもってきてくれた飲み物を見ると，全部ましに思えるようにしてくれるんだってわかるんです。（**治療者**：それと一緒に）[**BLS トーン**]

治療者：もしかすると，お父さんとの間で起こったことの影響で，ペプシが本来のペプシとは違う物になってしまったのかもしれません

ね。

ヴェロニカ（大人の声）：まるで救世主みたいに！　まるで，このおかげでお父さんを好きになれるわ，お父さんのことを悪く思わないで済むわ，気持ち悪くならずにお父さんを見ることができるわって感じ。なぜって，父を見ると「ペプシをくれた人」って思うから。私を傷つけたのが父だって思わない。（**治療者**：それと一緒に）［**BLS トーン**］

ヴェロニカ（大人の声）：私がペプシが大好きだって，父はわかっていました。私が大好きだってわかっていて，だからくれたんです……それを私にくれたってことは，父は私のことが大好きだったに違いありません……そうでしょ？

治療者：私に尋ねているんですか？　そのことであなたのことを本当に好きだったという証拠になるかを？

ヴェロニカ（子どもの声）：先生に聞いてるの。ペプシをくれたってことは，お父さんはきっと私のことが大好きだったってことよね？そうよね？

治療者：私の意見を言うと，あなたのことを好きだったという証拠にはならないと思います。

ヴェロニカ（子どもの声）：なんで？　私の好きな物をくれたのよ。じゃ，なんで私にくれたんだと思う？（しばしの間）私がよい子になるように？　そうすれば誰にも言わないから？　誰にも言わないことは，もう，わかっていたと思う。もしも話したら，お母さんがもう私のことを愛してくれなくなるって言ったから。それで，お父さんが，

私をどれほど好きかを見せてくれるためにペプシをくれたの。

治療者：ミミ，今日，最初に扱い始めた映像のところに戻ってくれるかな？　お父さんが冷蔵庫のところに行ってペプシを取ってきてくれたところ。今，そこによい気持ちがつながっているか確かめてくれる？

ヴェロニカ（大人の声）：よい気持ち？　それが何とつながっているって？

治療者：そうです。お父さんが冷蔵庫に言ってペプシを取り出していることについて考えたときに出てくるよい気持ちです。

ヴェロニカ（大人の声）：えぇと，父が取りに行っているときはかなり気持ち悪い気分でした。でも良かったのは，ご褒美をもらえたってことでしょう。

治療者：それと一緒に。［BLS］

ヴェロニカ（子どもの声）：お父さんのことを好きになりたかったの。私のお父さんだったから。私の知っている人たちはみんな，お父さんが好きだった。（**治療者：**それと一緒に）［BLS］そうすると安心したの。お父さんがソーダをくれると，その日の虐待はおしまいってことだから。私の口の中の嫌な味をなくしてくれたし。それでお父さんを好きになれた。（**治療者：**それと一緒に）［BLS トーン］

ヴェロニカ（子どもの声）：私が大きなヴェロニカにペプシを飲ませているの？

治療者：私に聞いてるんだね。あなたはどう思うの？

ヴェロニカ（子どもの声）：もしかするとって思う。だって，何かが怖いなって思い始めると，そういうときに状況をましにしたいって思うから。（**治療者**：それと一緒に）[BLS] もうあんなことは自分に起こっていないのに，いまだにペプシが必要だと思っているなんて！（**治療者**：それと一緒に）[BLS]

ヴェロニカ（大人の声）：それに今の私には良くないってわかっている。（**治療者**：それと一緒に）[BLS]

治療者：では今また，お父さんがペプシを渡してくれたときのことを考えてください。今，それを考えると，よい気持ちがしますか？

ヴェロニカ（子どもの声）：私がよい子だっていう意味だと思う。よい子じゃなかったら，くれなかったと思うから。（**治療者**：それと一緒に）それより少し前はそんなによい子じゃなかったんだけど。はむかってたし，泣いていたから。でも飲み物をくれると，泣き止むことができた。だってもう終わったよ，よい子だねってことだから。それから，お母さんがもうすぐ帰って来るよって意味でもあったの。（**治療者**：それと一緒に）[BLS] 彼は賢かった。すごく悪い人だった。（**治療者**：それと一緒に）[BLS]

治療者：今日は最初，自分はペプシが欲しい，しかもペプシが必要なんだって言いました。今はどうか確かめてみましょう。今も同じ意見が確かめてみましょう。

ヴェロニカ（子どもの声）：たぶん，必要ない。でも飲みたいの。

治療者：今日，セッションを始めたときと同じくらい，飲みたいですか？

ヴェロニカ（子どもの声）：さほどじゃないかもしれないけど，でもやっぱり欲しいの！　味が好きなのよ！　飲むと気分が良くなるんだもの！

治療者：今，0 から 10 でいうと，どのくらいペプシが飲みたいですか？

ヴェロニカ（子どもの声）：8。飲んだときの気分が好きなの。

治療者：その 8 のところにとどまってくれる？　その 8 というのは，身体のどこて感じるの？　ペプシをどこに欲しいの？（ヴェロニカはみぞおちから胸のあたり全体に手をかざして見せた）

ヴェロニカ（子どもの声）：特に味が好きなの。シュワシュワする感じがいいの。（**治療者**：それと一緒に）［**BLS トーン**］あのごまかしの一部だったって考えるのはイヤ。（**治療者**：それと一緒に）［**BLS トーン**］お父さんが，あれだけのことをしておきながら，冷蔵庫のところに行って，ペプシをくれることで全部大丈夫ってことにしたのを考えたくない。（**治療者**：それと一緒に）［**BLS トーン**］お父さんは，悪いことをよいことにしようとした。でも悪いことを何かで覆い隠しても，それをいいことにはできないのよ。それはまるで，シロアリだらけの家を羽目板で覆い隠して，売りつけようとするようなものだわ。そういうのを，悪事を覆い隠すっていうのよ。お父さんのしようとしていたのはそういうことだわ。

治療者：こういうことすべてを見渡して，大人としてのあなたは，何

と言いたいですか？

ヴェロニカ（大人の声）: かわいそうなミミちゃん！　彼女がペプシを飲みたがるわけが理解できる。私が教え直さないとならない。「ペプシが欲しいのはわかっているのよ。特に動揺しているときはそうね。でもそれは，前に動揺していた時とは違う種類の動揺なのよ。一緒に克服できるのよ」

治療者: ミミ，大人さんが，あなたのことが今は理解できたって言っているのを聞いた？　あなたがなんで，そんなにペプシが好きなのかわかってくれたみたい。（**ヴェロニカはうなずき：そうね**）　彼女がそういうのを聞いて，どんな気持ちになりましたか？

ヴェロニカ（子どもの声）: わかってくれたので，気分が良くなった。四六時中，私とけんかしているみたいじゃなくなったから。私が何かするときは，必ず理由があるのよ。

治療者: じゃ今，ミミはどのくらいペプシがほしい？　0から10でいうと。

ヴェロニカ（子どもの声）: 3

治療者: ということは，まだ少し惹かれるけど，前ほどじゃない？（**ヴェロニカ（子どもの声）:** うん）　前は8だったね，8だったのが，今は3。何が変わったの？

ヴェロニカ（子どもの声）: 考えると，お父さんにされたことを思い出すから。

治療者：わかりました。では，暑い日にあのペプシがどのくらい冷たかったか，そして少し飲んでみたらどんなによい気分になったかを思い出してください。それを考えて，それを全部考えたときに――考えることは今もできていますね――前と同じ反応にならないかもしれない，でも考えたときに，今は何がありますか？

ヴェロニカ（子どもの声）：ごまかしの一部だったって，わかった。ごまかしは嫌い。意地悪なごまかしだった。ひどかった。［**BLS トーン**］

ヴェロニカ（大人の声）：虐待とつながっているなんて思ってみたこともありませんでした。そうなると，どうして未だに飲むのかわからなくなります！

治療者：あなたの父親が冷蔵庫とのところに行くという，最初に扱い始めたイメージを思い浮かべると，今は，0 から 10 で言うとどのくらいペプシが飲みたいですか？

ヴェロニカ（大人の声）：0 以下！　それについて考えているときだけじゃなくて，いつでも！　ごまかしの一部だったんです。もう関わりたくありません。

　次のセッションにやってきたヴェロニカは，こんなことを報告した。前回セッションの後，彼女は帰宅すると冷蔵庫からすべてのソフトドリンクを取り出し，地元のリサイクル店に行って寄付したというのである！「たぶん，積み込み担当の人たちが飲んでしまったと思うわ。でもいいの」。冷たいソフトドリンクのことを思うと，前は強烈に欲しくなったのに，虐待とのつながりに気付いてしまった今では，気持ち悪く感じられると彼女は報告した。

しかしながらこの数週間後，短い再発があったことが報告された。何本かソフトドリンクを買い，暖かいたんすに入れたというのである。彼女の考えでは，「温かいペプシは，冷たいペプシとは違う」ということだった。彼女はこの話を私にしながら，すぐさまこれが大人のパートと子どもパートの間の葛藤——前ほど強烈ではなかったものの——の再現であることに気付いた。この葛藤は，ソフトドリンクに対してまだいくらか（LOPA2-3）の肯定的感情をもっている「ミミ」とANPの間に思いやりに満ちた対話を続けるという，前のセッションとかなり似た手続きで解消された。このワークの後，彼女の子どもパートは，ソフトドリンクに対して関心や肯定的投資を捨て去ることができた。彼女は甘い飲み物を完全にやめたと報告し，実際，その後の数カ月でかなり体重が減り，血糖値レベルが正常に戻ったことで，この報告が真実であったことが確かめられた。医師も彼女がもはや前糖尿病状態ではないと言ってくれた。過去のセラピーの終結が早すぎたので，私たちは間を空けつつ，慎重に面接を続けた。間隔を広げて6〜8週間に一度にして，次に12〜16週に一度の電話による短い接触にした。前のセッションから1年経ったときに，彼女は内側が完全に統合されたような気持ちになった（「内側にたくさんの小さなパーツが別々に存在するのがどんな感じだったかは覚えています。でも今は，ミミもほかのパーツも全部，私の一部なんです。バラバラじゃありません。全部，私なんです」）。セラピーの翌年，癌のために大手術を受けることになったとき，彼女の統合とレジリエンスが試されることになった。手術は癌の除去に成功したようだった。その年のストレスの間も彼女のパーソナリティ構造は安定していた。つまり，彼女は解離することなく，一つひとつのストレスに効果的に対処することができたのである。セラピー終了後も時々彼女からメールが届いたが，解離症状やパニックや低い自尊感情の問題が戻ってくることはまったくなかった。

　ヴェロニカがたどった治療経過は，いくつかの重要な点を描き出している。2005年から2007年にかけて行われたセラピー（Knipe, 2007a）は内

的パーツについて自己開示することへの恐怖を克服し解消することに焦点をあて，トラウマを再体験している子どもパートに対する回避だけでなく，特定のトラウマ記憶に関連した回避防衛を解消する援助をした。そして2つ目のセラピー期間には，父親の虐待を思い出させる特定の食べ物に対する恐怖症をかなり改善することができた。これまでの逐語録でも示したこの2つ目の，最初より短いセラピー期間では，CIPOS手法を活用し，特定の感覚や関連した記憶に伴う恥，戦慄，嫌悪を解消した。次にLOPA手法を使って，ソフトドリンクの過剰摂取に対する非機能的で防衛的な情緒的投資を減らすことができた。この最後のセラピーワークによって，パーソナリティ統合を妨げていた残された障害物を取り除くことができたようである。

第15章

ダグ

・パーソナリティの解離パーツに保持された強い苦痛を伴う戦闘記憶の
ための現在見当識と安全性の持続的植え付け（constant installation
of present orientation and safety：CIPOS）

　ダグはベトナム帰還兵で，派兵から25年の年月が経過した1993年に治
療を求めてやって来た。当初の主訴は慢性的な全般性不安と20年になる
結婚生活に終止符を打つかどうか決められない，ということだった。治療
を開始してすぐ，3セッション目までに，ベトナムに関係すると思われる
別の主訴を口にした。戦争から戻って以来，ずっと，平均すると週に3回，
ひどい偏頭痛を患っているというのだ。この偏頭痛を和らげる唯一の方法
は，以下のどちらか，あるいは両方だった：1）我慢できる限り熱いシャワー
を額にかける，2）ベトナムで経験したある出来事について考える。この
発言は，戦闘記憶の中に一つ，あるいはそれ以上の思い出したくない記憶
が潜んでいることを示唆している。そして，私の仮説は「ベトナムについ
ては一切，話したくありません。必要ないからです。でも，それについて
いつも私に考えさせたがる19歳の子どもがいるのです」という彼の言葉
によって裏打ちされた。当時の私は解離についての十分な知識をもち合わ
せていなかった。彼が「19歳の子ども」についてさらに語り始めた時，
その表現はベトナム経験について語る際の彼のやり方だ，くらいにしか思

わなかった。しかし，時間の経過とともに，この「子ども」を独立した，歓迎しない心の中の存在として彼が認識していることがますます明らかになった。「ここに例の19歳の子どもがいるのです！　ベトナムでの出来事について話しているのは私ではありません。彼が私に，先生にこれを話せ，と言い，彼が私にその時のことについて考えさせたがるのですが，**私は嫌なのです！**」。この19歳の子どもというのは分化して存在するパーソナリティ・パートで，クライエントとは異なる目的をもっていることがわかってきた。クライエントの中にある現在志向的なパーツは，この19歳のパーツと実際の記憶映像を極端に避けていた。そこで，その戦闘体験について0から10でどれくらい考えたくないのかを尋ねたところ，彼は「そんなの簡単，15です！」と答えた。回避の強さとほかの課題を扱いたいという彼の希望から，少なくともしばらくは，戦闘体験を脇に置くことで私たちは合意した。

　ダグは戦闘体験のみならず，育ちの過程でもいくつかの困難に見舞われていた。彼は自分の父親について「父が何をするのか想像することは不可能でした。酔っ払っているときなどは世界で一番意地悪な人でした。しかし，そうかと思えば，謝ったり，泣いたりしたものでした」と語った。子ども時代を通して，ダグはこの父親にひどく殴られていた。それ以外にも複数の外傷的出来事を経験していた。例えば，ウィスコンシンのとても寒い夜，当時6歳だったダグは，父親が飲み屋にいる間，6時間も一人で車の中で待たされた。これらの記憶を代表する場面のいくつかをEMDRで扱い，よい結果を得た。ダグはこれらの出来事を大人の視点で捉えられるようになり，出来事に関する記憶に付きまとっていた恐怖や自分に対して抱いていた価値がないという感覚から自由になることができた。

　これらの子ども時代の記憶に肯定的な結果を得られたことで，ダグにはベトナムの記憶の扱いについて再検討する気持ちが芽生えた。戦闘体験について考えることに関しては今でも避けたいと強く願っていたが（とは言え，逆説的ではあるものの，ベトナムは「いつも」自分と一緒だ，とも語っ

ていた），同時に，これまでとは異なり，情緒的な距離と視点をもってこの回避衝動を見ることがダグはできるようになっていた。そこで，考えることができるある記憶を，EMDR 手続きを使いターゲットとして扱えるかもしれないと彼は考えた。その記憶とは頭痛が起こったときに思い浮かぶものだった。

　面接の最初に，その記憶について話すことができるかと尋ねたところ，彼は熱のこもった口調で以下を語った。

　　　思い出すのはいつも 1968 年のある日のことです。心臓がドキドキしています。一緒にいた人々の映像が浮かびます，あまり嬉しそうではない顔です。みな薄汚れていて，臭いです。体重も落ちて。疲れています。グループで集まり，出かける準備は整っています。遠くにヘリコプターが飛ぶ音が聞こえる。これでおしまいになるのかどうか，わかりません。狩りに行くような感じでした。好きだった。出掛けて行き，人を殺した。今，それについて考えると，恐ろしさでいっぱいです！　自分には何かおかしなところがあると思います。

　ベトナムについて考えることを許すと，このイメージがいつも思い浮かぶ，と彼は話した。この面接中にEMDR の第 3 段階から第 7 段階まで進み，とてもよい結果が得られた。「自分には何かおかしなところがある」が好ましい肯定的な認知「私は大丈夫」に変わり，認知の妥当性は 7 まで上がった。自覚的障害単位は 0 に下がらなかったが，10+ が 2 か 3 になった。翌週，「今は 1 くらいまで下がりました」と彼は語った。戦争に関するほかの記憶はないか，と尋ねると「あります。でも，それらについては考えたくありません。ただ，彼（例の 19 歳）はここにいて，扱わなきゃダメだ，と言っています」

　嫌々ながら前の面接での成功に気を良くしてか，ダグは注意深く主要な出来事（「全部で 10。もっとあるだろうけれど」）をリストアップしていっ

332 第IV部 事例

た。ベトナムで，ダグは多くの銃撃戦に携わった。当時は，銃撃戦のたび
に気分の高揚と驚愕の両方を強く感じていた。その2つの感情は，ある記
憶の映像内に混ざり合っていた。それからの数カ月間，面接に来るとダグ
はベトナムについて考えたくないが，回避は脇に置くつもりだ，と語り，
その気持ちが治療者により受け止められた後，リストの上から順番に
EMDR で処理を進める，という作業が続けられた。ある出来事をターゲッ
トとして選び，アセスメントをしようとすると，否定的認知（例.「今す
ぐにでも死んでしまう！　危険が迫っている」）を19歳のパートが，肯定
的認知（例.「私は今，安全だ。もう終わった」）を現在志向のパートが選
んだ。それぞれの出来事の処理には数セッションかかった。この当時，偏
頭痛は完全に消え去り，そのことにダグはとても勇気付けられ，これはこ
の作業を行っているからだと，と結論付けていた。しかし，これだけの進
歩が見られる中，ダグは「役に立ってはいますが，ここに来るのは楽しく
ありません」と未だにアンビバレントな発言を繰り返していた。

　彼のアンビバレンツは，面接予約を毎週入れず，次の面接までに数週間
という時間を設けるところにも見て取れた。彼の回避欲求の強さを考慮に
入れ，もっと頻繁に来るように迫ることはしなかった。ダグは治療の成果
と情緒的に自分を守ることの2つの目標のバランスを自分ができる最大限
の範囲で取ろうとしていると思ったからだ。彼の準備さえ整えば，次の面
談予約を入れる電話をかけてくる，と私はダグを信じるようになっていっ
た。予約の電話が入り，実際の面接にやってくると，ダグの中では，現在
志向の回避パート（後に，一見すると普通のパーツ（ANP）と呼ばれる）
と19歳の情緒的パート（Emotional Part：EP）（van der Hart et al., 2006）
が引き続き討論をしていることが伺えた。

　彼の治療は開始−停止−開始というパターンであったにもかかわらず，
時間が経つにつれ，ダグが治療から利益を得ていることがわかった。リス
トに挙げた苦痛を伴う記憶をひとつずつ処理する中，全般性不安は大幅に
減少した，と語った。まだ，自身（ANP として）を「例の19歳」とは別

ものとして経験していたが，今ではこの別に存在する自己状態のことを「相棒」と呼ぶようになっていた。1997年の1月，ダグは別の州で働くことが決まり，治療は中途終了を余儀なくされた。（紹介先を伝えたにもかかわらず）新しい土地で治療を継続することも選ばなかった。1999年，ダグから「元気にやっている」と書かれた葉書が届いた。

その後，2012年までダグから何の連絡もないまま，その電話は突然かかってきた。ベトナムで枯葉剤にさらされたことが原因でひどいパーキンソン症状に苦しんでいたことが判明した。帰還兵局の主治医からこれまで治療を受けた医療関係者の名前をリストアップするように言われ，それをきっかけに，彼は私に直接連絡を入れると決めたとのことだった。

電話口で，私は彼の状態を尋ねた。彼は「先生との面接は本当に役に立ちました」と答えた。そして，「本当に順調です！　夜，眠りにつこうとしたり，ただリラックスしていたり，本を読もうとしたりする時以外は」と続けた。そういう場面では，未だに独立し，分化したままの自己パート，「例の19歳」が意識に浮上し，必ずベトナムのジャングルの中で，いつもある道の方を指差しているというのだ。ダグ曰く，「彼は何かを見せたがっているのですが，私には不要なのです。見たくありません。私は彼（例の「19歳」）をベトナムにおいてきたのです」。

ダグは帰還兵局でカウンセラーに会ったが，解離障害の治療は行わず，眠るのが難しいときは，「楽しい考え」をもつようにしてみるように，と言われたそうだ。ダグは言われたことを試したが，まったく役に立たなかった。電話での会話が続く中，ダグは「もしかしたら，もう一度，先生のところへ戻るのがいいのかもしれない。構いませんか？」と言った。彼の奥さんは私が暮らすコロラドへの出張を計画し，ダグは彼女に同伴することになった。私たちは土曜日に数時間の面接を行った。面接の前に，万が一，追加のセッションが必要になった場合には，コロラドにやって来るか，ダグが現在暮らす土地で新しい治療者を探すことに彼は同意した。

ダグとの最後の面接時，ちょうど16年前には，私はCIPOS手続きを開

発していなかった。当時の面接で，CIPOS を使っていたならあの時点で治療は終わっていたと思う。2012 年に行われた数時間かけた面接は，解離性パーソナリティ構造が持続することを考慮すると，CIPOS の利用は現実的なオプションだった。面接に現れたダグは「準備万端です」と言い，治療者としての私との関係性も数年のギャップがなかったかのごとく，居心地がよさそうに見えた。40 分ほどの時間をかけて，最後の面接からの聞き取りを行い，ダグにとって最も問題となっている課題——19 歳の EP による継続的な侵入に焦点を当てることになった。3 時間半の面接はビデオに録画され，そこから逐語が起こされた。逐語内に［**EM**］と記載されている箇所は，私が「それとともに」「それについて考えて」「それに気付いて」のどれかを言い，20 から 30 往復の眼球運動を行っていることを意味する。*** は，ダグがトラウマ記憶題材に戻っているが両側性刺激は加えられていないことを意味している。

　最後の面接で扱ったことを考えると何が頭に浮かんでくるか，と私はダグに尋ねた。

　　　ダグ：治療はたくさんの罪悪感を取り除いてくれました。今日まで，ここに座るこの瞬間まで，本当に私の役に立ってくれました。(**治療者**：私もとても嬉しいです。19 歳の子について話していたことを覚えていますか？)　ええ。もちろんです。(**治療者**：あなたがこんなことを言っていたのを覚えています——ベトナムであなたがしなければならなかったことに彼は完璧に適応していた人物だった，だから帰国するとき，あなたは彼をあそこに置いてきた，と)　ええ。その通りです。でも，ここのところ，眠りに就こうとすると——ほら，潜在意識から！(**治療者**：つまり，意識していないと，心がその方向に戻ろうとするわけですか？)　**ダグ**：はい。(**治療者**：あなたの心が今でも行きたがっているところを今，教えてもらえたら，それを特定し，扱うことができます。そうすれば，そこに引っ張られなくなるでしょう。私が言っ

第15章 ダグ　335

ていることがわかりますか？）

ダグ：ええ，わかります。（間）常にパトロールしていました。いつも私たちが対応しなければならない出来事が起こっていたので。先生のところに通っていた時，それらの多くについて扱いましたね。私が頼りにしているのはね，ジム先生，白いTシャツを着ている男なのです。彼に出会うと，彼は私を別のところへ連れて行くのです。銃撃戦があったベンヘットではなく。あの状況にすぐに行くわけではありません。今でもあの19歳の子どもが見えます。C配給とスプーンと一緒に橋の横に座っています。「あぁ，そこにたどりついたんだ。大変なことをいろいろ経験してきたな」って感じでした。でも，彼はほかにも私に見せたいものがあるのです。彼はまだ私を解放してくれません。

治療者：今から的を絞った質問をします。いいですか？　（**ダグ**：うなずく）　ただ，本当のことを教えてください。彼があなたに見せたいと思っていることですが，0から10で，お腹の底で感じる感覚で，「見たくない」というのはどれくらいですか，10が一番強いとすると。どの数字ですか？

ダグ：10くらいです。（間）「この道は既に来たことがある」と彼は言っていました。道路ではなく，「道」だと。僕たちがそう言った──この「道」を歩いた。この道をたどっていったことがある。私は何を恐れている？

（**治療者**：私が覚えているのは，彼はいつも「恐れるな。見ても大丈夫。恐れる必要はない」と言っていました）　**ダグ**：ええ，そんな感じでした。（**治療者**：彼がとってもあなたに見せたがっている場所にどう

やったら行けるのでしょうか。そうすれば，あなたがちゃんと見たと彼が理解し，心穏やかになれ，あなたも心穏やかになるために。このアイデアをどう思いますか？）　**ダグ**：いいアイデアだと思います。(少しの躊躇）やりすぎですか？（**治療者**：それを達成する方法があったとするなら，結果を歓迎しますか？）　**ダグ**：ええ，絶対に。

　ダグの ANP は自身の若い兵士の自己に対して回避的であり続けた，しかし，同時に彼はその回避衝動から退却し，現在の安全性に気付き，回避衝動から逃れることができているようだ。このことから CIPOS 手続きを使い続けることが可能だとわかった。

　治療者：いいですね。私も方法はあると思います。その出来事の最悪の部分を代表する映像，記憶のイメージは思い浮かんでいますか？（**ダグ**：はい，あります）　**治療者**：あなたの許可を得て，それから彼の許可も得て，今日は作業に取り組みたいと思います。（**ダグ**：ええ。彼も合意しています。彼は今もここにいます）　では，彼も全面的に支持してくれているようですね。（**ダグ**：そうです。彼もここにいます）

　治療者：でも，もう少し質問をします。始める前に，今，あなたが体験していることがどんなことなのかを私が把握しておくために，ここから（治療者はダグの顔から 60 センチほど前で指を動かす）私の指があるところから，あなたの頭の後ろまで，ラインがあると想像してください。線のここ（指を動かす）は私の面接室に完璧にいることを意味します。今日は 2012 年で，あなたはここにいて，自分がこの場所にいるということ以外，頭の中には何もない状態です。私たちは話していて，この窓の外には良く晴れた日が見えます。それ以外の考えがない状態です。このライン上のここにいるのは，あなたが完全にここに私と一緒にいることを意味します。（**ダグ**：了解しました）　その

線の反対側は，あなたの後頭部で，目は開いているけれど，記憶の最悪な部分に浸っていることを意味します。(**ダグ：**うなずく)　このライン上でここはしっかり存在している，ここは最悪な部分にいることを意味します。では，ダグ，今，この瞬間，どこにいるのかをこのライン上で示してください。(ダグは自分の顔から20センチほど前を指しながら「ここです」と言う)　この記憶を扱うにあたり，あなたが確実にこの部屋にい続けられるのを助けてくれることをいくつか行いたいと思います。(**ダグ：**わかりました)　飛行機の音が聞こえますか？(**ダグ：**はい)　ただ，その音に耳を傾けてください。聞こえていますか？　今，ここで実際に起こっている現実のことに耳を傾けている自分に気付きながら，私の指を追ってください。[**EM**]　このクッションを受け止めてください。(クッション投げを5往復行う)(**ダグ：**微笑む)　いいですね。もう一度，お尋ねします。このライン上で，今この瞬間，あなたはどこにいますか？

ダグ：あまり動いていません。19歳の友人は気をもんでいます！彼はさっさと吐き出したいから。(**治療者：**彼は話す準備が整っているようですね。あなた自身はどうお考えですか？)　たどりつきますよ。

　彼の報告から例の19歳は彼の意識上に存在していることやANPが状況を完全にコントロールすることを許す気がEPにないことが窺える。治療者の私が気をつけなければならないのは，このEPの存在が，私の面接室にクライエントが居続けるダグの力を邪魔しないかを確かめることだ。EPが出てくることを長年にわたり，回避し，抑制してきたクライエントにCIPOSを使う際によく生じることだからだ。EPは状況を完全に掌握することを手放したがらないかもしれない。なぜならば，手放すことは回復のための表現の機会を失うことになるかもしれないからだ。よって，彼

338 第IV部 事例

の中に存在する若いパーツがいても，現在の安全への気付きが維持できているのかどうかを確かめなければならない。

治療者：では，質問です。あなたはこの部屋にいますか？ （**ダグ：**はい） 彼はあなたにもうひとつの場所に行ってもらいたがっている，時間旅行をして欲しいと思っていますか？ （**ダグ：**はい。彼は心配していません。「さぁ，さぁ～！ 早く！」というメッセージを送ってきています） ちょっとだけ彼と話がしたいです。(例の19歳に話しかける) あなたのところへはすぐに行きますよ。ただ，そのためには，この部屋に，今ここにちゃんといるということを確認しておかなければならないのです。だから，私は彼に，あなたにもここにちゃんといることをわかってもらえるように，お願いしているのです。それができたら，彼がいるところに向けて出発します。今の私の言葉に対して彼は何と言っていますか？ （**ダグ――19歳のパーツ：**やらなきゃならないことをしてください，でも，置いてきぼりにしないで）もちろん。約束します。ダグ，あなたも約束できますか，彼を置いてこない，と？

ダグ：誰も置き去りにしたりしません。(**治療者：**よし。ここで必要とされることをするためには，まず，今，自分が本当のところどこにいるのかについて明確でいることです。なので，正直にお答えください。あなたはこのライン上のどこにいますか？) ここです。先生の指のところまでには至りませんが，すぐ近くです。ほとんどここにいます。

治療者：いいですね。もう少ししたら，あなたの準備が整い次第，8秒間だけあなたに目を閉じていただきます。私が時間を計ります。ご自身の準備が整うまで目は閉じないでください。目を閉じたら，彼が

あなたに行って欲しいと思っているところに完全に行くに任せてください。8秒間です。そして，8秒経過したら，「目を開けて，戻ってきてください」と私が声を掛けます。では，始める前に，質問です。8秒間は丁度いい時間ですか？　記憶に入って行ったがいいが，簡単に戻ってこられないほど，入り込んで欲しくないのです。どうですか？

ダグ：大丈夫だと思います。（**治療者：**わかりました。6秒の方がいいですか？）　6秒にしておいた方がいいかもしれません。（**治療者：**了解です。もしくは，5秒？）　ええ，そうしましょう。

治療者：これはコンテストではありません。何かを証明するというのでもありません。5秒で十分です。あなたの準備が整ったら，5秒間，そこへ行きます。私が時間を計ります。5秒後，「目を開けて，戻ってきてください」と声を掛けます。あなたが目を閉じたら，時間を計り始めます。5秒の間，私はずっと話し続けます。私がここにいることがあなたにわかるように。（5秒 ***）はい，目を開けて，戻ってきてください。いいですね！　バカみたいな質問をします：実際のところ，あなたは今，どこにいますか？

ダグ：あなたと一緒にここにいます。

治療者：そのことに安心感を抱けますか？　（**ダグ：**ええ）　よいですね。ただそれについて考えて［EM］もう5秒，戻ることはできそうですか？　（**ダグ：**はい，できそうです）　わかりました。あなたの準備が整ったら始めましょう，あなたが目を閉じたら。準備が整うまで目を閉じないでくださいね。（ダグが目を閉じる ***）はい，目を開けて，戻ってきてください。いいですね。どうでしたか？　前より楽に戻って来られたように見えます。

ダグ：そうです。最初は（例の 19 歳に）「良く聞け！」と言われましたが，2 回目は「助けを得ている！」と聴こえました。その 2 つです。（**治療者**：そうですか。それはあなたにとって役に立ちましたか？）ええ。（**治療者**：いいですね。それについて考えて）［**EM**］

治療者：いいですよ。では，もう 5 秒，いかがですか？（ダグはうなずく）あなたが目を閉じたら計り始めます。（5 秒間 ***）はい，目を開けてください。（ダグは笑いながらうなずいている）笑っていますね，何が起こっているのか教えてください。

（ダグは前かがみになり，笑いながら，誰かの首を絞めるようなジェスチャーをする）首の周りに誰かの腕があり，お腹にジャブを食らっています！だから笑っているのです。（間）いいね！（間）あの場所にいます，いい場所**ではありません**。**彼**がいる場所です。洞窟の入り口。「ついて来いよ，兄弟！」と彼が言っています。私たちは入り口，まさにそこにいます。

治療者：ちょっとだけ時間を取って確認をしましょう。今，あなたはライン上でどこにいますか？

（ダグは指で示しながら「まだ先生と一緒にいますよ」と答える）急ぎすぎていないかを確実にしたいので，確認しています。では，あなたの準備が整ったら，もう 5 秒，戻ってみましょう。準備ができたら。（5 秒間 ***）はい，さぁ，目を開けてください，ここに戻ってきてください。はい，では，バカみたいな質問です。実際のところ，あなたは今，どこにいますか？

ダグ：少しだけ遅れたかもしれません。

治療者：前より少しだけ奥まで行った，という意味ですか？　（**ダグ**：うなずく）　それは理解できます。また，この方法につきものでもあります。でも，今，ここにまた戻っていますか？　（**ダグ**：はい）　これがあなたにとってどう役に立つかわかりますか？　（**ダグ**：ええ）もしかすると，彼もわかるかもしれませんね。彼もわかりますか？（**ダグ：彼はまだ何も言っていません**）　これまでのところ，あなたはどう思っていますか？　役に立っていますか？　（ダグはうなずく）もし，役に立っているならば，どう役に立っていますか？

ダグ：そうですね，解放感です。さっきもお伝えした通り，読書をしている時でも気が逸れることがあって，そうなるといつも彼のことを考えていました。そんな時，彼はいつも指差しているのです。(**治療者**：白昼夢を見るわけですね，すると突然……)

そうです！　結局，彼と一緒になるのです，90％くらいの確率で。でも，いつも彼は指差しています。いつも……どこかを。（間）でも，今日，私たちは一緒に取り組んでいます——彼は私と一緒にいます！彼はもう指差しをしていません。<u>彼は私と一緒です！</u>（**治療者**：それであなたは構わないのですか？　なぜなら，過去には彼を遠くに押しやろうとしていたことがあったように記憶しているので）　ええ，でも今日は違います。構いません。今は，この場所で私たちは一緒に歩いています。私たちは一緒です。私たちは一緒に取り組みます！

　ダグのこの言葉を聞き，彼が二重の注意——現在の安全とトラウマ題材の両方への気付き——を維持できていることがわかった。この二重の注意があれば，トラウマ記憶の情報に対して両側性刺激を加える EMDR の第4段階をゆっくりと行うことができるようになる。しかし，CIPOS 手続きも EMDR の第4段階と交代で使い続けた。ダグが二重注意ゾーン内に確

342　第IV部　事例

実に留まれるようにするためだ。

治療者：いいですね。全員が大筋で合意しているようですね。

ダグ：そうです。そのとおりです。（**治療者**：簡単なことじゃないだろうけれど）　まったくそうです。簡単ではありません。でも，いい方向に進んでいます。（**治療者**：では，もう一回，確かめておきましょう。答えはわかっていますが，このライン上であなたはどこにいますか？）　先生の指からは離れていますが，ほとんどここです。5秒を超えると完全にここにいることになるでしょう。（後頭部を指す）

治療者：5秒を越える必要はありません。5秒のままにしておくのがいいでしょう。（**ダグ**：今ならわかります）　あなたの準備が整ったら，もう5秒戻ってみましょう。（5秒 ***）正しければ教えてください，回を重ねるごとに戻ってくるのが簡単になってきているように見えます。（**ダグ**：はい，前より楽です）　それはいいことですか？（**ダグ**：はい，なぜなら，彼は私たちが戻ってくるってわかっていますから。あの小道は，「道だ」と彼が訂正しています，完成していませんから）それとともに［**EM**］彼はあなたに何かを見せる準備が整っていますか？　彼が指を差しているところへ連れて行く？

ダグ：（長い間）ええ。（**治療者**：5秒間，あそこへ行ってもいいと思いますか？）　最初の5秒であそこまで行けるかどうかわかりませんが，やってみましょう。（**治療者**：いいですよ。急ぐ必要はありません。行き着くところへ行きましょう。もう一度5秒間あそこへ行ってください。観察するべきものを観察してください。5秒経ったら，「ここに戻ってきてください」と私が声をかけます。あなたの準備が整ったら始めます）　わかりました。（5秒 ***）怖くありません，もう行っ

たことがありますからね。

治療者：はい，いいですね。それについて考えながら，もう5秒，戻ることができますか？ （**ダグ：**はい） 5秒間***　今回は目を開けるのが少し難しそうだったように見えましたが，当たっていますか？ （**ダグ：**ええ，そうでした）　引っ張られて，少し長めにあそこに留まるような感じでしたか？ （**ダグ：**いいえ。ただ……ショックです）　わかりました。いいですよ。

ダグ：戻って来ようとした時，「これが見なきゃならないものだ」と聴こえました。

治療者：にもかかわらず，もう一度，ここに戻ることができた？

ダグ：ええ，そうです。（**治療者：**ここにいるのは素敵な感じ？）　それはもちろん！　絶対に！ （**治療者：**そのいい感じに気付いて，ここにいるのがいいって感じにも気付いて。それとともに）［**EM**］　胸にほっとした感じがあります。

治療者：ここにいるのは，素敵なことですね。それとともに［**EM**］ここにいることのいい点ってどんなことですか？ （**ダグ：**私は安全です）　それとともに［**EM**］それは胸の辺りのいい感覚ですか？ （**ダグ：**ええ，そうです。呼吸も楽にできるように感じています）　それとともに。ただ，それに気付いて。［**EM**］

ダグ：ここにいます。（後頭部尺度のライン上で「現在にいる」の位置を指して）外の飛行機の音が聞こえる！ （**治療者：**いいですね。あと5秒どうですか，先ほど終わったところから）　5秒間***いい

ですよ，では，目を開けて，戻ってきてください。今回は前ほど難しくなかったように見えます。

ダグ:今回は大丈夫でした。どこに向かっているのかはっきりとわかっていました。そして，この部屋に戻って来るのは前より簡単でした。でも，私の仲間を探そうとしています。さっき戻った時，<u>彼があそこにいませんでした！</u>　（**治療者:**え？　いなかった？　今，彼はどこにいるのですか？）　わかりません！　あそこにいません。（頭を振りながら笑う）

治療者:準備が整ったら，もう一度戻ってください。5秒間＊＊＊さて，目を開けて。

ダグ:彼が私に行かせたがった場所に私たちはいます。今，彼が私の中にいるのは当然なのかもしれません（自分の胸を指しながら）。（**治療者:**もしかしたら，彼は今，あなたがいるのとまったく同じところにいるのかもしれません）　ええ。そして，私が対処しなければならないことは，一人でしなければなりません。（**治療者:**それとともに。ただ，それに気付いて）［**EM**］できると思います。（**治療者:**それとともに。ただ，それに気付いて）［**EM**］

ダグ:罠でした。私たちはまっすぐそこへ向かって行きました。出口はなし。最低限の装備——食料，水，銃弾。数日続きました。それを彼は私に見せたかったのです。

ダグはそれから詳細にわたり，今，彼が直視できるようになったことについて描写した。視覚的にも，道徳的にも，身の毛がよだつ内容だった。

治療者：今，それが見えていますか？　（**ダグ：**はい）　今，それを見る中で，今ここにもい続けることができていますか？　（**ダグ：**はい。ここにほぼいます。でも，あともう5秒やりたいです）　5秒間 ***今回は戻ってくるのがどれくらい難しかったですか？　（**ダグ：**全然）どれくらい難しくなかったのかについて，ただ考えて［**EM**］

ダグ：最後の2回くらいは，あの場所へと戻る方が，難しくなっています。

この報告はCIPOSセッションがうまく行った時にクライエントから聞かれることがあるものだ。同じような内容は標準EMDRの際にも生じることがある。最初，クライエントはこれまで恐怖をもたらした記憶にアクセスをかけられないのではないかと心配している。クライエントは，自分が何か間違ったことをしているのではないかと誤解するのだ。実際，ターゲット記憶への再アクセスが難しいのは，処理がうまく行った証で，治療の目標に到達したことを意味する。

ダグ：まだ，彼を見つけることができていません！（笑）（**治療者：**彼の目を通して物事を見ているだけってことはないですか？　**ダグ：**うなずく）　だから，彼が見えないのかもしれません）　理に適っていますね。

治療者：そして，戻るのが難しくなっているのは，ダグ，まさにこれをやる理由と同じです。押しやろうとし続けていたこと，近づきたくなかったこと，あなたを引っ張り込もうとしたこと，それが今は違うものになり，それについて考えることを自分に許せるようになった。すぐ近くにまで行き，でも，前と同じではなくなったわけです。それ（記憶）は力を失った。あなたが望んでいたのはこれですか？

ダグ：はい。もう少しだけやりましょう。8秒は？　（8秒間 ***）これは本当に最初です——これまでは読書をしている時，あるいは考え事をしていても，彼のところに行き着くのです。彼はいつも指差しているだけ。「早く，行くぞ」とは言いません。でも，夜には「楽しい考え」を思い浮かべようとすると，起こるのです。ここまで来られたことはありません。公正を期して言うならば，私は彼のことを恐れていた，と言っても大丈夫かな？　彼が私のことを怒って状況を悪くすることが恐かったのかな？　思いついたことを，ただ話しているだけです。**（治療者：**今，どんな感じですか？）　彼はここにいません！　**（治療者はダグを指差しながら：**彼は今，ここにいるのではないでしょうか）そうだ。（間）彼を見かけると，彼はいつも橋のそばで白いシャツを着て生意気な表情だった。今，それを思い出します。もしかしたら，彼はここにいるのかもしれません，でも前と同じようなありかたではありません。

治療者：あの場所にもう一度戻ることはできますか，何があるか確認するために？

ダグ：はい。[EM] 何を見たかお話ししてもいいですか？　植物しか見えません。蝶々，虫，を見ました。傷跡はなし，過去のものも。結構，いい感じでしたよ。花も。ベトナムは，信じないかもしれませんが，美しい国です，……を除いては。でも，私が目を向けなければならないものはもう何もありません。**（治療者：**それについて考えて[EM] もう一度それについて，例の最悪な部分について考えると，何がありますか？）

何も！　先生がもう一度それについて尋ねるまで考えることすらありませんでした！　先生がそれについて言うまで考えてすらいませんで

した。（**治療者**：質問によって全部戻ってきましたか？）　いいえ！　まったく！　ここで何をしていたのって感じです！？

（**治療者**：わかりました。それと一緒に）［**EM**］

ダグ：戻った時，そこには悪いものは何も残っていませんでした。あんなことがたくさん起こった同じ場所だったのに，最初，気付きさえしなかった。嫌なこと全部，消えてしまいました──臭い，大虐殺の死体もありません！　ただ，湿った森の匂いだけ。

治療者：ダグ，あの出来事について考えると，あなたたちが奇襲を受けた，何日も身動きが取れなかった，壁にもたれて，死体を見た，あの洞窟……今，あなたが話した事柄の最悪な部分を描写する単語を全部並べました。今，それについて考えると，この作業を始めた時に考えていたことと何が違いますか？

ダグ：今，違うこと──ぼやけています。本当じゃなかったみたいに。起こらなかったみたいにさえ思えます。起こったことはわかっているのに。今でも思い出せるのに。でも，圧倒されることはありません。終わった，と感じます。キレイな花が見えるから（笑）今，見えるのはそれです！　今，見えています。完璧に！

　通常，このような強烈な面接後は，できるだけ早くにフォローアップ面接を入れる。しかし，彼は翌日，自宅へ戻らなければならなかった。そこで，1週間後と4カ月後，それから13カ月後に電話でのフォローアップを行い，最後の面談の効果が面接時に思われたように実際肯定的かどうかを確かめるため，念には念を入れた。

　追加面接も地元の治療者への紹介も必要ないと考えているとダグは語っ

た。面接時に扱った記憶は，「今では違って見え，ただの映像になり，自分を悩ますものではなくなった」と語った。「例の19歳」とはその後やりとりがあったのかを私が尋ねると「今でも思い出すことはできます。でも，今は前とはまったく違っていて，説明するのが難しいのです。問題はありません。VA事務所の待合室で何かを耳にすると記憶を思い出すこともあります。ただ，思い出すことがあってもただそれについて考えて，それが意識を通り過ぎるのを待ちます」。私の印象では治療時とその後に，パーツの統合が起こったのだと思われる。面接の最後に起こったこと——眼球運動のセットを続けることで記憶の苦痛が放出され，「例の19歳」がこの男性の中に居場所を見つけ，現在の安全に意識を向けている，という映像を報告したこと——が鍵を握っているのだろう。

第16章

終わりの言葉

　EMDR のように強力な手法を脆弱性の高い人に利用する場合，治療の道幅はとても狭くなり得る。クライエントを情緒的な安全地帯に留めておく必要性とクライエントが治癒プロセスで前進できるよう支援する必要性に制限されるからだ。本書はクライエントが進むべき道幅を広げられるよう，困難な幼少期を過ごした上に成人後もその影響に苦しむという二重の不公平に見舞われた人々を助けられるように，治療者を支援することを目的に書いた。

　最後に伝えたいのは以下のことだ。本書の中に興味深いアイデアを見つけることができた読者のみなさんには，是非，次のステップに進むことをお勧めしたい。あなたのクライエントの許可と適切な安全策を得て，これらの手法を実行に移して欲しい。利用してください！　自分のものにしてください！　コンピュータを購入し，自宅へ持ち帰り，箱から取り出し，スイッチを入れる。でも，この時点ではその機械はあなたのものにはなっていない。機械を使うことで初めてあなたのものになるのだ。本書に書かれたアイデアを2日間のワークショップで紹介する際，必ず，最後に言うセリフがある。「このトレーニングの保存可能期間は2週間です。すぐに使わなければ，4週間後，6週間後，どんどん思い出すのが難しくなります」。本書に書かれたアイデアを積極的にご活用いただけることを願っている。そして，共感的な観察と温かい心に導かれ，人々に変化をもたらすという人生で最も価値がある体験をしてほしい。

文献

Adler-Tapia, R. (2012) *Child psychotherapy: Integrating developmental theory into clinical practice*. New York, NY: Springer. Case example of reverse protocol on p. 81.

Afifi, T. O., Mota, N. P., Dasiewicz, P., MacMillan, H. L., & Sareen, J. (2012). Physical punishment and mental disorders: Results from a nationally representative US sample. *Pediatrics, 130*, 1–9.

Amano, T., Seiyama, A., & Toichi, M. (2013). Brain activity measured with near-infrared spectroscopy during EMDR treatment of phantom limb pain. *Journal of EMDR Practice and Research, 7*(3), 144–153.

American Psychiatric Association. (1994). *Diagnostic and statistical manual of mental disorders* (4th ed.). Washington DC: American Psychiatric Publishing.

American Psychiatric Association. (2012). *Diagnostic and statistical manual of mental disorders* (5th ed.). Washington DC: American Psychiatric Publishing.

Artigas, L., Jarero, I., Mauer, M., López Cano, T., & Alcalá, N. (2000, September). *EMDR and Traumatic Stress after Natural Disasters: Integrative Treatment Protocol and the Butterfly Hug*. Poster presented at the EMDRIA Conference, Toronto, Ontario, Canada.

Ashman, S. B., Dawson, G., Panagiotides, H., Yamada, E., & Wilkinson, C. W. (2002). Stress hormone levels of children of depressed mothers. *Development and Psychopathology, 14*, 333–349.

Bae, H., & Kim, D. (2012). Desensitization of triggers and urge reprocessing for an adolescent with Internet addiction disorder. *Journal of EMDR Research and Practice, 6*(2), 73–81.

Bandler, R., & Grinder, J. (1976). *Patterns of the hypnotic techniques of Milton H. Erickson, M.D* (Vol. 1). Cupertino, CA: Meta Publications.

Baraach, P. M. (1991). Multiple personality disorder as an attachment disorder. *Dissociation, 4*, 117–123.

Beebe, B., Lachmann, F., Markese, S., Buck, K., Bahrick, L., Chen, H., … Jaffe, J. (2012). On the origins of disorganized attachment and internal working models: Paper II. An empirical microanalysis of 4-month mother–infant interaction. *Psychoanalytic Dialogues, 22*, 352–374.

Begleiter, H., & Porjesz, B. (1988). Potential biological markers in individuals at high risk for developing alcoholism. *Alcoholism: Clinical and Experimental Research, 12*, 488–493.

Bisson, J., & Andrew, M. (2009). Psychological treatment of post-traumatic stress disorder (PTSD). *Cochrane Database of Systematic Reviews, 2009*(3). Art. No.: CD003388. doi:0.1002/14651858.CD003388.pub3.

Boening, J. A. (2001). Neurobiology of an addiction memory. *Journal of Neural*

Transmission, 108(6), 755–765.

Boon, S., Steele, K., & van der Hart, O. (2011). *Coping with trauma-related dissociation*. New York, NY: W.W. Norton.

Boston Change Process Study Group (BCPSG), Bruschweiler-Stern, N., Lyons-Ruth, K., Morgan, A., Nahum, J., Sander, L., & Stern, D. (2007). The foundational level of psychodynamic meaning: Implicit process in relation to conflict, defense and the dynamic unconscious. *The International Journal of Psychoanalysis, 88*(4), 843–860.

Bradley, R., Greene, J., Russ, E., Dutra, L., & Westen, D. (2005). A multidimensional meta-analysis of psychotherapy for PTSD. *American Journal of Psychiatry, 162*, 214–227.

Bradshaw, J. (2005). Healing the shame that binds you (Revised ed.). Deerfield Beach, FL: Health Communications.

Braun, B. (1988). The bask model of dissociation: Part II-treatment. *Dissociation, 1*(2), 16–23.

Brown, K. W., McGoldrick,. T., & Buchanan, R. (1997). Body dysmorphic disorder: Seven cases treated with eye movement desensitization and reprocessing. *Behavioural and Cognitive Psychotherapy, 25*(02), 203–207.

Brown, S. (2013). *The adverse childhood experiences (ACE) study, addiction, and the role of EMDR.* EMDRIA annual conference, Austin.

Carlson, E. B., Putnam, F. W., Ross, C. A., Torem, M., Coons, P., Dill, D., . . . Braun, B. G. (1993). Validity of the dissociative experiences scale in screening for multiple personality disorder: A multicenter study. *American Journal of Psychiatry, 150*, 1030–1036.

Carnes, P. (1989). *Contrary to love: Helping the sexual addict.* Minneapolis, MN: CompCare Publications.

Christman, S. D., Garvey, K. J., Propper, R. E., & Phaneuf, K. A. (2003). Bilateral eye movements enhance the retrieval of episodic memories. *Neuropsychology, 17*(2), 221–229.

Cloninger, C. R., Bohman, M., & Sigvardsson, S. (1981). Inheritance of alcohol abuse: Cross-fostering analysis of adopted men. *Archives of General Psychiatry, 36*, 861–868.

Cloninger, C. R., Sigvardsson, S., & Bohman, M. (1998). Childhood personality predicts alcohol abuse in young adults. *Alcoholism: Clinical and Experimental Research, 12*(4), 494–505.

Cox, R. P., & Howard, M. D. (2007). Utilization of EMDR in the treatment of sexual addiction: Sexual addiction & compulsivity. *The Journal of Treatment & Prevention, 14*(1), 1–20.

Davidson, P. R., & Parker, K. C. H. (2001). Eye movement desensitization and reprocessing (EMDR): A meta-analysis. *Journal of Consulting and Clinical Psychology, 69*, 305–316.

de Bont, P. A., van Minnen, A., & de Jongh, A. (2013). Treating PTSD in patients with psychosis: A within-group controlled feasibility study examining the efficacy and safety of evidence-based PE and EMDR protocols. *Behavior Therapy, 44*(4), 717–730.

de Jongh, A., Ernst, R., Marques, L., & Hornsveld, H. (2013). The impact of eye movements and tones on disturbing memories involving PTSD and other mental disorders. *Journal of Behavior Therapy and Experimental Psychiatry, 44*(4), 477–483.

de Jongh, A., Ten Broeke, E., & Renssen, M. R. (1999). Treatment of specific phobias with eye movement desensitization and reprocessing (EMDR): Research, protocol, and application. *Journal of Anxiety Disorders, 13*, 69–85.

de Jongh, A., van den Oord, H. J. M., & Ten Broeke, E. (2002). Efficacy of eye movement desensitization and reprocessing (EMDR) in the treatment of specific phobias: Four single-case studies on dental phobia. *Journal of Clinical Psychology, 58*, 1489–1503.

Demassio, A. (2010). *Self comes to mind.* New York, NY: Pantheon.

Egeland, B., & Susman-Stillman, A. (1996). Dissociation as a mediator of child abuse across generations. *Child Abuse and Neglect, 20*(11), 1123–1132.

Einstein, A. (1933). *On the method of theoretical physics. Herbert Spencer lecture.* Oxford: Oxford University Press.

Elofsson, U. O. E., von Scheele, B., Theorell, T., & Sondergaard, H. P. (2008). Physiological correlates of eye movement desensitization and reprocessing. *Journal of Anxiety Disorders, 22*, 622–634.

Erickson, M., & Rossi, E. (1979). *Hypnotherapy: An exploratory casebook.* New York, NY: Irvington.

Essex, M. J., Klein, M. H., Cho, E., & Kalin, N. H. (2002). Maternal stress beginning in infancy may sensitize children to later stress exposure: Effects on cortisol and behavior. *Biological Psychiatry, 52*, 776–784.

Faulkner W. (1950). *Requiem for a nun.* New York, NY: Vintage.

Felitti, V. (2013). *The Adverse Childhood Experiences (ACE) study.* Presentation at the EMDR International Association Annual Conference, Austin, TX.

Felitti, V. J., Anda, R. F., Nordenberg, D., Williamson, D. F., Spitz, A. M., Edwards, V., … Marks, J. S. (1998). Relationship of childhood abuse and household dysfunction to many of the leading causes of death in adults: The adverse childhood experiences (ACE) study. *American Journal of Preventive Medicine, 14*, 245–258.

Feske, U., & Goldstein, A. (1997). Eye movement desensitization and reprocessing treatment for panic disorder: A controlled outcome and partial dismantling study. *Journal of Consulting and Clinical Psychology, 36*, 1026–1035.

Fine, C. (1995, June). *EMDR with dissociative disorders.* Workshop presented at EMDR network annual meeting, San Francisco. Recording available through www.soundontape.com.

Forgash, C., & Copeley, M. (Eds.). (2007). *Healing the heart of trauma with EMDR and Ego State Therapy.* New York, NY: Springer.

Forgash, C., & Knipe, J. (2001). *Safety-focused EMDR/ego state treatment of dissociative disorders.* Paper presented at the EMDR International Association annual conference, Austin.

Forgash, C., & Knipe, J. (2007). Integrating EMDR and ego state treatment for clients with trauma disorders. In C. Forgash & M. Copeley (Eds.), *Healing the heart of trauma with EMDR and Ego State Therapy* (pp. 1–55). New York, NY: Springer.

Forgash, C., & Knipe, J. (2012). Integrating EMDR and ego state treatment for clients with trauma disorders. *Journal of EMDR Practice and Research, 6*(3), 120–128.

Fraser, G. A. (1991). The dissociative table technique: A strategy for working with ego states in dissociative disorders and ego state therapy. *Dissociation, 4*(4), 205–213.

Fraser, G. A. (2003). Fraser's dissociative table technique revisited, revised: A strategy for working with ego states in dissociative disorders and ego state therapy. *Journal of Trauma & Dissociation, 4*(4), 5–28.

Freud, A. (1937). *The ego and the mechanisms of defence.* London: Hogarth Press and Institute of Psycho-Analysis. (Revised edition: 1966 (US), 1968 (UK)).

Freud, S. (1914/1962). The aetiology of hysteria. In J. Strachey (Ed. and Trans.), *The standard edition of the complete works of Sigmund Freud* (Vol. 3, pp. 189–221). London: Hogarth.

Gallo, F. (2007). *Energy tapping for trauma.* Oakland: New Harbinger Publications.

Goldstein, A., & Feske, U. (1994). Eye movement desensitization and reprocessing for panic disorder: A case series. *Journal of Anxiety Disorders, 8,* 351–362.

Goldstein, A. J., de Beurs, E., Chambless, D. L., & Wilson, K. A. (2000). EMDR for panic disorder with agoraphobia: Comparison with waiting list and credible attention-placebo control condition. *Journal of Consulting and Clinical Psychology, 68,* 947–956.

Gonzales, A., & Mosquera, D. (2012). *EMDR and dissociation: The progressive approach.* Charleston, SC: Gonzales/Mosquera.

Gonzales, A., Mosquera, D., Leeds, A., Knipe, J., Solomon, R., AIP and Structural Dissociation; Gonzales, A., Mosquera, D., Knipe, J., & Leeds, A. (2012). Introducing healthy patterns of self-care. In A. Gonzales & D. Mosquera (Eds.), *EMDR and dissociation: The progressive approach.* Charleston, SC: Gonzales/Mosquera.

Guo, J., Hawkins, J. D., & Abbott, R. D. (2001). Childhood and adolescent predictors of alcohol abuse and dependence in young adulthood. *Journal of Studies on Alcohol, 62*(6), 753–762.

Hase, M., Schallmayer, S., & Sack, M. (2008). EMDR reprocessing of the addiction memory: Pretreatment, posttreatment, and 1-month follow-up. *Journal of EMDR Practice and Research, 2*(3), 170–179.

Herbert, J. D., Lilienfeld, S. O., Lohr, J. M., Montgomery, R. W., O'Donohue, W. T., Rosen, G. M., & Tolin, D. F. (2000). Science and pseudoscience in the development of eye movement desensitization and reprocessing: Implications for clinical psychology. *Clinical Psychology Review, 20*(8), 945–971.

Herman, J. L. (1992). *Trauma and recovery: The aftermath of violence from domestic abuse to political terror.* New York, NY: Basic Books.

Herman, J. L. (1997). *Trauma and recovery.* New York, NY: Basic Books.

Hobbes, T. (1651/1929). *Leviathan, or the matter, forme, and power of a commonwealth, ecclesiasticall and civil.* Oxford University Press, London.

Hofmann, A. (2009). The inverted EMDR standard protocol for unstable complex post-traumatic stress disorder. In M. Luber (Ed.), *EMDR scripted protocols: Special populations* (pp. 313–328). New York, NY: Springer.

Hofmann, A. (2011). *EMDR in the treatment of depression.* Paper presented at the EMDR Europe Association annual conference, Vienna.

Hornsveld, H. K., Landwehr, F., Stein, W., Stomp, M., Smeets, M., & van den Hout, M. (2010). Emotionality of loss-related memories is reduced after recall plus eye movements but not after recall plus music or recall only. *Journal of EMDR Practice and Research, 4*(3), 106–112.

Ilgen, M., McKellar, J., & Tiet, Q. (2005). Abstinence self-efficacy and abstinence 1 year after substance use disorder treatment. *Journal of Consulting and Clinical Psychology, 73*(6), 1175–1180.

Janet, P. (1907). *The major symptoms of hysteria.* London/New York, NY: Macmillan. Reprint of 1920 edition, New York, Hafner, 1965.

Jarero, I., & Artigas, L. (2012). The EMDR protocol for recent critical incidents (EMDR-PRECI). In M. Luber (Ed.), *Implementing EMDR early mental health interventions for man-made and natural disasters: Models, scripted protocols and summary sheets.* New York, NY: Springer.

Kabat-Zinn, J. (2003). Mindfulness-based interventions in context: Past, present, and future. *Clinical Psychology: Science and Practice, 10*(2), 144–156.

Kahneman, D. (2011). *Thinking, fast and slow.* New York, NY: Farrar, Straus and Giroux.

Kernberg, O. (1967, July). Borderline personality organization. *Journal of the American Psychoanalytic Association, 15*(3), 641–685.

Kiessling, R. (2003, September). *Integrating resource installation strategies into your EMDR practice.* Paper presented at the 2003 EMDR International Association conference, Denver.

Kluft, R. P., & Fine, C. G. (1993). *Clinical perspectives on multiple personality disorder.* Washington, DC: American Psychiatric Press.

Knipe, J. (1995, August). Targeting avoidance and dissociative numbing. *EMDR Network Newsletter, 5*(2), 6–7.

Knipe, J. (1998a). Blocking beliefs questionnaire. *EMDR International Association Newsletter, Winter,* 5–6.

Knipe, J. (1998b). It was a golden time: Healing narcissistic vulnerability. In P. Manfield (Ed.), *Extending EMDR* (pp. 232–255). New York, NY: W.W. Norton.

Knipe, J. (1999, Fall). Strengthening affect tolerance and adult perspective through construction of imagined dissociative avoidance. *EMDR Interna-*

tional Association Newsletter.

Knipe, J. (2002, June). A tool for working with dissociative clients. *EMDRIA Newsletter, 7*(2), 14–16.

Knipe, J. (2005). Targeting positive affect to clear the pain of unrequited love: Codependence, avoidance and procrastination. In R. Shapiro (Ed.), *EMDR solutions* (pp. 189–211). New York, NY: W.W. Norton.

Knipe, J. (2007a). Loving eyes: Procedures to therapeutically reverse dissociative processes while preserving emotional safety. In C. Forgash & M. Copeley (Eds.), *Healing the heart of trauma and dissociation*. New York, NY: Springer.

Knipe, J. (2007b, September). *"Master Clinician" invited presentation*. EMDR International Association annual conference, Dallas.

Knipe, J. (2009a). Back of the Head Scale (BHS), the method of constant installation of present orientation and safety (CIPOS), dysfunctional positive affect: To assist clients with unwanted avoidance defenses, dysfunctional positive affect: Procrastination, dysfunctional postitive affect: To clear the pain of unrequited love, and dysfunctional positive affect: Codependence or obsession with self-defeating behavior. In M. Luber (Ed.), *EMDR scripted protocols: Special populations*. New York, NY: Springer.

Knipe, J. (2009b). Shame is my safe place: Adaptive information processing methods of resolving chronic shame-based depression. In R. Shapiro (Ed.), *EMDR solutions* (Vol. II). New York, NY: W.W. Norton.

Knipe, J. (2010, October 3). *Invited keynote address, the use of AIP therapy methods with dissociative symptoms and complex PTSD*. EMDR International Association annual conference, Minneapolis.

Knipe, J., Manfield, P., & Snyker, E. (1998). *The use of EMDR with narcissistic and avoidance disorders*. Presentation at EMDR international association annual conference, Baltimore.

Knipe, J., & Snyker, E. (2000). *The method of Constant Installation of Present Orientation and Safety*. Presentation at the EMDRIA annual conference, Montreal.

Koffka, K. (1935). *Principles of Gestalt psychology*. New York, NY: Ronald Press.

Kohut, H. (1971). *The analysis of the self: A systematic approach to the psychoanalytic treatment of narcissistic personality disorder*. New York, NY: International Universities Press.

Korn, D. L., & Leeds, A. M. (2002). Preliminary evidence of efficacy for EMDR resource development and installation in the stabilization phase of treatment of complex posttraumatic stress disorder. *Journal of Clinical Psychology, 58*(12), 1465–1487.

Lee, C. (2008). Cultural process in EMDR – More than imaginal exposure. *Journal of EMDR Practice and Research, 2*(4), 262–268.

Lee, C. W., & Cuijpers, P. (2013). A meta-analysis of the contribution of eye movements in processing emotional memories. *Journal of Behavior Therapy & Experimental Psychiatry, 44,* 231–239.

Lee, C. W., & Cuijpers, P. (2014). What does the data say about the importance of eye movement in EMDR? *Journal of Behavior Therapy and Experimental Psychiatry, 45*(1), 226–228.

Leeds, A. (2009). *A guide to the standard EMDR protocols for clinicians, supervisors, and consultants.* New York, NY: Springer.

Leeds, A. (2002). A prototype EMDR protocol for identifying and installing resources. In F. Shapiro (Ed.), *Part two training manual.* Pacific Grove, CA: EMDR Institute.

Linehan, M. M. (1993). *Cognitive-behavioral treatment of borderline personality disorder.* New York, NY: Guilford Press.

Liotti, G. (1992). Disorganized/disoriented attachment in the etiology of the dissociative disorders. *Dissociation: Progress in the Dissociative Disorders, 5*(4), 196–204.

Liotti, G. (2004). Trauma, dissociation and disorganized attachment: Three strands of a single braid. *Psychotherapy: Theory, practice, research, training, 41*(4), 55–74.

Liotti, G. (2006). A model of dissociation based on attachment theory. *Journal of Trauma and Dissociation, 7*(4), 55–74.

Lobenstine, F., & Courtney, D. (2013). A case study: The integration of intensive EMDR and ego state therapy to treat comorbid posttraumatic stress disorder, depression, and anxiety. *Journal of EMDR Practice and Research, 7*(2), 65–80.

Lyons-Ruth, K., Dutra, L., Schuder, M. R., & Bianchi, I. (2006, March). From infant attachment disorganization to adult dissociation: Relational adaptations or traumatic experiences? *Psychiatric Clinics of North America, 29*(1), 63–viii.

MacCulloch, M. J., & Feldman, P. (1996). Eye movement desensitization treatment utilizes the positive visceral element of the investigatory reflex to inhibit the memories of post-traumatic stress disorder: A theoretical analysis. *British Journal of Psychiatry, 169,* 571–579.

Main, M. (1996). Introduction to the special section on attachment and psychopathology: 2. Overview of the field of attachment. *Journal of Consulting and Clinical Psychology, 64*(2), 237–243.

Manfield, P. (1998). Resolution of uncomplicated depression. In P. Manfield (Ed.), *Extending EMDR.* New York, NY: W.W. Norton.

Marich, J. (2009). EMDR in the addiction continuing care process case study of a cross-addicted female's treatment and recovery. *Journal of EMDR Practice and Research, 3*(2), 98–106.

Martin, K. (2010, September/October). *Fraser's dissociative table technique: A phase 2 strategy.* Presentation at the 15th EMDRIA Conference, Minneapolis.

Maxfield, L., & Hyer, L. A. (2002). The relationship between efficacy and methodology in studies investigating EMDR treatment of PTSD. *Journal of Clini-*

cal Psychology, 58, 23–41.

Maxfield, L., & Melnyk, W. T. (2000). Single session treatment of test anxiety with eye movement desensitization and reprocessing (EMDR). *International Journal of Stress Management, 7*, 87–101.

Miller, R. (2010). The feeling-state theory of impulse-control disorders and case the impulse-control disorder protocol. *Traumatology, 16*(3), 2–10.

Miller, R. (2011). *Breaking impulse-control disorders: A new theory and protocol for compulsions.* EMDRIA annual conference, Anaheim.

Mol, S. S. L., Arntz, A., Metsemakers, J. F. M., Dinant, G., Vilters-Van Montfort, P. A. P., & Knottnerus, J. A. (2005). Symptoms of post-traumatic stress disorder after non-traumatic events: Evidence from an open population study. *British Journal of Psychiatry, 186*, 494–499.

Muris, P., Merkelbach, H., Holdrinet, I., & Sijenaar, M. (1998). Treating phobic children: Effects of EMDR versus exposure. *Journal of Consulting and Clinical Psychology, 66*(1), 193–198.

Nathanson, D. L. (1992). *Shame and pride: Affect, sex, and the birth of the self.* New York, NY: W.W. Norton.

Ogawa, J. R., Sroufe, L. A., Weinfield, N. S., Carlson, E., & Egeland, B. (1997). Development and the fragmented self: A longitudinal study of dissociative symptomatology in a non-clinical sample. *Development and Psychopathology, 4*, 855–879.

O'Shea, K. (2009). The EMDR early trauma protocol. In R. Shapiro (Ed.), *EMDR solutions* (Vol. II, pp. 313–334). New York, NY: Norton.

Panksepp, J. (1998). *Affective neuroscience: The foundations of human and animal emotions.* New York, NY: Oxford University Press.

Paulsen, S. (1995). Eye movement desensitization and reprocessing: Its cautious use in the dissociative disorders. *Dissociation, 8*(1), 32–44.

Paulsen, S., & Lanius, U. (2010). *Towards an embodied self: The treatment of traumatic dissociation.* Presentation at the annual EMDRIA conference, Minneapolis.

Peterson, L. R., & Peterson, M. J. (1959). Short-term retention of individual verbal items. *Journal of Experimental Psychology, 58*, 193–198.

Plutchik, R., Kellerman, H., & Conte, H. R. (1979). A structural theory of ego defences and emotions. In C. E. Izard (Ed.), *Emotions in personality and psychopathology* (pp. 229–257). New York, NY: Plenum Press.

Popky, A. J. (1994). *EMDR protocol for smoking and other addictions.* Presentation at the annual meeting of the EMDR network, Sunnyvale.

Popky, A. J. (2005). DeTUR, an urge reduction protocol for addictions and dysfunctional behaviors. In R. Shapiro (Ed.), *EMDR solutions* (pp. 167–188). New York, NY: W.W. Norton.

Porges, S. W. (2007). The polyvagal perspective. *Biological Psychology, 74*, 116–143.

Porges, S. W. (2009). The polyvegal theory: New insights into adaptive reactions of the autonomic nervous system. *Cleveland Clinic Journal of Medicine,*

76(Suppl 2), S86–S90.

Propper, R., Pierce, J. P., Geisler, M. W., Christman, S. D., & Bellorado, N. (2007). Effect of bilateral eye movements on frontal interhemispheric gamma EEG coherence: Implications for EMDR therapy. *Journal of Nervous and Mental Disease, 195,* 785–788.

Putnam, F. (1989). *The diagnosis and treatment of multiple personality disorder.* New York, NY: Guilford Press.

Putnam, F. W., & Trickett, P. K. (1997). Psychobiological effects of sexual abuse: A longitudinal study. *Annals of the New York Academy of Sciences, 821,* 150–159.

Reinders, A. A., Nijenhuis, E. R., Quak, J., Korf, J., Haaksma, J., Paans, A. M., ... den Boer, J. A. (2006). Psychobiological characteristics of dissociative identity disorder: A symptom provocation study. *Biological Psychiatry, 60,* 730–740.

Rodenburg, R., Benjamin, A., de Roos, C., Meijer, A. M., & Stams, G. J. (2009). Efficacy of EMDR in children: A meta-analysis. *Clinical Psychology Review, 29,* 599–606.

Ross, C. (2012). *Trauma attachment, dissociation and EMDR.* EMDRIA annual conference, Austin.

Sack, M., Hofmann, A., Wizelman, L., & Lempa, W. (2008). Psychophysiological changes during EMDR and treatment outcome. *Journal of EMDR Practice and Research, 2*(4), 239–246.

Schmidt, S. J. (2004). Developmental needs meeting strategy: A new treatment approach applied to dissociative identity disorder. *Journal of Trauma and Dissociation, 5*(4), 55–78.

Schmidt, S. J. (2009). *The developmental needs meeting strategy: An ego state therapy for healing adults with childhood trauma and attachment wounds.* San Antonio, TX: DNMS Institute.

Schore, A. N. (2001). Effects of a secure attachment relationship on right brain development, affect regulation, and infant mental health. *Infant Mental Health Journal, 22*(1–2), 7–66.

Schore, A. N. (2012). *The science of the art of psychotherapy.* New York, NY: W.W. Norton.

Schwartz, R. (1995). *Internal family systems therapy.* New York, NY: Guilford Press.

Seidler, G. H., & Wagner, F. E. (2006). Comparing the efficacy of EMDR and trauma-focused cognitive-behavioral therapy in the treatment of PTSD: A meta-analytic study. *Psychological Medicine, 36,* 1515–1522.

Seligman, M. E. P., & Maier, S. F. (1976). Learned helplessness: Theory and evidence. *Journal of Experimental Psychology: General, 105*(1), 3–46.

Shapiro, F. (1995). Eye movement desensitization and reprocessing: Basic principles, protocols and procedures. New York, NY: Guilford Press.

Shapiro, F. (1989). Efficacy of the eye movement desensitization procedure in the treatment of traumatic memories. *Journal of Traumatic Stress Studies, 2,* 199–223.

Shapiro, F. (1999). Eye movement desensitization and reprocessing (EMDR) and the anxiety disorders: Clinical and research implications of an integrated psychotherapy treatment. *Journal of Anxiety Disorders, 13*, 35–67.

Shapiro, F. (2001). *Eye movement desensitization and reprocessing: Basic principles, protocols, and procedures* (2nd ed.). New York, NY: Guilford Press.

Shapiro, R. (2005). The two-hand interweave. In R. Shapiro (Ed.), *EMDR solutions* (pp. 160–166). New York, NY: Norton.

Shapiro, S., & Walsh, M. (2003). An analysis of recent meditation research and suggestions for future directions. *The Humanistic Psychologist, 31*(2–3), 86–114.

Solomon, R. L., & Wynne, L. C. (1954). Traumatic avoidance learning: The principles of anxiety conservation and partial irreversibility. *Psychological Review 61*, 353–385.

Spangler, G., & Grossmann, K. E. (1993). Biobehavioral organization in securely and insecurely attached infants. *Child Development, 64*, 1439–1450.

Teicher, M. (2000, Fall). Wounds that time won't heal. *Cerebrum: The Dana Forum on Brain Science.* Presentation at The Dana Forum, October 1, 505 Fifth Ave. New York, NY, USA.

Teicher, M. H., Samson, J. A., Polcari, A., & McGreenery, C. E. (2006). Sticks stones and hurtful words: Relative effects of various forms of childhood maltreatment. *American Journal of Psychiatry, 163*, 993–1000.

Thomas, R., & Gafner, G. (1993). PTSD in an elderly male: Treatment with eye movement desensitization and reprocessing (EMDR). *Clinical Gerontologist: The Journal of Aging and Mental Health, 14*(2), 57–59.

Tomkins, S. S. (1991). *Affect imagery consciousness volume III. The negative affects: Anger and fear.* New York, NY: Springer.

Truax, C. B., & Carkhuff, R. R. (1967). *Toward effective counseling and psychotherapy.* Chicago, IL: Aldine.

Twombly, J. (2005). EMDR processing with dissociative identity disorder, DDNOS, and ego states. In R. Shapiro (Ed.), *EMDR solutions* (pp. 88–120). New York, NY: W.W. Norton.

Vaillant, G. E. (1992). *Ego mechanisms of defense: A guide for clinicians and researchers.* Washington, DC, American Psychiatric Press.

van den Berg, D. P. G., van der Vleugel, B. M., Staring, A. B. P., De Bont, P. A. J., & De Jongh, A. (2013). EMDR in psychosis: Guidelines for conceptualization and treatment. *Journal of EMDR Practice and Research, 7*(4), 664–671.

van der Hart, O., Groenendijk, M., Gonzalez, A., Mosquera, D., & Solomon, R. (2013). Dissociation of the personality and EMDR therapy in complex trauma-related disorders: Applications in the stabilization phase. *Journal of EMDR Practice and Research, 7*(2), 81–94.

van der Hart, O., Nijenhuis, E., & Steele, K. (2006). *The haunted self: Structural dissociation and the treatment of chronic traumatization.* New York, NY: W.W. Norton.

van der Kolk, B. A. (2005, May). Developmental trauma disorder: Towards a rational diagnosis for chronically traumatized children. *Psychiatric Annals,*

35, 401–408.

Van der Kolk, B. A., Spinazzola, J., Blaustein, M. E., Hopper, J. W., Hopper, E. K., Korn, D. L., & Simpson, W. B. (2007) A Randomized Clinical Trial of Eye Movement Desensitization and Reprocessing (EMDR), Fluoxetine, and Pill Placebo in the Treatment of Posttraumatic Stress Disorder: Treatment Effects and Long-Term Maintenance, J Clin Psychiatry *68,* 1–10.

van der Kolk, B. A., Roth. S., Pelcovitz, D., Sunday, S., & Spinazzola, J. (2005, October). Disorders of extreme stress: The empirical foundation of a complex adaptation to trauma. *Journal of Traumatic Stress, 18*(5), 389–399.

Varese, F., Smeets, F., Drukker, M., Lieverse, R. Lataster, T., Viechtbauer, W., ... Bentall, R. P. (2012). Childhood adversities increase the risk of psychosis: A meta-analysis of patient-control, prospective- and cross-sectional cohort studies. *Schizophrenia Bulletin.* doi:10.1093/s.

Watkins, J. G., & Watkins, H. H. (1998). *Ego states: Theory and therapy.* New York, NY: W. W. Norton.

Whitmer, G. (2001). On the nature of dissociation. *Psychoanal Quarterly, 70,* 807–837.

Wildwind, L. (1995). *EMDR in the treatment of depression.* Presentation at the EMDR network annual meeting, Sunnyvale.

Wilson, D., Silver, S. M., Covi, W., & Foster, S. (1996). Eye movement desensitization and reprocessing: Effectiveness and autonomic correlates. *Journal of Behaviour Therapy and Experimental Psychiatry, 27,* 219–229.

Wilson, S. A., Becker, L. A., & Tinker, R. H. (1995). Eye movement desensitization and reprocessing (EMDR) for psychologically traumatized individuals. *Journal of Consulting and Clinical Psychology, 63,* 928–937.

Wilson, S. A., Becker, L. A., & Tinker, R. H. (1997). Fifteen-month follow-up of eye movement desensitization and reprocessing (EMDR) treatment for PTSD and psychological trauma. *Journal of Consulting and Clinical Psychology, 65,* 1047–1056.

Wolpe, J. (1958). *Psychotherapy by reciprocal inhibition.* Stanford, CA: Stanford University Press.

Zweben, J., & Yeary, J. (2006). EMDR in the treatment of addiction. *Journal of Chemical Dependency Treatment, 8*(2), 115–127.

索引

A

AIP
→ 適応的情報処理
AIPモデル　29
ANPs
→ 一見すると普通のパーツ

B

BASK　91
BHS（Back of the Head Scale）
→ 後頭部尺度

C

CIPOS（The method of Constant Installation of Present Orientation and Safety）
→ 現在見当識と安全性の持続的植え付け
CravEx　169

D

DeTUR（Desesitization of Triggers and Urges）　98, 147, 169, 317
DSEs（dysfunctionally stored elements）
→ 非機能的に保存された要素

E

ETP（Early Trauma Protocol）
→ 早期トラウマプロトコル
EPs（emotional parts）
→ 情緒的パーツ

I

IFS（Internal Family System）
→ 内的家族システム

L

LOM（Level of Motivation）
→ 動機づけのレベル
LOPA（Level of Positive Affect）
→ 肯定的感情レベル
LOU（Level of Urge）
→ 衝動レベル
LOUA（Level of Urge to Avoid）
→ 回避衝動レベル

R

RDI（Resource Development and Installation）
→ 資源の開発と植え付け

T

TSDP（Theory of Structural Dissociation of the Personality）
→ パーソナリティの構造的解離理論

あ

愛情のこもったまなざし手法　27
愛情のこもったまなざし手続き　251, 255

い

一見すると普通のパーツ（ANPs）　73
一見すると普通のパート（Apparently Normal Part）　11, 13

か

会議室手法　239
回避衝動レベル（LOUA）　59, 83, 148
解離テーブル　295
解離のテーブル手法　239

感情の架け橋　84, 135, 137, 210, 258
感情リセット手続き（Affect Resetting Procedure）　214

く

苦痛な記憶に対する現在見当識と安全性の持続的植え付け（CIPOS）　299

け

現在見当識と安全性の持続的植え付け（CIPOS）　28, 283, 299, 304, 329
建設的回避（Constructive Avoidance）　108

こ

肯定的感情レベル（LOPA）　120, 148, 299
肯定的ゴール資源　161
後頭部尺度（BHS）　28, 287, 302

し

資源の開発と植え付け（RDI）　144, 213
嗜癖記憶（Addiction Memory）　148, 152, 164
嗜癖をやめる動機づけのレベル（LOM）　160
情緒的パーツ（EPs）　74
衝動レベル（LOU）　148, 170

そ

早期トラウマプロトコル（ETP）　214

た

代用行動　74

て

適応的情報処理（AIP）　8

と

動機づけのレベル（LOM）　160, 165

な

内的家族システム（IFS）　11, 73, 75

に

二重の注意　43

は

パーソナリティの構造的解離理論（TSDP）　11, 73
恥　271, 277
恥による防衛　269

ひ

非機能的に保存された要素（DSEs）　8
否定的認知（NC）　133
標準EMDRアプローチ　39

ふ

フィーリング・ステート　149, 169

ほ

ポリヴェーガル理論　272

よ

養分を与える記憶　246

り

理想化防衛　111

訳者あとがき

　この本は，米国コロラド州在住の心理士であるジム・ナイプ博士による
*EMDR Toolbox : Theory and Treatment of Complex PTSD and
Dissociation* 第1版（Springer Publishing Company, 2015）の全訳です。
欧米の EMDR コミュニティでは，「ツールボックス」と言うだけで通じ
るほど，多くの臨床家に活用される必携の書となっています。出版以来，
翻訳を待ち望む声を聞いてきましたので，ようやくお届けできることを嬉
しく思います。

　EMDR とは Eye Movement Desensitization and Reprocessing の略称
で，1989 年に米国のフランシーン・シャピロ博士によって開発されたト
ラウマを解消するための心理療法です。国際トラウマティックストレス学
会，アメリカ心理学会，世界保健機構などから，PTSD の効果的な治療法
の一つとして推奨されています。EMDR の良さの一つは，PTSD 以外の
メンタルヘルス問題への適用が広いことです。本書で複雑性 PTSD や嗜
癖障害の治療に使える追加の『道具（ツール）』について読むことで，そ
の奥行きの一端に触れていただくことが出来るかと思います。

　本書の魅力は，具体的な EMDR ツールが，理論，手法の説明，逐語録
によってイメージしやすい形で示されていることです。第1章では複雑性
PTSD に対する適応的情報処理モデルの適用が解説され，第2章からはト
ラウマ処理を阻む心的防衛（回避防衛，理想化防衛）の説明と，この見立
てを使ってどのように嗜癖障害に介入するかが示されます。第3章では，
解離的なクライエントのパーソナリティ構造の見立て方や心理教育のため
の図式化，解離しやすさに対応するための各種ツールがカバーされます。
そして，ラストの第4章では，ツールの統合的な使用を示す事例が提示さ
れるのです。

内容的には EMDR の基礎トレーニングを修了し，ある程度，臨床の場で活用している人向けですので，EMDR について知らない人が読むと，略語などが多くて読みづらいかも知れません。そういう方は，まず，事例をパラパラと読んでみて，興味を持てそうなら他のところも読むか，どうぞ EMDR トレーニングを受けてから再チャレンジしてみてください。

　本書の翻訳は，紆余曲折と偶然が絡んで実現しました。そもそもは，2016 年に日本 EMDR 学会の招聘で来日したナイプ博士から翻訳を持ちかけられたことがきっかけです。ほどなくして正式な版権手続きをとろうとしたところ，他の方が版権を取得したばかりであることが判明しました。そのとき私はロンドンに出張中でしたが，連絡を受けてがっかりしたのを覚えています。数日後，ホテルの近くの小さなインド料理屋で何人かで夕食をとっていると，向こうのテーブルにナイプ博士にそっくりな人がいるのが見えました。目を疑うとはこのことです。どう見ても本人に見えるため，確かめずにはいられなくなり，近づいていくと，本当にナイプ博士でした。日本在住の自分が，米国在住のナイプ博士と，ロンドンの数多くあるインド料理屋の 1 つで，まさに版権についてやりとりをしているときに遭遇するのはもはや奇跡としか思えず，「『ツールボックス』を訳すのは運命だ！」と思ってしまったほどです。結局，先に版権を取得していた EMDR 臨床家がご厚意により版権を譲ってくださり，翻訳がかなうことになりました。こんな経緯を経たからでしょうか，訳者としても特別な愛着を感じる一冊になりました。

　本書には，パーソナリティを構成する part や parts の話が頻繁に出てきます。日本語では〈s をつけて複数形にする〉ということはできませんので，パートとパーツというように訳し分けました。また，EMDR の治療段階の 1 つである Installation を「植え付け」と訳しているように，最近開発された治療法なら採用しないような訳語をあてているのは，多くの

場合，EMDRのトレーニング・マニュアルに出てくる用語と揃えるためです。混乱を防ぐために，日本にEMDRが紹介された時期（1996年）以来の定訳を踏襲しているとご理解下さい。その他，多くの略語は，巻末の索引で引けるようにしましたのでご活用下さい。

　翻訳を行った菊池・大澤はともに臨床心理士＆公認心理師であり，長らくのEMDR臨床家でもあります。翻訳は半量ずつ担当し，訳語の統一は菊池が行いました。翻訳中の誤り，不十分な点は訳者の責任です。読者の皆様からのご叱正をお願いします。

　出版にあたっては，星和書店の近藤達哉氏に大変お世話になりました。適時のリマインダーで翻訳作業を温かく支えてくださった氏に厚く御礼申しあげます。

　令和元年　春

訳者を代表して

菊池安希子

■著者

ジム・ナイプ　Jim Knipe Ph.D.

　コロラド州在住の開業心理士。1976年に開業し，1992年よりEMDRを使用した臨床に従事している。EMDR-HAPトレーナー，EMDRIA認定コンサルタント＆インストラクター。EMDRIAより2007年に「マスターセラピスト」の称号を授与された。EMDRIA，EMDR Europe，EMDR Asiaだけでなく，デンマーク，ドイツ，スコットランド，イタリア，ベルギー，スウェーデン，スペイン，オランダ，トルコ，日本など世界各国のEMDR学会の年次大会にて講演やトレーニングを実施。9.11や1999年のトルコ地震のサバイバーにEMDRを実施した結果についての論文だけでなく，*EMDR Casebook*（Manfield, 2002）；*EMDR Solutions, Volumes I and II*（R. Shapiro, 2005, 2009）；*Healing the Heart of Trauma and Dissociation*（Forgash & Copeley, 2007）；*EMDR Scripted Protocols：Special Populations*（Luber, 2009）；*EMDR and Dissociation：The Progressive Approach*（Gonzales & Mosquera, 2012）の分担執筆など著書多数。Knipe博士の著作は，自己破壊的な心的防衛や解離症状を呈するクライエントに対して活用できる具体的手続きを解説しており，本書 *EMDR Toolbox：Theory and Treatment of Complex PTSD and Dissociation* は，多くのEMDR臨床家から不可欠な「道具箱」として高く評価されている。

■訳者

菊池 安希子

　国立研究開発法人国立精神・神経医療研究センター精神保健研究所地域・司法精神医療研究部室長。博士（保健学），臨床心理士，公認心理師，精神保健福祉士。1995年，東京大学大学院医学系研究科保健学専攻博士課程単位取得退学後，明治学院大学非常勤講師，東京大学保健センター助手を経て2004年より現職。専門分野は司法心理療法，統合失調症の認知行動療法。著書には『専門医のための精神科リュミエール4　精神障害者のリハビリテーションと社会復帰』（分担執筆，中山書店，2008年），『命令幻聴の認知行動療法』（監訳，星和書店，2010年），『EMDRがもたらす治癒－適用の広がりと工夫』（分担翻訳，二瓶社，2015年）などがある。

大澤 智子

　公益財団法人ひょうご震災記念21世紀研究機構兵庫県こころのケアセンター研究主幹。博士（人間科学），臨床心理士，公認心理師。2003年，大阪大学大学院人間科学研究科博士課程修了後，兵庫県こころのケアセンター主任研究員就任。2013年より現職。専門分野は二次受傷，惨事ストレス，災害時のこころのケア。著書には『PTSDの伝え方』（分担執筆，誠信書房，2012年），『EMDRがもたらす治癒－適用の広がりと工夫』（分担翻訳，二瓶社，2015年），『災害時のメンタルヘルス』（分担執筆，医学書院，2016年），『トラウマ』（分担執筆，福村出版，2016年）などがある。

EMDR ツールボックス

複雑性 PTSD と解離の理論と治療

2019 年 5 月 24 日　初版第 1 刷発行

著　　者　ジム・ナイプ
訳　　者　菊池安希子，大澤智子
発 行 者　石 澤 雄 司
発 行 所　株式会社　星 和 書 店
　　　　　〒 168-0074　東京都杉並区上高井戸 1-2-5
　　　　　電話　03（3329）0031（営業部）／ 03（3329）0033（編集部）
　　　　　FAX　03（5374）7186（営業部）／ 03（5374）7185（編集部）
　　　　　http ：／／ www.seiwa-pb.co.jp

印刷・製本　中央精版印刷株式会社

Printed in Japan　　　　　　　　　ISBN978-4-7911-1014-8

・ 本書に掲載する著作物の複製権・翻訳権・上映権・譲渡権・公衆送信権（送信可能
　化権を含む）は（株）星和書店が保有します。
・ JCOPY 〈（社）出版者著作権管理機構　委託出版物〉
　本書の無断複製は著作権法上での例外を除き禁じられています。複製される場合は，
　そのつど事前に（社）出版者著作権管理機構（電話 03-3513-6969，
　FAX 03-3513-6979, e-mail : info@jcopy.or.jp）の許諾を得てください。

身体に閉じ込められたトラウマ

ソマティック・エクスペリエンシングによる最新のトラウマ・ケア

ピーター・A・ラヴィーン 著
池島良子，西村もゆ子，福井義一，牧野有可里 訳
A5判　464p　定価：本体 3,500円＋税

からだの気づきを用いた画期的なトラウマ・ケアとして注目を集めている
ソマティック・エクスペリエンシングの創始者ラヴィーンによる初めての
理論的解説書。読者をトラウマ治療の核心に導く。

EMDR 革命
：脳を刺激しトラウマを癒す
奇跡の心理療法

生きづらさや心身の苦悩からの解放

タル・クロイトル 著　市井雅哉 訳
四六判　224p　定価：本体 1,500円＋税

EMDR（眼球運動による脱感作と再処理法）は、PTSD や心身の治療に用い
られる新しい心理療法。短期間で著効をもたらし、患者のストレスも少ない。
EMDR に情熱を傾ける著者がその魅力を紹介。

EMDR症例集

崎尾英子 編
A5判　240p　定価：本体 3,300円＋税

EMDR は、わが国でもトレーニングが重ねられ、心の傷への治療有効性がます
ます認められるようになった。本書では、現在、各専門分野で活躍中の臨床
家らによる EMDR の試みを、元国立小児病院でのケースを中心に詳しく紹介。

発行：星和書店　http://www.seiwa-pb.co.jp